本书受天津外国语大学“十三五”综投专业建设项目资助
“部校共建”新闻学院系列教材

开放与远程教育学

KAIFANG YU YUANCHENG JIAOYUXUE

黄立志◎著

企业管理出版社
ENTERPRISE MANAGEMENT PUBLISHING HOUSE

图书在版编目（CIP）数据

开放与远程教育学／黄立志编著．—北京:企业管理出版社，2019.8

ISBN 978－7－5164－1856－7

Ⅰ．①开…　Ⅱ．①黄…　Ⅲ．①开放教育—研究 ②远程教育—研究　Ⅳ．①G728 ②G43

中国版本图书馆 CIP 数据核字（2018）第 288843 号

书　　名：开放与远程教育学
作　　者：黄立志
责任编辑：刘一玲　崔立凯
书　　号：ISBN 978－7－5164－1856－7
出版发行：企业管理出版社
地　　址：北京市海淀区紫竹院南路 17 号　　邮　　编：100048
网　　址：http：//www. emph. cn
电　　话：编辑部 68701322　发行部 68414644
电子信箱：80147@ sina. com　zbs@ emph. cn
印　　刷：北京市青云兴业印刷有限公司
经　　销：新华书店
规　　格：710 毫米×1000 毫米　16 开本　16. 75 印张　230 千字
版　　次：2019 年 8 月第 1 版　　2019 年 8 月第 1 次印刷
定　　价：48. 00 元

序　言

从2009年到现在，天津外国语大学黄立志教授一直为教育技术专业本科生讲授《远程教育学》。这十年，我国信息技术有了突飞猛进的发展，从那时候的E-mail到后来的QQ，再到智能手机、Wifi、微信和人工智能。这期间我国的远程教育也在不断地发展，从网络学院到开放大学再到慕课，可以说几年一个变化。远程教育越来越开放，开放教育越来越借助无线网络。我认为今日的远程教育已经非昨日，开放的因素更多了。今日的传统教育也非昨日，远程的因素更广了。所以，《开放与远程教育学》的出版是我国开放与远程教育发展的一个路碑。

一

该书积极争取显露一个“红”字。我国图书出口有了较大幅度的增长，2012年，全国累计出口图书、报纸、杂志、音像制品、电子出版物和数字出版物2087.9万册（份、盒、张），比上年增长28.1%。我们不仅要学习国外的先进经验，而且还要明白：进入21世纪，我们更多的是要讲中国故事，要不断树立教育自信。我们的开放与远程教育，不只是向国外开放中国教育市场，还要向国外开放中国的教育资源和理念。据《2015年度孔子学院发展报告》显示，截至2015年12月，孔子学院总部/国家汉办已在全球135个国家（地区）合作开办了500所孔子学院和1000个孔子课堂，注册学员总数达345万余人。2015年全球孔子学院（课堂）注册学员达190万人，比上年增长25.6%，参加各类汉语水平考试的人数达到600万人。换言之，我们要借助“一带一路”倡议，构建符合这些国家文化和习惯的开放与远程教育理论，扩大中国的影响力。

努力用习近平总书记的新时代中国特色社会主义思想指导我国开放与远程教育的理论建设和实践探索。坚持为人民服务，坚持共享和开放的发展理念，坚持以人民为中心的发展思想。开放与远程教育最根本的目标就是保障最广大人民群众的公平、发展和权益。通过发展开放与远程教育，实现高等教育机会均等，确保教育公平，实现社会阶层的合理流动，实现中华民族的伟大复兴。

二

该书力求突出一个“新”字。我们大学教学一定要教给学生最新的知识和技术，因为他们要走向社会、走向工作岗位。即便是“远程教育”，这个远程不是传统意义上书信相传的异地，也非闭路电视的异时，而是即时交互的网络在线课程。根据自己的国情，我国开放大学的办学思想和政策有了突破和发展，2012 年我国开始进行 5 +1 所广播电视大学的更名。2017 年上海开放大学成为硕士学位建设单位，这是我国开放大学发展历史上的一个突破。我国的开放教育理论和实践必须及时体现和总结。该书作者尝试对世界上的远程教育理论进行大胆创新，论证了 18 世纪上半叶美国波士顿是函授教育的起源。这表现了我国远程教育学者对于世界远程教育理论的思考与探索。

该书的作者十分关注国内外信息技术的进展，资料上尽量采用最新的数据和成果，很多都是 2017 年最新发布的新闻和消息。在技术上尽量超前，对我国量子通信技术的发展十分关注，对于 5G 手机的功能和人工智能进行了展现。

三

该书希望凸显一个“外”字。不管是教育技术专业，还是新闻媒体专业，我们都是处于天津外国语大学这个语言氛围中。虽然我们没有采用原版外文教材，也没有使用双语教学，但是学生的外语水平比非外语的本科高校而言要高。大多数同学都过了英语四级，还有一部分同学过了六级，有的甚至六级考到了600多分。面对这样的学生，加之本人又有外语的背景，该书中“外语”色彩浓重些。比如该书在介绍“远程教育”定义的时候，往往会以爱尔兰学者戴斯蒙德·基更（Keegan）的英文定义为蓝本。这样学生既知道了这个定义的内涵，又学习了外语，还锻炼了专业英语的翻译能力。

作者专门登录到国外的一些相关网站，洞悉最新世界前沿的教育动态，如英联邦的学习共同体（COL）网站，了解有关远程教育的研究进展。还登录到澳大利亚南昆士兰大学网站，看看学生们的反映。我们不能忽视国外开放与远程教育的最新成果和进展，必须洋为中用。美国教育传播与技术学会的迈克尔·斯博柯特（J. Michael Spector）等人主编的《教育传播与技术研究手册》（第3版和第4版），由华东师范大学任友群等主译并由华东师范大学出版社出版发行（第3版是2012年，第4版是2015年）。第3版对于国外开放与远程教育历史做了较为深入的研究，提供了一些新鲜的史料。教育传播、教育技术与开放教育和远程教育密不可分，在某种意义上讲，这套书基本代表了国际上开放与远程教育的最高水平。2017年，英国开放大学的阿兰·泰特（Alan Tait）在英联邦学习共同体的《学习与发展》杂志上介绍了欧洲开放与远程教育的经典人物。这使我们能够进一步了解欧洲在这方面的最新观点，诸如英国“丹尼尔三角形”理论。

四

该书充分体现一个“土”字。众所周知，我国远程教育的实践很早，但是远程教育的理论却是舶来品，是从西方发达国家，确切地说是从英国引进过来的。我国以往的《远程教育学》在学科建立初期，强调了学习西方，是那个时代的正确选择。如今我国远程教育无论是在理论上还是在实践上都取得了骄人的业绩，我们需要建立中国“本土”开放与远程教育理论。对中国开放与远程教育史的探讨集中体现了作者的这个意图。在一定意义上，本书是对21世纪以来我国远程教育理论的吸收和整理，力求推动我国远程教育实践的发展和进步。

本书在教育生态学、教育地理学和教育人口学等诸多方面，底色都是中国，是为解决中国开放与远程教育发展而作。从我国6所开放大学来看，具有明显的生态学上的聚合效应，北京2所、江苏和上海各1所。借助“胡焕庸线”，揭示了我国现在和今后开放与远程教育发展的走向。我国6所开放大学都在“胡焕庸线”以东人口密集的地区，地理位置和人口分布决定着远程教育发展的规模。

五

该书努力体现一个“雅”字。专著强调高深知识和理论的阐述，突出一个“深”字。再高深的理论，也需要深入浅出，需要传播和记忆。作者着力在句式上采用简单句，在叙述上强调条理化，在标题上追求一致性，在图表上兼顾适度性，在章节上着眼平衡性。

2017年7月26日，习近平同志在省部级主要领导干部专题研讨会开班式上做了《高举中国特色社会主义伟大旗帜 为决胜全面小康社会实现中国梦而奋斗》的讲话，提出我党“为解决人类问题贡献了中国智慧、提供了中国方案。不断增强工作的原则性、系统性、预见性和创造性”。目前国际上已经建立起了远程教育的理论体系，然而并未建立起开放教育的理论体系。该书作者力图构建中国特色开放与远程教育学的理论框架，或许粗糙，但初步构建了原理论、媒体论、教学论、服务论、管理论、质量论和经济论等。作者认为开放教育是今后远程教育的发展方向，开放与远程教育是远程教育向开放教育过渡的一种形式，是对中外这种教育实践的理论总结。

天津师范大学博士生导师、教授：**李素敏**

2018年12月于天津

目 录

第一章　导　论

开放与远程教育学是教育学的一个发展，是一个分支学科，是现代传播技术在教育学上的运用。1998 年颁布的《中华人民共和国高等教育法》以法律的形式将“远距离教育”正式更名为“远程教育”。全称是“农村中小学现代远程教育工程”，这是 2003 年国务院召开农村教育工作会议提出来的。国际开放与远程教育协会（International Council for Open and Distance Education，ICDE）将远程教育称为“开放与远程教育”。如今国外的一些论文中也是开放与远程教育并称。国外有一本知名的期刊《国际开放与远程学习研究评论》（International Review of Research in Open and Distance Learning）。北京师范大学陈丽教授主编的《远程教育》封面英文则是“Open and Distance Education”①。2016 年教育部在《教育信息化“十三五”规划》中指出：继续推动高校建设并向社会开放在线课程，促进中央部门高校支援西部高校开展在线开放课程线上线下混合式教学改革。② 因此，开放与远程教育是今后我国远程教育的发展趋势。这是该书定名的重要依据。

第一节　开放与远程教育的概念

开放与远程教育的基本概念，实际上涵盖开放教育和远程教育两个概念。主要涉及传统教育与远程教育的区别和联系，穆尔的远程教育理论，国外远程教育的定义，我国对远程教育的界定，远程教育、远程教

---

① 陈丽．远程教育[M]．3 版．北京：高等教育出版社，2011.

② 张晨．《教育信息化“十三五”规划》发布[N]．中国教育报，2016－06－24.

学和远程学习的区别，以及远程教育、开放学习和相关概念等。此外，我们还要论述混合学习（Blended learning）、移动学习（Moved learning）和电子学习（E－learning）等有关开放教育的概念。

一、传统教育与远程教育

教育有狭义与广义之分。广义的教育是泛指一切增进人们知识、技能、身体健康以及形成或改变人们思想意识的活动。狭义的教育是指学校教育，是年长一代对年轻一代身心施加影响，以期朝着预定目标发展的有目的、有计划、有组织的活动。传统教育是相对于远程教育而言的，在这里就是教育。开放教育又是相对于远程教育而言的，当然也相对于传统教育的封闭而言。

（一）传统教育与远程教育的区别和联系

“教”最早见于甲骨文，“斆”意思是有人在旁边执鞭强迫小孩学习。《中庸》中有“修道之谓教。”许慎的《说文解字》解释：“教，上所施，下所效也”“育，养子使作善也。”《学记》中有“斆学半。”这是教学相长的意思。我国最早把“教育”合起来称呼的是孟子。《孟子·尽心上》：“君子有三乐，而王天下不与存焉。父母俱存，兄弟无故，一乐也；仰不愧于天，俯不怍于人，二乐也；得天下英才而教育之，三乐也。”

捷克教育家夸美纽斯（1592—1670年）1632年的名著《大教学论》（Great Didactic）。教育一词来源于拉丁文educare，本义为“引出”或“导出”，意思就是通过一定的手段，把某种本来潜在于身体和心灵内部的东西引发出来。“教育”英文是Education。在英语中，教育除了Education以外还有Pedagogy（教育学、教学法），Instruction，learning，Didactics（教授法）。

1969年英国开放大学首任校长克劳瑟爵士（Lord Crowther）曾经给开放大学做了一个阐述，实际上也是对开放教育的本质的一个表述：“To be open as to people，open as to place，open as to methods and open as to ideas.”其中文意思是“向人人开放，向各地开放，向手段开放，向思想开放。”这是最早对开放教育的官方解释，可以称之为开放教育的宪章。

传统教育是“面对面”，远程教育是“背对背”；传统教育是手把手，远程教育手挥手；传统教育是在学校，远程教育是在家里；传统教育中教与学是连在一起的，远程教育中教与学是分离的；传统教育是同步的，远程教育多是异步的。传统教育的学生是全日制（Full-time）的，远程教育的学生是半日制（Half-time）的。

所谓远程教育就是为了解决师生双方由于物理上的距离而导致的、表现在时空两个维度上的教与学行为间的分离而采取的、重新整合教学行为的一种教育模式，随着社会的发展，这种教育模式将具有实践上和理论上的不同表现形式。①

学校远程教育是对教师和学生在时空上相对分离，学生以自学为主、教师以助学为辅，教与学的行为是通过各种教育技术和媒体资源实现联系、交互和整合的各类学校或社会机构组织的教育总称。②

根据逻辑学关于定义的规定，被下的定义 = 种差 + 属。教育的“属”就是“活动”，“种差”就是培养人。教育就是培养人的活动。那么远程教育学则是教师和学生在不同的时空借助教学媒体进行培养人的活动。

（二）国外学者对传统教育与远程教育关系的观点

美国的远程教育专家迈克尔·穆尔（Michael G. Moore）③ 对于这两

---

① 谢新观．远程教育概论[M]．北京：中央广播电视大学出版社，2000.

② 丁兴富．远程教育学[M]．北京：北京师范大学出版社，2001.

③ 1956—1959 年在伦敦经济学学院获得经济学硕士；1959—1960 年在伦敦 Goldsmiths学院进修，获得中等后教育证书（PGCE）；1970—1973 年在美国威斯康星—麦迪逊大学师从查尔斯·魏德迈，于 1973 年获得成人教育学博士，在 1988—1992 年担任过国际远程教育理事会副主席。现为美国宾夕法尼亚州立大学教育学教授，美国远程教育研究中心创始人兼主任。纵观穆尔学术和事业发展轨迹，可以看到其学术研究与事业发展协同并进，交相辉映，其著作颇丰，许多理论至今在国际远程教育界仍具有广泛的影响，其经典的交互作用距离和独立学习理论仍然是众多理论中的一朵奇葩；他积极投身远程教育事业发展 40 年整，期间为美国乃至国际远程教育的发展做了许多奠基性和开拓性的工作，并因此获得许多殊荣，被收入美国远程学习协会名人录。穆尔在美国远程教育事业发展中拥有数个“第一”：第一个尝试构建远程教育理论体系；第一个身体力行地在自己的教学中通过远程教育方式向国外学生授课；1972 年发表了奠定“远程教育”理论基础的第一篇学术论文；第一次提出“远程教育”这个术语的英文形式 distance education. 选自张秀梅，丁新．迈克尔·穆尔研究[J]．电化教育研究，2004（3）．

个概念进行了深入的研究，他提出了教育活动的两大家族理论，详细地阐述了传统教育和远程教育的区别。迈克尔·穆尔强调“师生分离”是区别传统教育和远程教育的根本，他们的联系方式是通信，包括纸质信件、电子邮件、电话、QQ 聊天、MSN 以及网络视频交互。

瑞典的博瑞·霍姆伯格（Borje Holmberg）则使用“连续面授”一词来描述传统教育的特征，即传统教育是程度最高的连续面授教育，而远程教育则是不连续的面授教育。在广义范畴内，开放教育则是没有面授的教育。

美国教育学会对远程教育所下的定义大意是：远程教育就是学习者与分布的教育资源之间联系的过程。这种过程常常处于师生在时空上的分离状态，并且教师和学生通过一个或多个媒体进行相互作用。①

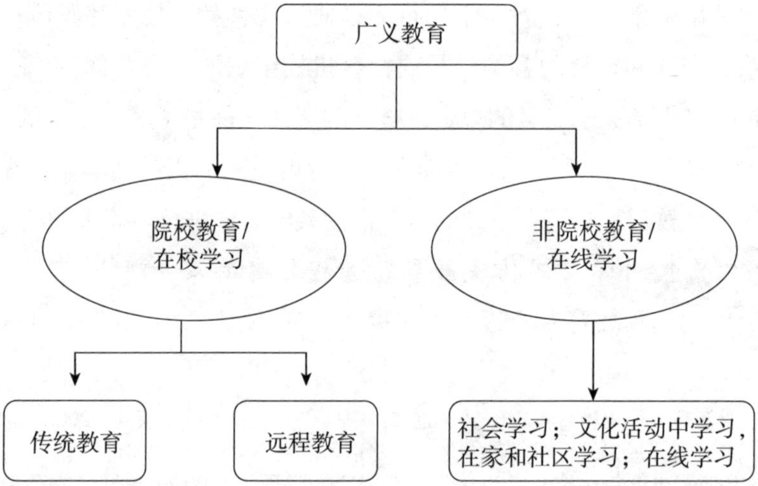

图 1－1　各种形式的教育和学习

从图 1－1 中我们可以看出，远程教育不仅包含在院校教育中，例如北京外国语大学网络教育学院，而且也包含在非院校的教育中，比如我国的高等自学考试。它们都有一个共同的特点就是不“连续面授”。其

① Marvin T. Batte, D. Lynn Forster and Donald W. Larson. An Assessment of Student Acceptance and Performance in Distance Education with Two-Way Interactive Compressed Video [J.]Review of Agricultural Economics 2003，25（2）：524－539.

实，相当一部分的高等自学考试学生是不参加面授的。然而，在澳大利亚远程教育相当一部分面向中小学生，由于地理位置偏远或者其他原因，他们通过远程教育来完成必要的中小学教育，譬如偏远农场的 12 年级的瑞塔（Rita）和城郊结合部的 10 年级的奥菲列（Ofilia），她们都是通过远程教育来学习的。[①] 根据我国和世界发达国家远程教育的实践，传统教育与远程教育在不断融合，你中有我，我中有你。在传统教育中，面授多一些，在线交流少一些；远程教育面授少一些，在线交流多一些。

究竟传统教育和远程教育在课堂教学质量上孰优孰劣？2004 年，博纳德（R. M. Bernard）等人对 232 个远程教育和面授教育进行了多元分析，发现远程教育和传统课堂教学对于学生成绩的影响基本相同。[②] 有些方面远程教育优于传统教育，有些方面则很差。传统教育在学生学习态度和记忆力方面好于远程教育。

关于开放教育与传统教育的质量，现在的研究结果表明，开放教育日渐上风。越来越多的研究表明，在线教学方法对于学生学习的促进与传统面授教学同样有效，甚至优于后者。2009 年，美国教育部的一项研究表明，在线学生的学习成绩比面授教学的学生更好，混合在线教学与面授课题教学效应值更大。[③] 在线教育是开放教育的重要形式。这说明开放教育的质量依然可以与传统教育匹敌，甚至更有优势。

二、中外远程教育概念的变迁

中国关于远程教育的概念主要是借鉴西方的理论，从“遥授教育”到“远距离教育”，再到远程教育。西方则是从德语介绍到英语世界，

---

① Fahræus, E R. Distance Education Students Moving Towards Collaborative Learning – A Field Study of Australian Distance Education Students and Systems[J]. Educational Technology & Society, 2004, 7 (2): 129 – 140.

② Bernard R M, et al. How does distance education compare with classroom instruction? A meta – analysis of the empirical literature[J]. Review of Education Research , 2004, 74 (3): 379 – 439.

③ J Michael Spector，等．教育传播与技术研究手册[M]．4 版．任友群，等主译．上海：华东师范大学出版社，2015：303.

逐渐定位在“Distance education”。无论是远程教育还是开放教育，中外都有不同的术语。

（一）国外远程教育概念的变迁

1. 远程教育的相关术语

远程教育经典定义是指在20世纪末以前国际远程教育界普遍认同的，由独立设置的专司远程教育院校机构组织实施的新的教育方式的学校远程教育或者机构远程教育。

表1－1 有关开放与远程教育术语英汉对应表

序号	英 文	汉 语	备 注
1	Online education	在线教育	
2	Web－based education	网络教育	
3	Computer Assisted Learning	计算机辅助学习	
4	Computer Assisted Instruction	计算机辅助教育	
5	Blended learning Blended education Hybrid learning	混合学习 混合教育 混合学习	开放与远程教育
6	Virtual learning	虚拟学习	
7	Digital learning	数字学习	
8	Mobile learning Moved learning	移动学习	
9	Ubiquitous learning Pervasive learning	泛在学习	
10	Flexible learning	灵活学习	
11	MOOCs	慕课	开放教育
12	SPOC	思博课	
13	Open Course Ware，OCW	开放课件	
14	Open Educational Resources，OER	开放教育资源	
15	Wisdom Education	智慧教育	
16	Open Government Partnership，OGP	开放政府伙伴	

在远程教育发展史上，19世纪中叶，“Correspondence education”函授教育、“Correspondence study”函授学习最初是在英国发展起来的。

在美国使用“Home study”或者“Independence study”的称谓；在英国使用“Distance teaching”或者“Teaching at a distance”；在澳大利亚和大洋洲地区使用“External study”；在其他英语国家或地区使用 Open learning，Flexible learning，Telematics。

20 世纪 60—70 年代，远程教育这一称谓最早起源于被爱尔兰学者基更（Keegan）称为蒂宾根（Tubingen）小组的一群德国学者，在他们发表的德文文献中，使用了“Fernstudium”（远程教育）和“Fernunterricht”（远程教学）等词来作为这类新型教育形态的总称，不再使用“函授学习”的概念。这是迄今为止，世界上最早使用“远程教育”概念的由来。也就是说，远程教育概念起源于德国。

2. 远程教育国际组织

1938 年，联合国教科文组织国际函授教育协会（International Council for Correspondence Education，ICCE）在加拿大成立。1982 年，它正式更名为“国际远程教育协会”（International Council for Distance Education，ICDE）。从此，标志着远程教育得到国际的认可。

“学习共同体”（The Commonwealth of Learning，COL）是英联邦国家成员参与的一个国际性远程教育组织，成立于 1987 年，现有 54 个成员国。其总部设在加拿大的不列颠哥伦比亚省的范库弗峰（Vancouver），现任董事会主席是伯彻尔·威特曼（Burchell Whiteman O. J.），总经理是阿莎·肯娃（Asha Kanwar）教授。他们致力于通过学习来促进人们的可持续发展。目标是通过促进英联邦各大学、学院及其他教育机构的合作，并充分利用远程教育和通信技术在教育中的潜力，来创造和拓展学习机会。具体地说，承担和支持远程教育技术及管理的人员培训，承担和支持远程教育的评估和应用研究。

欧洲远程教学大学协会（Europe Association of Distance Teaching University，EADTU）成立于 1987 年 1 月，由欧洲主要的远程教育机构负责人发起，鼓励致力于远程高等教育的欧洲组织间的合作。其成员基本上都植根于国家教育系统，拥有自己的学生和合法的学位授予权。1993

年，注册学生为32.5万名。

土星——欧洲开放学习网，是一个独立的欧洲协会，成员包括开放及灵活学习的多媒体的提供者和使用者。目前，它拥有来自13个欧洲国家的约90名成员。在欧洲的教育与培训领域，它具有很高的声誉。

（二）中国远程教育的概念变迁

从视听教育到教育技术，我国在20世纪90年代中期以前都采用“电化教育”的称谓。在1949年前，电化教育在一定程度上等于远程教育。播音教育是1949年前电化教育的重要内容，严格地说应当属于远程教育的范畴。民国时期，我国有函授教育，但主要局限于那种通过信函或者报纸来发放学习资料进行的教学活动。现代远程教育则是教育技术发展到一定阶段的产物。本质意义上的远程教育则更早，至少在19世纪末就已经产生。

20世纪70年代中期随着英国开放大学的影响和我国广播电视大学体系的建立，传入了远程教育的概念。1975年北京师范大学外国问题研究所摘编了《英国开放大学介绍》一书，采用了“远距离教学”术语。1978年第2期《人民教育》发表了《〈英国开放大学介绍〉摘述》一文，关键词就有“远距离教学”。1978年第6期华东师范大学主办的内部刊物《外国教育资料》（当年共出4、5、6三期），发表了孙祖复的《西德哈根遥授大学》文章，提到了“远距离教学”。当时我国大陆将英文Distance education翻译成“遥授教育”“远距离教育”。这是我国最早使用“远距离”术语的开端，从某种意义上讲，北京师范大学是我国远距离教育思想的摇篮。

1979年1月11日，国务院批转教育部和中央广播事业局1978年12月29日上报的《关于全国广播电视大学工作会议的报告》中首次使用了“远距离教学”这一术语，指出：“广播电视大学的特点是采用现代化教学手段，进行远距离教学。”自1996年创刊到1998年为止，有一本山西广播电视大学主办的杂志就叫《远距离教育》，1999年第一期开始更名为《山西广播电视大学学报》。直到1998年，《中华人民共和国高等教育法》才以法律的形式将“远距离教育”正式更名为“远程教育”。

函授教育在培养人才方面发挥了重要作用，美国总统亚伯拉罕·林肯就是自学成才，他先是成为一名出色律师，而后成为美国最伟大的三大总统之一。他是通过开放教育走上律师生涯，然后再从政的典型。

三、开放教育与远程教育的关系

（一）中国开放教育的概念

“开放”一词，1980年版的《新华词典》的解释有四个，其中与我们所说的开放教育有关的有两个：一是指花的“展开”，如百花开放；二是解除（封锁、禁令、限制等），这个含义最接近本书所说的开放教育，也就是解除进行教育的壁垒。《书·多方》“开释无辜”孔传：“开放无罪之人。”这是唐朝最早将“开放”合成一词的地方。

1988年，我国权威的《实用教育管理词典》曾经专门解释了“开放教育”，认为它是现代教育的一种新观念和新形式，是把教育视为一种社会开放系统，是对封建式传统教育的一种改革。①

中国自古以来就重视开放教育资源的利用，我国也是世界上第一本教育专著《学记》云：“独学而无友，则孤陋而寡闻。”强调开放学习，重视通过交流扩大教育资源。元末明初的宋濂在他写的一篇散文《送东阳马生序》中讲道：“余幼时即嗜学。家贫，无从致书以观，每假借于藏书之家，手自笔录，计日以还。”这也是在说开放教育资源的情况。随即他描述了国子监这种状况，“凡所宜有之书皆集于此，不必若余之手录，假诸人而后见也”。那时候，借阅书籍和交流思想还算是免费，与现代意义的开放教育资源差异不大。1902年，湖广总督张之洞、湖北巡抚端方共同上奏清政府设立湖北省图书馆，并于1904年8月27日获准开馆。这可谓近代开放教育资源之先河。我们每当进入天津外国

① 王纯山. 实用教育管理词典[Z]. 北京：职工教育出版社，1988：59.

语大学图书馆，都会看到门上挂有“开馆通知”，这个“开”就是开放的意思。当然这个开放，不是无限开放。

如前所述，开放教育是一个崭新的概念，是1985年邓小平同志“三个面向”的理解。有学者认为：“教育面向世界，是党的开放政策在教育上的集中反映。”① 这个“教育开放”主要是指从国内向国外地域的开放，尽管也有现在意义上的“开放教育”的含义，但是还不全面。严格地说，“开放教育”一词是在1986年10月由时任李鹏总理提出的。他在给中国教育电视台的贺词中提出“搞好电视教学　发展开放教育”。他认为：“卫星电视教育是一种开放式教育，人人都可以参加学习。”② 可以说，李鹏总理是我国开放教育的倡导者，最先提出了“开放教育”的概念。随着改革开放的日益深入，我国开放教育不断拓展领域，从远程教育拓展到老年教育。2015年1月28日，国家开放大学老年开放大学成立。在老年开放大学的门户网站，204门课程，总计6.6万分钟的视频课程免费向社会开放。③

随着信息技术的发展，我国学者对于开放教育的研究开始逐渐增温，并出现相关文献数量暴增的局面。根据上海图书馆的《全国报刊索引》的搜索“开放教育”，共有23223条文献。从1986年开始出现有关“开放教育”的文献，到2010—2015年达到了高峰（见图1－2），其主要原因是2010年我国转型设立了5＋1所开放大学，“开放教育”转向了“开放大学”。拥有相关文献最多的作者是北京师范大学的陈丽老师。

（二）国外开放教育的概念

尽管1969年就有了英国的开放大学，但是国外真正出现“Open Education”则始于1971年。这年，西尔维娅·彼得斯（Sylvia Peters）

① 王国华，田建国. 论教育开放[J]. 齐鲁学刊，1985（5）：126－129.

② 李鹏. 搞好电视教学　发展开放教育[J]. 电视大学，1986（11）：3.

③ 赵婀娜. 国家开放大学，想学啥都能学（互联网时代的终身教育）[N]. 人民日报，2015－11－26.

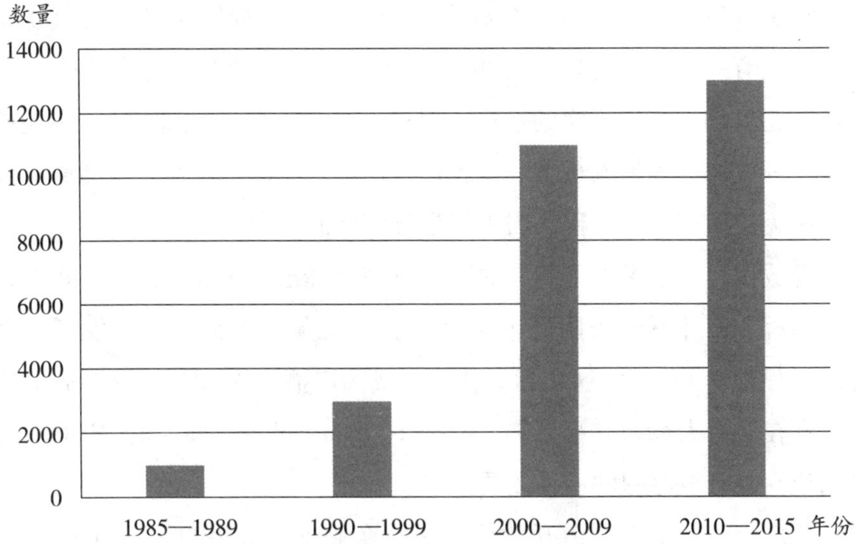

图 1－2 《全国报刊索引》有关“开放教育”文献数量图

在《天才儿童》季刊发表了一篇文章，题目是《开放教育：美国不列颠幼儿学校》,[①] 这是迄今为止可以查到的最早有关开放教育的英文文献。可以说，美国的开放教育概念提出比我国要早 15 年。到了 2001 年，美国麻省理工学院的“开放课件运动”扩大了开放教育的影响。

1. 开放课程

所谓开放课件（Open course ware，OCW）[②] 是在 2002 年由美国麻省理工学院提出来的。它的基本理念：社会所有成员有权分享人类知识。据 2006 年麻省理工学院的统计，参与开放课件的人群中自学者占 46.5%、学生占 32.0%、教育工作者占 16.4%、其他人群占 5.2%。2007 年，美国学者戴维·威利（David Wiley）开设了一门课程《开放教育导论》（Introduction Open Education）。从以上的理念和人群来分析，开放课件主要是指那些免费在互联网上可以公开分享的大学课程。

---

① Sylvia Peters. Open Education – the American British Infant Schools[J]. Gifted Child Quarterly，1971，15（3）：229 –232.

② 国内一般认为是 2001 年。这里直接引用国外的文献，笔者认为可能是 Justin Johansen 等人在时间上存在错误认识。

大英百科全书在线版至今没有收录“开放课程”词条，也就是说国外还没有一个权威的定义。2013 年我国台湾学者在国外发表了一篇文章，题目是《接近现实的途径：促进电子学习的开放课件》。在他们看来，开放课件就是电子学习或者在线学习。也就是说在传统的面对面学习中无法做到开放课程，因为那是要付费的。

开放课程，如果根据英文的原意应该翻译成“开放课件”。我国在开放课程方面并不比美国逊色和落后。2001 年，中央电大研发了电大在线远程教学平台，① 这实际上就是对我国广播电视大学系统开放的课程。现在又有人称为“慕课”（Massive Open Online Courses，MOOCs），可以说它是开放课程的一种发展。

总之，笔者认为所谓开放课程是指免费的、在互联网上可以获得的、由著名大学开发的传播人类科学知识的学习资料和视频。

2. 开放教育资源

2001 年 4 月 4 日，美国麻省理工学院副校长查尔斯·韦斯特（Charles M. Vest）在《纽约时报》上公开宣布举办开放课件活动，扩大了开放教育的规模和影响。在 2002 年联合国教科文组织举行的一次会议上，首次提出的开放教育资源（Open Educational Resource，OER）是在全球教育资源免费共享的大背景下产生的。这可算作比较权威的定义。它是指通过互联网免费、公开提供给教育者和受教育者反复用于教学和科研的多层次的数字化资料。开放教育资源先行者之一戴维·威利（David Wiley）曾经提出开放发布的五个核心原则，即再使用（Re-use）、再发布（Re-distribute）、再修改（Revise）、再混编（Re-mix）和再保存（Retain）等。② 2006 年，我国台湾交通大学成为岛内最早开设开放课程的高校。2008 年，我国台湾地区组建了开放课程联盟，从而扩大了开放教育资源的范围。

---

① 葛道凯．开放教育学习指南[M]．北京：中央广播电视大学出版社，2009.

② 托尼·贝茨．数字化时代的教学[M]．刘永权，等译．北京：中央广播电视大学出版社，2016：459.

华东师范大学张铁斌博士在开放教育资源方面的研究比较深入，他认为："开放教育资源（OER）指能够通过互联网自由获取（对使用者免费）的拥有开放许可的数码教育资源，允许使用者自由地使用、改编和分享，如：学习对象（Learning Objects）、开放课件（Open Course Ware）等。"① 本书认为这是国内目前比较专业的一种定义，它归纳和总结了联合国教科文组织、休利特基金会和经合组织三个定义，从而提出了自己的观点。

国外学者认为开放教育资源就是一种教育资料，包含两层意思：一是指在公开版权证书上被认证的，例如创意共同体（Creative Commons）；二是指在公众视域的公开资源。② 从这个定义可以看出，开放教育资源既包括专业的，也包括非专业的；既包括认证的，也包括非认证的。国外还有学者认为："开放教育资源就是可以在互联网上得到的资源。"③ 由此可见，开放教育资源实际上就是网络资源。

总之，所谓开放教育，就是无必要的入学门槛，无统一的教学内容，无固定的学习场所，无相对稳固的师生，无必需的结业考试等"五无"的教学活动。开放教育与远程教育既有联系又有区别，既是自成一体的，又是连体的。它们既有独立性，又有共同性。我们认为美国的辛吉斯·哈坎·艾丁（Cengiz Hakan Aydin）的观点值得关注。他认为，远程教育不仅在于距离，更重要的是强调开放学习。开放学习既可以通过远程在线课堂来实现，亦可以在面对面教学情境下进行。④ 这很好地阐释了开放与远程教育的关系。

---

① 张铁斌．开放教育资源（OER）国际比较研究[D]．上海：华东师范大学，2011：29.

② Lindshield, Brian L, Adhikari, Koushik . Online and Campus College Students Like Using an Open Educational Resource Instead of a Traditional Textbook[J]. Journal of Online Learning and Teaching, 2013, 9 (1) .

③ Rodríguez, Javier Sanz, Dodero, Juan Manuel, Alonso, Salvador Sánchez. Ascertaining the Relevance of Open Educational Resources by Integrating Various Quality Indicators. RUSC, 2011, 8 (2) .

④ 王小雪，刘菁，唐恒，等．再度审视美国远程教育发展现状——AECT远程教育分会核心团队访谈反思[J]．现代远程教育研究，2017 (2)：13 - 18 + 27.

联系：①开放教育中包含远程教育，远程教育中也包含开放教育；②是一种交叉的关系，你中有我，我中有你；③开放教育是远程教育的一种发展，是互联网技术为载体的一种远程教育；④开放教育与远程教育都没有入学资格限制。

区别：①开放教育不仅仅局限在远程教育，也包括传统教育的开放，比如“清华学堂在线”；②远程教育不仅仅是面向人人的开放教育，也包括固定师生异地异步的网络教育，还包括在线的即时异地教育；③开放教育除了开放大学没有评估与结果，而远程教育有评估和证书。

第二节　开放与远程教育的学科

远程教育是教育的分支，是教育发展到一定时期的产物，确切地说是从19世纪中期有了现代邮政系统和通信设备以后出现的一种教育形式。开放与远程教育则是远程教育发展到一定时期的产物，确切地说，是20世纪70年代英国开放大学后一种新的教育形式。它与职业教育学、高等教育学、成人教育学、教学论和教育史等一样都是教育学的二级学科。

一、教材建设

从1999年起，中国的远程教育格局发生了重大的变化。到2003年，教育部已经批准了67所普通高校进行现代远程教育试点，社会各界力量也通过建立地区远程教育学习中心、加盟远程教育的基层学习支持服务事业，从而打破了原有的电大系统一枝独秀的中国远程教育格局，形成了单一模式（电大）与双重模式（普通高校），以及公司模式的远程教育机构相互竞争、相互支持、共同发展的多重院校模式的新态势。

这一时期，我国远程教育专著的显著增多是可以预料得到的。笔者从国家图书馆等网站统计得出，自1987年至今，我国相关远程教育的教材、专著数量为 102 种，其中，译著 14 种。值得注意的是在这 14 种译著中，首都师范大学的丁兴富教授独译了 4 种。另有独著 61 种，合著 27 种（见图 1－3），详细见附录。

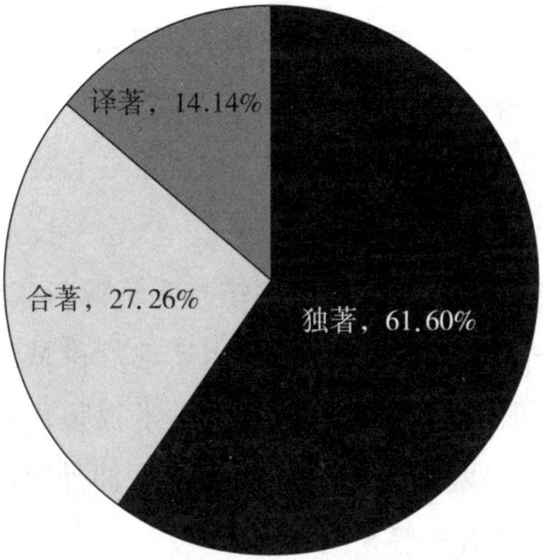

图 1－3 远程教育专著出版方式统计图

近年来，我国出版了一些有关开放教育的著作，截至 2018 年中期初步统计，有关开放教育的著作有 64 种，例如张云鹰的《开放式教育（第二版）》（教育科学出版社，2016）。此书中，作者对开放式教育思想及学校办学理念、学校管理体系与特色课程建构、校园文化建设、学校整体评价体系建立等多个层面的热点问题进行了一定的思考，但主要是从基础教育视角出发的，与我们远程教育还有一定的距离。其他的相关著作多是开放与远程教育学书籍，例如杨怀恩等人编著的《开放教育导学》（山西人民出版社，2006）。尽管题目是“开放教育”，论述了开放教育的四个方面的本质特征：以学生和学习为中心的、多媒体教学手段、取消了学习的障碍和运用现代信息技术手段等，[1] 但是实际上是从远程开放教育的两个方面谈论的。谭惠苓撰写的《网络环境下现代

① 杨怀恩，张耀斌，秦振泽，等．开放教育导学［M］．太原：山西人民出版社，2006.

远程开放教育教与学评价体系研究》（沈阳出版社，2010）更是如此，可以说现阶段开放教育还没有从远程教育中分离出来。

二、平台建设

国外学者在开放教育平台方面也做了很多探索，提出了一些技术标准，初步建立了平台建设的一些理论。1997 年，美国国防部启动了一个“高级分布式学习”（Advanced Distributed Learning，ADL）项目，并在这个项目中制定了一个 SCORM 规范。[①] 这一技术手段后来被运用到天津外国语大学教务处发布的“网络教学资源与应用平台”。这个平台是超星公司开发的，基本上是在 SCORM 规范和 Moodle 模式基础上的发展，包括 100 万册电子图书和 12 万集学术视频，是当前我国传统大学进行开放教育的实践。到 2016 年 12 月，天津外国语大学已经建设了包括《跟着韩剧学韩语》等 8 门课程。

我国开放与远程教育在设施上有了明显的进步。2012 年，“国家开放大学云教室”首先在广西北海投入使用。截至 2016 年年底，国家教育资源公共服务平台已开通教师空间 960 万个、学生空间 470 万个，服务体系注册用户达到 5800 万人。良好的物质平台建设为我国开放与远程教育的发展奠定了坚实的基础。

高校一直是开放教育资源开发的策源地，而且具备先进的技术和一流的学术资源。截至 2017 年年初，高等教育领域已建成“中国大学 MOOC”“学堂在线”“好大学在线”“华文慕课”等若干在线课程服务平台，慕课超过 1400 门、思博课（SPOC）5600 多门次，选课超过 3000 万人次。但是，各个高校之间依然存在着资源封锁的壁垒，有些教育资源还不能很好地共享和开放。即便是同一所高校，不同校区资源共享和开放方面也做得很有限，比如天津某著名高校的三本校区甚至连基本的中国知网都难上，更不用说国外的教育资源了。

---

① 刘培艳，等．符合 SCORM 标准的课程设计与开发//徐福荫，王志军．教育信息化：教育技术人才培养模式创新[C]．北京：北京交通大学出版社，2012：889.

第三节 开放与远程教育的前景

2017 年 3 月 19 日，教育部副部长杜占元指出："面向 2030 的教育，应该是更加开放的教育和更加远程的教育，突破时空界限和教育群体的限制，人人、时时、处处可学。"① 这是我国今后一段时间开放与远程教育的发展方向。

一、传统教育与开放教育的融合

如今没有单纯的传统教育，也没有单纯的开放教育，一定是开放教育与传统教育的结合，正像美国的柯蒂斯·J·邦克所写的——《世界是开放的》一书中所说。这种开放有三种形式：

一是校际间教育资源开放。当前国外的开放资源项目逐步实行共享和联盟，这种共享主要是在联盟内部教育资源的共享。它们包括社区或联盟：①赖斯大学（Rice University）联通项目；②加州大学学习和在线教学多媒体教育资源；③全球开放课件联盟；④日本开放课件联盟；⑤蒙特瑞技术和教育研究所在线课程国家存储中心；⑥得克萨斯大学奥斯丁分校全球讲座厅；⑦哈佛大学、麻省理工学院等高校的免费在线交互课程。2017 年 1 月 26 日国务院下发的《国家教育事业发展"十三五"规划》提出着力加强"名师课堂""名校网络课堂""专递课堂""在线开放课程"等网络平台的打造，通过这些平台，线上与线下相结合。发达地区与欠发达地区同等学校教育资源共享，同城市同地区教育资源的开放，例如天津外国语大学与天津市其他 19 所普通本专科高校图书馆进行合作，实行馆际互借和凭证互相借阅。这就是传统大学与开放教育资源的对接。

① 杜占元. 发展教育信息化 推动教育现代化 2030［N］. 中国教育报，2017-03-25.

二是学校向社会开放。国外开放教育资源的大型机构主要有：①麻省理工学院开放课件项目；②英国开放大学开放学习项目；③卡耐基梅隆大学开放学习项目；④荷兰开放大学开放教育资源项目；⑤耶鲁大学开放课程；⑥开放密歇根大学等。2017 年3 月8 日，教育部、国家体育总局联合印发《关于推进学校体育场馆向社会开放的实施意见》，将学校的体育设施向社会开放。

三是社会向学校开放。图书馆和档案馆面向社会开放，这包括向学校师生开放。例如天津档案网就公布了部分清楚言整的档案，只要能够上网就可以查阅一些档案，提供了学术研究的方便。尽管开放教育资源主要是免费，但也有以盈利为目的的。利尼达网络教育公司（Lynda. com）长期专注在线教育，长期以来未获得任何外部融资，但据 TC 网（http：//techcrunch. com）2012 年 5 月的报道，利尼达网络教育公司已经实现 7000 万美元盈利。[①] 近期，我们主要还是要学习国外尤其是美国这方面的研究成果。

总之，开放教育和远程教育具有巨大的发展潜力。我国台湾学者周祝瑛预言，相对于普通教育而言，虚拟教室、翻转课堂、网络学习和远程教学等形式将变得更为普遍。[②] 也就是说，今后开放教育将超越普通教育而成为教育的主流形式。

二、开放教育与远程教育的耦合

通过开放教育发展远程教育，通过远程教育扩大开放教育。没有开放教育的教育，不能称之为远程教育，没有远程教育的开放教育，也不是真正的开放教育。

关于开放教育与远程教育的关系，葛道凯对此有个精彩的总结。他说：“中央广播电视大学是‘教育对象开放’‘学习过程开放’和‘学

① 杨满福．开放教育资源的可持续发展：现状、问题及趋势[J]．中国电化教育，2013（6）：73－77＋82.

② 周祝瑛．网络效应与青少年教育[M]．福州：福建教育出版社，2017.

习资源开放’。”① 可以说远程教育与开放教育是水乳交融。尽管我们学校是天津外国语大学，语言资源应有尽有，网络教育非常丰富，但是学生仍然需要借助开放教育的形式进行学习。历届都有教育技术专业的学生说，通过沪江网校可以提高四、六级过级率。

关于开放教育资源的使用情况，国外学者也进行了量化研究。2012年“教育事业中心”的一份统计显示，57%的学生希望教师应当更多地采用开放教育资源，而在2011年这部分学生仅仅只有19%。② 笔者认为美国的这些研究很有超前性，而且比较可信。

三、开放与远程教育向“一带一路”进发

当前，世界上许多大学开发了开放课程，并作为其远程教育的一部分，这包括日本东京大学、美国犹他州立大学、美国塔夫斯大学和我国的台湾交通大学等。

但是，我们也要看到开放教育面临的一些困难，主要是教师不配合，教师成为开放教育资源的障碍。2017年在印度的海得拉巴和甘地（Hyderabad and Gauhati）一项研究表明，③ 造成这种现象的原因有两个方面：一是教师对制作的课件质量缺乏信心；二是教师对开放教育不甚了解。这在我国也有类似情况。

总之，国外有关开放教育资源相对比较超前，在理论上上升到了人类社会发展的高度，在实践上达到共享畅通的广度。开放教育是今后人类教育发展的趋势，是远程教育的新形态。当今，“一带一路”国家在开放与远程教育上，尤其是在信息技术方面，大多相对落后于我国。我

---

① 葛道凯．开放教育学习指南[M]．北京：中央广播电视大学出版社，2009：4－5.

② Brian L Lindshield. Online and Campus College Students Like Using an Open Educational Resource Instead of a Traditional Textbook[J]. Journal of Online Learning and Teaching, 2013, 9 (1) .

③ Mishra, Sanjaya. Open Educational Resources for Higher Education [OB/OL] http: //oasis. col. org/handle/11599/769.

们要与之加强合作、互惠互利，推动人类社会教育发展，进而加快沿线国家的经济发展，从而促进人类命运共同体的进步。

思考题

1. 开放教育的概念是什么?
2. 远程教育的概念是什么?
3. 谈谈开放教育与远程教育的关系。
4. 结合现实谈谈开放教育与远程教育的发展前景。

第二章　中国开放与远程教育史

西方国家认为世界函授教育起源于英国。而中国不仅有五千年的文明历史，而且中国远程教育在世界上也是起源最早的。例如，在《荀子》中“顺风而呼，声非加疾也，而闻者彰”就包含了远程教育的思想萌芽，东汉时期“著录弟子”办学实践的尝试，最早发端于17世纪中期的清初函授教育，领先于英国1840年皮特曼的函授速记教材。但是最新的资料可以证明，最先的函授教育起源于1728年的美国波士顿。

第一节　中国开放与远程教育的起源

远程教育是教育发展到一定历史时期的产物。早在我国先秦时期就出现了远程教育思想的萌芽。开放教育是远程教育发展到一定历史时期的产物，教育技术达到了一定的程度，才有了这种形式的教育。

一、中国开放与远程教育萌芽

先秦时期，我国诸子百家的教育家就已经提出了开放与远程教育的思想。孔子提出了“有教无类”的开放教育的思想。这种开放在孔子那里是教育对象的开放，这种教育对象不仅打破了“学在官府”的阶级局限，而且冲破了对多元智力学生进行教育的界限。这种思想既是开放教育实践的总结，又是后世理论的先导。

在我国东汉末年，皇权衰微，私学盛行。私学中即有及门弟子和著录弟子之别。所谓及门弟子，类似于我们今天的面授教育的学生，也就是正式学生。至于著录弟子，就像我们今天所说的函授教育的学生，也就是非正式学生。所谓“著录弟子”，即在名儒者门下著其名，不必亲来授业，所以著录弟子能多至万人。“及门弟子”是直接从师受教的，往往有数百千人，经常采用高业弟子转相传授的教学方法。这种著录弟子的教学方式扩大了生源规模，牟长任博士及河内太守期间，著录弟子前后万余人。① 这种体制的出现，从宽泛意义讲是远程教育制度的萌芽。有学者指出：“私学中‘著录弟子’的学习就是古代的远程学习。”②“著录弟子”的教学形式是我国也是世界上最早的远程教育形式。

开放教育在我国历史悠久，源远流长。墨子也有开放教育的思想微光，他在《墨子》中提出了“尚同”的教育主张，认为“一同天下之义而天下治”③。墨子的开放教育主要是对不同等级的人进行教育，使贤者“贵而富之”，不肖者“贫而贱之”。这种思想比孔子的对相同等级中不同类型不同资质的人进行教育的“有教无类”提法更为先进，希望对不同等级、不同品行的人进行教育。墨子的开放教育思想，突破了儒家孟子“得天下英才而教育之”的招生范围。尽管这种教育对象的开放在当时很难实现，但是毕竟开启了人们走向开放的思想闸门。《学记》中提出“故君子之教，喻也。道而弗牵、强而弗抑、开而弗达”就包含了开放教育的含义。

在中国的近古时期，澳门在文化传播、开放教育方面发挥了独特的作用。1585 年在澳门由耶稣会士创办了印刷社，以传统的木版雕刻印刷，印刷了第一部由欧洲人指导编纂的中文书籍。1588 年，澳门已经拥有从西方引进的全套先进的活字印刷设备。随后中国第一部英汉字典《华英字典》在澳门出版。1828 年，由葡萄牙人士罗在澳门创办了第一家中英文报纸《依泾杂说》，印刷方式已经采用了英文的铅活字技术，这大大提升了文化的传播速度，具有开放教育的意义。所以说印刷方式在中国开放与远程教育中发挥了桥头堡的作用，具有先进意义，在很大

---

① 王炳照，等．简明中国教育史[M]．北京：北京师范大学出版社，1985：96－97.
② 罗招全，朱维学．现代远程教育导论[M]．兰州：兰州大学出版社，2008：41.
③ 王炳照，等．简明中国教育史[M]．北京：北京师范大学出版社，1985：46.

程度上推动了我国古代近代开放与远程教育的发展。

从原始社会开始，我国的教育就是一个不断从封闭走向开放的历程。西周时期是“学在官府”，春秋战国时期则是“学在四夷”，在地理位置上实行了开放。到了魏晋南北朝时期，颜之推则主张“切磋”，反对“闭门读书”。开放教育在教学方法上强调了师生之间和学生之间的互动。到了晚清时期，魏源在《海国图志》中响亮地提出了“师夷之长技以制夷”的开放教育的光辉思想。这种开放主要是教学资源的开放，摒弃了传统的义理之学，主张学习近代西方科学技术知识。蔡元培提出了“囊括大典，网罗众家”的教师来源开放的思想。可见，开放并不是远程教育的专利，传统教育也在不断开放。

二、中国远程教育的肇始

我国远程教育的思想在古代不仅处于萌芽状态，而且颇有思潮之势。孔子在《论语·学而》开篇乃曰：“学而时习之，不亦说乎？有朋自远方来，不亦乐乎？”孔子对学习和实践给予了充分的肯定，同时对远程教育也给予了同样的重视。可见，古人已经意识到远程教育的作用，并将之归于传统高校的基本功能，将之纳入日常教学的课外辅导。尽管这种远程教育的思想是碎片化的，还没有成为一种系统，但是这却表明了先秦时期古代先贤对于远程教育的初步认识。

作为我国和世界上最早的教育专著，《学记》是我国先秦时期教育思想的总结。《学记》云：“就贤体远，足以动众。”先贤们已经意识到，通过贤德感悟远方的学生，这样就能够扩大教育的规模。进而指出：“近者悦服而远者怀之。此为大学之道也。”[①] 尽管“近者”和“远者”在这里表示周围的人和远方的人，但是这里面多少含有面授与函授相结合的意思。

一般认为世界远程教育的源头可以追溯到1840年的英国，但是在

① 纪昀．四库全书（精华）［M］．北京：中国华侨出版社，2010：108.

17世纪中叶我国清初就已经开始了这种尝试。假如从清朝前期开始计算，这段时期为从17世纪中叶清朝初年到1912年国民政府成立。

1967年德国的多曼（Dohmen）曾经给远程教育下过一个定义，认为它是一种有系统组织的自学形式。[①] 按照他这个定义，我们有理由认为在我国清初，也就是17世纪中期就有了远程教育。《简明中国教育史》提到："国子监生，元明以来，例须坐监。而清初却因校舍修圮不时，俱以丧乱无存，因令凡汉监生听在寓所肄习。"[②] 对于"亲老家贫，势不能在学肄业者，亦必分题考校，每月定期"[③]，王炳照先生等认为学生不一定要到学校来听讲，只要按时领取学费，参加月考、季考或领取考题，回家完成作业，即可获得一定的学术身份。当然不能做过高的要求，与正式的学生在质量上还存在一定的差距。这说明清初的官学曾经出现了师生分离的走读形式，采用了以自学为主、教授为辅的形式。这是中国也是世界上最早的函授教育的起源，也就是远程教育的起源。

到了清末，这种远程教育的模式依然延续，最高学府国子监取消了"坐监"制度，允许监生在寓所肄业，他们只有在初一、十五才来监听讲"四书""五经"等。[④]也就是说学生平时在家自学，每两周一次定期到校面授。这种远程教育形式与清初的相比有所改进，不仅保持考试，还增加了定期面授的环节。

三、中国函授教育机构的肇始

近代中国的远程教育史，可以追溯到1897年2月，上海发行了《通学报》。《通学报》是我国第一份专门研究外国语的刊物，由任独担任编辑，内容由浅入深，以英语和世界语为主，分历史、地理、理化等学科。《通学报》初为旬刊，后改为月刊，于1902年停办。由于《通学

---

① 罗招全，朱维学．现代远程教育导论［M］．兰州：兰州大学出版社，2008：2.

② 王炳照，等．简明中国教育史［M］．北京：北京师范大学出版社，1985：239－240.

③④ 王炳照，等．简明中国教育史［M］．北京：北京师范大学出版社，1985：241，271.

报》采用了函授讲义的编辑方法来传播知识，它也成为中国人自己办的最早的函授通讯刊物。与1902年蔡元培、叶瀚、蒋现云、林少泉等人在中国教育会刊行丛报进行的函授教学相比，《通学报》早了5年的时间。[①] 我国有的学者认为蔡元培的中国教育学会丛刊是我国最早的函授教育的起源，即中国远程教育的起源。由于这是通过期刊向外传播知识，也可以称之为近代开放教育的滥觞。

函授教育机构的建立。传教士办理的万国学校是一般性质的外国函授学校，教会函授学校也是1949年前我国函授学校的一个主体部分。美国人何威尔在发表于《基督教育》的《函授学校》一文中记叙，基督教会在中国举办的函授学校从1909年就开始了，当时学校很难招到学生；[②]据此，笔者认为我国近代最早的函授学校当推1909年“万国学校”。它是外国人在中国创办的具有教会性质的最早的函授学校，也是我国境内最早出现的函授学校。

第二节 中国开放与远程教育的发展

1912年元旦，国民政府成立，兵荒马乱，统治阶级无暇建立强大的国家教育体系，于是函授教育进一步发展，一直到中华人民共和国成立，为我国远程教育的初步发展时期。

一、函授学校的建立与发展

1914年商务印书馆创设函授学社。我国有的学者认为这是我国最早的函授学校，应当说是我国最早的专门的函授学校。到了抗日战争中期，也就是1938年抗日战争全面爆发的时期，函授学校增加了中学部

①② 陈斌，卢勃，陈宝华．论我国远程教育的产生及其初期发展[J]．广东教育学院学报，2005（6）：49－53.

和大学部，[1] 教育层次有了较大幅度的提高，从中等教育发展到了高等教育。1926年8月，李龙江等人在上海市牛庄路创办了上海函授大学，师资水平很高，聘请了当时王国维和徐悲鸿等大师级人物作为教师。这是我国最早的以"函授大学"命名的高校，代表了1949年前我国函授教育初期的最高水平。

1909年万国学校（又名万国函授学校，1887年创办于美国波士顿）开始在中国招生办学，经过20多年的发展到1931年，万国学校包括分离出来的分校统计起来，已大约有3000名学生。何威尔总结了函授教育的很多好处，如"学生所作的工夫乃是个人的工夫，并不依赖同学的襄助""学生对于他一切所需要的，都可以得到别的教导与注意""学生可以自由选择他自己读课的适宜时间与情况"。

在民国时期，当时的教育界对于函授教育的性质、方法以及走向都有了较为深入的认识。早在1936年，他们就提出函授教育要"举行入学试验"，主要目的不是设立门槛，而是为了分科和分级。他们设想设立低中高三组，根据考试成绩进行分组。还提出"要留意并登记学生平时发生的疑问"，注意师生之间的交流；对于函授学生要进行"职业指导"[2]，对于没有职业的学生要进行职业介绍，对于有职业的学生要设法增进职业效能。

二、函授教育制度的雏形

1940年，国民政府教育部将电影教育委员会和播音教育委员会合并成立了电化教育委员会。这是我国电化教育发展史上的一件大事，标志着我国电化教育正式官方化。这对于远程教育也有深远的影响，因为函授教育基本处于电化教育的范畴之内。同时，作为函授形态的远程教

---

① 陈斌，卢勃，陈宝华．论我国远程教育的产生及其初期发展[J]．广东教育学院学报，2005（6）：49－53.

② 甘允寿．办理职业补习函授教育应注意之点[J]．教育与职业，1936(5)：385－387.

育也必须借助当时的电化教育设备。

民国时期，经历着各种战争，民不聊生，交通不便，函授教育的发展受到了很大的阻碍。然而，一方面越是在战争时期，社会越是刺激着通信技术的发展；另一方面政府忙于战争无暇顾及教育，这种情况下教育几乎不受约束反而快速地发展。因此，函授教育规模不断扩大，影响不断增强，就自然形成了一些相关法律条文和教育组织形式。比如1943年国民政府教育部颁发的《师范学院附设中心国民学校教育进修班及函授学校办法》中，就有指定一些大学举办函授学校对中小学教师进行函授教育的规定。

第三节　中国开放与远程教育的壮大

人类历史的发展是曲折的，中华人民共和国成立后远程教育同样是几经起伏。自1949年10月到1978年12月党的十一届三中全会，这前30年广播电视大学的初步建立总体上讲是发展壮大的。

一、中华人民共和国成立初期的函授与广播教育

（一）中华人民共和国成立初期的函授教育

1949年10月1日中华人民共和国成立，当时百废待兴，急需各个方面的人才。1951年3月，中国教育工会全国委员会和中华职业教育社联合试办了业余函授师范学校。该校在察哈尔省的蔚县，平原省的修武、林县、内黄、汲县，以及北京市十区和十二区等地招收学员145人。同时，在广东、福建、吉林和内蒙古等省（自治区）建立学习小组27个，拥有学员175人。① 可以看出，这是1949年后最初建立的全国性的函授学校，标志着中华人民共和国函授教育的延续和发展。

---

① 中国教育工会全国委员会中华职业教育社．办业余函授师范学校的经验[J]．人民教育，1952（10）：20－23＋13.

中华人民共和国成立伊始，我国政府就比较重视函授教育，扩大受教育面，加强扫盲教育。1955 年 9 月，北京、天津分别创办了广播函授学校，帮助未升学、未就业的初中毕业生继续提高政治文化素质。①以江西省为例，1955 年到 1963 年 8 年间，师范函授教育就吸收了上万名教师参加学习。② 从 1959 年到 1963 年，江西省萍乡县就有 36 所函授师范学校，其中初师 28 所、师范 7 所、师专 1 所。③ 为了加强对于函授教育的领导和管理，萍乡县文教局还专门设立了“函授工作组”。不仅如此，1958 年，石家庄师院、河北北京师范学院开始招收本科函授生。在 20 世纪五六十年代，我国已经初步建立起来了初等、中等、专科再到本科的师范函授教育体系。这些举措扩大了开放教育的规模和影响。

函授教育研究逐渐起步。1956 年，远程教育的主要形式还是函授教育。当时北京函授师范学校就编辑了《苏联函授教育经验选辑》，这是我国第一本关于远程教育国际交流方面的著作。④

（二）中华人民共和国成立初期的无线广播教育

鉴于无线广播教育的听众和对象无法确定，面向人人，因此也可以说它是一种开放教育。1949 年北京人民广播电台和上海人民广播电台开始举办俄语讲座。1951 年上海人民广播电台将俄语讲座改为俄语广播学校。20 世纪 50 年代中期开始广播函授教育，1955 年北京和天津创办了国内最早的广播函授学校。1958 年北京人民广播电台也将俄语讲座改为俄语广播学校。从此开始了我国广播教育，丰富了开放与远程教育的形式。

在 20 世纪 50 年代我国的广播函授学院，每年参加学习的人员 5000 名左右，学员包括工程技术人员、医务人员、机关工作人员、工人、战

---

① 编辑部. 中国教育年鉴 1949—1981[Z]. 北京：中国大百科全书出版社，1984：936.

② 张宗尧. 积极开展函授教育[J]. 江西教育，1963（4）：12－13.

③ 许启盛. 函授教育普及与提高并举——萍乡县发展函授师范教育的做法[J]. 江西教育，1959（3）：13.

④ 陈斌. 中国远程教育国际交流史研究[J]. 远程教育杂志，2006（4）：28－31.

士和学生。到1960年上海俄语广播学校已经招生19万多人，结业5900多人。[1] 他们通过按时收听广播进行学习，有的单位集中工人在固定的地方收听、收看教学节目。

二、20世纪60年代电视大学与函授教育

在世界开放与远程教育史上，我国在20世纪60年代举办的电视大学是对世界的一种贡献和创新，占据着重要地位。1960年2月，北京广播电视大学创立，这是中国也是世界上第一所城市电视大学。这种远程教育大学为1979年改革开放后的北京广播电视大学的创立奠定了基础。1960年4月6日创办的“上海电视大学”与后来的同名，都没有“广播”二字。这种教育体制创新对加拿大等国都产生了深远影响。1972年10月加拿大在魁北克省建立了电视大学，至今仍然存在，依然承担着远程教育的功能。

在20世纪60年代初期，由于受三年困难时期影响，我国的函授教育处于一种整顿的状态。不久我国的函授教育就有了较大的发展。1965年单河北省各级各类函授院校就有17所，其中本专科高校8所，占总数的47.1%，在册学员8361人。这些院校包括在北京市的河北北京师范学院函授部、沧州专区教师函授专科学校、宝坻的河北宝坻农业函授学校、唐山广播函授大学和天津市的河北广播函授学院等。这说明我国的开放与远程教育取得了很大的成绩，具有世界先进的意义，为世界开放教育开辟了一片新天地，贡献了中国智慧。

三、20世纪70年代开放与远程教育的创新

1970年4月24日，中国第一颗人造地球卫星“东方红一号”上天，标志着我国远程教育进入了一个新的时代（从2016年开始，4月24日被设立为“中国航天日”）。1973年5月1日，北京电视台试播彩

---

① 吴在扬．中国电化教育简史[M]．北京：高等教育出版社，1994：78.

色电视节目，并于10月1日正式播出。先进的通信技术和设备的发展是我国开放与远程教育的重要的物质载体。

1977年党的十届三中全会召开后，邓小平同志主管中央文教科技领导工作。1979年2月6日中央广播电视大学成立，但在更深的意义上，电大的生命实际上从1977年就已经开始。

英国的开放大学是工党领袖提出创办的，澳大利亚TAFE学院是迈耶·康甘提出建立的，中央广播电视大学则是邓小平提出筹建的。政治家远比教育家有创新。1977年10月19日，邓小平同志会见英国前首相爱德华·希思的时候就曾询问了开放大学的办学情况，有了创办广播电视大学的想法。国家开放大学将这个时间作为其办学的开始。

一般认为是1978年开始建立了广播电视大学。有的广播电视大学则是在20世纪60年代电视大学的基础上在改革开放之前就已经恢复和连接，比如天津和上海。河北广播电视大学是1978年9月经河北省政府批准建立的。

在改革开放初期，我国高等教育比较薄弱，规模较小。而中央广播电视大学系统的确培养了一大批国家急需的人才，为社会主义现代化建设做出了贡献，也有力地推动了我国高等教育事业的发展。

第四节　中国开放与远程教育的腾飞

改革开放后40年，即1978年12月18日党的十一届三中全会到现在，中国远程教育在曲折中不断发展，在互联网技术的支撑下有了飞速的发展，主要是在层次上不仅有了本科生、硕士研究生远程教育，还建立了远程教育学博士点。根据这40年的变化，我国远程教育大致划分为以下三个阶段。

一、中国远程教育从高潮到低潮（1979—1989）

这个时期应当又划分为两部分：20世纪80年代上半期，远程教育得到了迅猛的发展；20 世纪 80 年代下半期，对远程教育的控制和调整，致使远程教育招生规模出现了负增长（见图 2 - 1）。

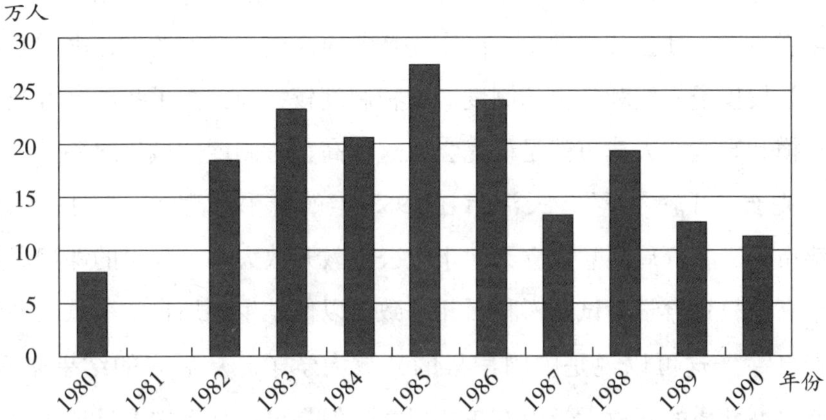

图 2 - 1　中国广播电视大学招生规模示意图

注：1981 年未招生。

中国远程教育在 20 世纪 80 年代上半期呈现繁荣景象。广播电视大学系统在 1979 年招生 9.78 万人，到 1985 年招生 27.3 万人，6 年增长了近 3 倍。1985 年，中国所有在校大学本专科学生中，每五个学生中就有一个是广播电视大学生。此外全国各地的电大还有大量的单科生和自学试听生。在 80 年代曾经有“五大毕业生”，即电大毕业生、函大毕业生、刊大毕业生、夜大毕业生、职大毕业生，足见当时的发展势头。

1980 年 12 月，国家农委、中国科协、教育部和中央广播事业局联合举办了面向全国的农业广播学校，现名“中央农业广播电视学校”，成为农业部主管下遍布全国开展中等农业技术教育的远程教育系统。同样，交通部主办的交通电视学校以及其他行业的广播电视中等专业技术学校也都有了相当的规模。1983 年 11 月，经天津市教育卫生委员会批准，正式成立天津电视中学。该校前身为天津市职工中学。1983 年 9 月，天津电视中学曾用天津电视台 12 频道播送初中复习题。后经天津市人民政府决定，天津电视台 17 频道专供教学使用，并开始播送高中文科课程。①

1981 年，中国建立了国家高等教育自学考试制度，稍后又建立了中等教育自学考试系统。这是一种新型的开放与远程教育体制，即实行学习者自学、社会各界助学、国家委托普通高校主持的考试，由国家和主考学校授予文凭和学位的制度。这种制度较大地扩大了我国高等教育的规模和影响。天津市就是最先尝试这种高自考制度的城市之一。

关于“开放大学”，天津市在 1983 年就着手办理了。5 月 12 日，天津市第二教育局同意成立天津市致公电教开放大学，开设的课程尽量与市高等教育自学考试开考科目相一致，以便学生参加自学考试，办学经费自筹。②这可以说是中国最早的开放大学了。从后来的结果来看，这所民办性质的开放大学没有正式成立，但是可以从批文上见证了这所大学酝酿的过程。

另外，中国在 20 世纪八九十年代还建立了一批刊授学院，主要是以报纸、杂志为主体主办的一种办学形式。《诗刊》1985 年创立“全国青年诗歌刊授学院”，至今仍然招生，不过现在写诗的人比读诗的人多，处于一种自娱自乐的状态。客观地说，在网络还没有兴起的时候，刊授学院作为一种函授教育形式，为中国文化教育的普及以及国民素质的提高发挥了一定的积极作用。1997 年 6 月 26 日，《人民日报》登文介绍了《健康报》的“中医刊授学院”，对其给予了充分的肯定。如今绝大部分刊授学院基本都已经销声匿迹了，只有个别学院仍然存在，但基本也是名存实亡。

这个时期中国开放与远程教育的质量还是很高的，的确起到了推动生产发展和促进社会阶层流动的作用。主要原因是当时高考录取率很低，大约 5% 左右，很多希望上大学的人被拒之门外，所以生源质量较高。1981 年，中央农业广播学校天津分校成立，招收第一届学员 1401

①② 天津成人教育、职业技术教育记事（1949，1—1985，12）[Z]. 天津成人教育职业技术教育史志资料，1989（8）：33 + 14.

人，1984年招收第二届学员1100人，1985年招收第三届学员4051人。除了第一届学员中855人已经于1985年毕业以外，尚有在校学员4994人（其中干部学员1747人、农民学员3247人）。首届毕业的农民学员561人，获安排并使用的有425人，占农民学员的76%。具体情况是：被聘请为乡镇协理员的82人，任农业技术员的111人，任乡镇农校教师的77人，被确定为科技专业户的45人，在乡镇企业工作的110人。①

二、中国远程教育的数量扩张（1989—1999）

这个时期远程教育的基本特征是利用计算机网络和多媒体技术，在数字信号环境下进行教学活动，被称为“现代远程教育”（或“网络教育”）。网络教育的突出特点是：真正不受空间和时间的限制；受教育对象扩展到全社会；有更丰富的教学资源供受教育者选用；教学形式由原来的以教为主变为以学为主。

可以看出，后一代远程教育是对前一代的否定或取代，过去那种靠邮政通信的函授教育和基于有线和无线的广播电视教育已成为过时的教育形式。函授教育、广播电视教育的媒体手段与计算机网络、多媒体技术等新的媒体手段相结合，实现资源的优化配置和综合利用，可以说是现代远程教育发展的必然趋势。据《中国教育统计年鉴2002》，到2001年中国独立设置的函授学院2所。其中，北京经济管理函授学院（原北京经济函授大学）成立于1984年，由《经济日报》报业集团主办，北京市教委批准，是一所民办非学历高等院校。另一所是在四川省于1985年3月成立的“四川省干部函授学院”（2006年已经更名为“四川文化产业职业学院”）。实际上，在2002年中国有6所独立设置的函授学院，除了包括以上的2所以外，还有1984年12月经北京市教委批准成立的北京摄影函授学院（原名中国摄影函授学

① 杨锦波．天津市农村成人教育（续）［J］．天津成人教育职业技术教育史志资料，1989（8）：53－71.

院)、1985 年由中国科学院心理研究所创办的北京心理学函授学院(该校原名为中国科学院心理研究所心理学函授大学)、1987 年经国务院批准的中国计算机函授学院和 1993 年经国家教育部门批准创办的中国书法函授学院等 4 所学院。如今存在的还有 5 所，另外还有一些企业培训性质的函授学院。但是在 2010 年 7 月统计的 322 所独立学院中没有函授学院，说明它们处于一种萎缩的状态。尽管这种远程教育形式已经落伍了，但是加入了网络技术以后这些学校仍然在顽强地生存着，特别是在过去它们为中国高等教育的普及做出了一定的贡献。

中国试图建立开放大学的设想早已有之。早在 1995 年，中央电大就向教育部正式提出建立中国开放大学的要求，但由于种种原因未能实现。建立开放大学是世界远程教育的发展趋势，也是我国远程教育发展的内在需要。

三、中国远程教育层次的高移（1999—2009）

1995 年 2 月，在原教研室基础上成立了北京师范大学教育信息工程研究中心，该中心是全国最早成立的教育信息工程研究中心之一，2000 年更名为远程教育研究中心（RCDE）。长期以来，该远程教育研究中心一直致力于远程教育理论体系与实践方法的研究、媒体技术的开发与应用、远程教育专业人才的培养，以及远程教育的国际合作，并于 2007 年建立了国内第一个远程教育专业的硕士点。

2005—2009 年，《中国远程教育》杂志连续五年在北京主办“中国国际远程教育大会”，该杂志社已经举行了 8 次远程教育大会，充分显示了我国远程教育在世界上的发展实力，从一个侧面显示了中国远程教育在世界上的地位。

四、中国开放与远程教育范围的外移（2009—）

自从 2009 年以后，也就是新中国成立 60 周年以后，中国开放与远程教育的范围扩大了，从中国发展到外国。这个时期，开放教育与远程教育更多倾向于开放教育。开放教育有三个特点：一是在国外设立孔子学院，走出去；二是学习开放大学，引进来；三是网络教育急剧扩张，抖起来。

（一）孔子学院

2004 年，全球首家孔子学院（Confucius Institute）在韩国首尔正式设立，标志着中国开放教育走出去掀开了序幕。截至 2017 年，世界上共有 140 个国家和地区建立了 511 所孔子学院和 1073 个中小学孔子课堂，注册人数 210 万人。

在国家汉办和孔子学院的推动下，截至 2014 年，已有 61 个国家和欧盟将汉语教学纳入国民教育体系，全球汉语学习者已达 1 亿人，比 10 年前增长 3.3 倍。尽管在美国等国，孔子学院受到了一些挫折和打击，但是中国的开放教育机构开到了国外，开到了世界各地，总体上仍在不断发展、不断扩大。

（二）开放大学

2010 年 7 月 23 日，上海电视大学更名为上海开放大学，成为中国第一所开放大学，标志着中国远程教育向开放教育方向的转轨。

2010 年 7 月 29 日《国家中长期教育改革和发展规划纲要（2010—2020 年）》正式颁布实施，纲要中明确提出要“办好开放大学”。为此，2012 年 6 月 21 日国家开放大学正式成立。开放大学正在逐渐成为中国远程教育的一个新的发展方向。届时，国家开放大学已经成为世界上规模最大的开放大学。截至 2007 年年初，全国电大共有毕业生近 600 万人，各类学历教育在校生 290 万人，其中高等专科、本科生 275 万人，占全国高等教育在校生总数的 12% 左右。

但是，我们也要保持清醒的头脑。主要原因是如今“广播”和“电视”在远程教育中的作用日益衰退，相反，E－learning、移动学习、泛在学习模式日益普及。这标志着中国远程教育向开放大学方向转变，向综合化、正规化和高层化迈进。诚如有的学者提出，1998 年英国在美国开办的开放大学四年后倒闭了，应当引起我们的注意。

（三）开放与远程教育的结构调整

进入21世纪，中国开放与远程教育中生源结构发生了根本性的变化，开放教育的学生人数急剧攀升，而全日制性质的远程教育学生人数大幅度减少，大有开放与远程教育的“网店”取代“实体店”之势。如今中国开放大学的毕业生数、招生数和在校生数不仅在网上而且在官方教育统计数据中都很难查到最新的资料，很可能情况不甚乐观。2015年开始，中国东部某广播电视大学因为招生下降，教职工发放70%的工资，并且按人头分配招生名额，完不成招生任务的，扣发30%的工资。然而，网络教育本、专科规模却异常火爆，根据教育部网站公布的数据，绘制了“网络本专科学生人数统计表”（见表2-1、图2-2）。

表2-1　网络本、专科学生人数统计表

单位：人

年份	毕业生	招生人数	在校生人数
2007	827875	1233355	3102253
2011	1299253	1871519	4924833
2015	1799757	2034032	6284671

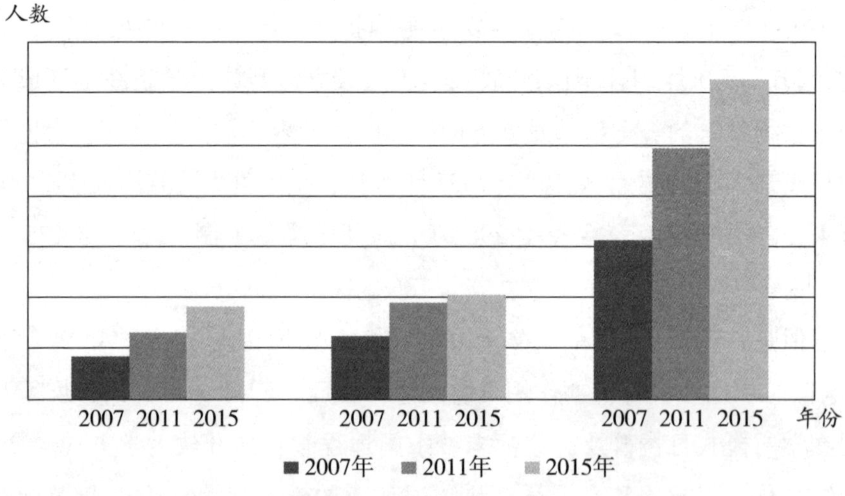

图2-2　网络本、专科学生人数变化示意图

从表2-1和图2-2可以看出，2007年、2011年和2015年网络本、专科生，无论在毕业生人数、招生数和在校生数上都连年上升。同时，上升的幅度都很大，2007—2015年，8年时间内网络本、专科毕业生人数、招生人数和在校生人数平均翻了一番。网络教育就是开放教育，开放教育大有作为、大有可为。不久的将来，家里蹲大学的现象不再成为笑谈。

（四）高自考大幅下降

自从1980年中国实行高等教育自学考试以来，尽管毕业率较低，但学生质量一直都得到社会的好评，始终牌子未倒。高等教育自学考试是世界开放教育的一种重要办学形式。根据教育部网站提供的数据（见表2-2），2009—2015年7年学生人数大起大落起伏不定，总体上呈下降态势。以下的数据是高自考辅导班的情况，不包括在家自学的人数，因此并不完全代表高自考报名和毕业的情况，因为是纯粹在家自学的学生，不存在在校生的情况，但不管怎样，也能说明一定的问题。2015年毕（结）业学生人数是2009年的37.4%，也就是1/3多；2012年毕（结）业生人数为10.4万人，比2011年的24.2万人减少了一半多。这种情况不太正常。当年在校生人数与上年毕业人数存在关联性，当上年毕业人数增大的时候，下年在校生人数就减少。

表2-2　高自考学生人数统计表

单位：人

年份	毕（结）业生人数	在校生人数
2009	196768	696503
2010	194889	595048
2011	242067	470423
2012	104421	222587
2013	194882	405329
2014	149228	376213
2015	73638	169228
总　计	1155893	2935331

中国高等教育自学考试人数大幅度下降，需要我们有关教育部门给予重视，其原因既有外在的，也有内部的。具体地说有如下两个方面的原因：

从外部环境来讲，中国成人高等教育普遍滑坡，1978 年是中国成人高校数目最多的年份，共有 10395 所（“文革”期间没有统计），此后一直下滑，到 2016 年仅存 284 所。有些学生可能选择网络本科或者民办高校的本科，这样就导致一部分生源流失。中国普通高校成人教育也分流一部分独立成人高校的生源。还有就是一部分家境优越的学生出国。学生数量下降受这个大环境的影响，也有其自身的一些原因。

从内部管理来看，尽管导师与学生的沟通借助 QQ 和微信等公众平台，但是师生之间的交互还是存在一些问题的，尤其是不同导师之间的学生的交流存在一些不便。毫无疑问，师生之间的交流以及生生之间的交流，对于提高毕业论文质量大有裨益。简言之，学生的支持服务相对滞后。在管理理念上，要考虑学生实际，切实做到以学生为中心。不能按照全日制在校生本科生的要求，要求高自考学生。

五、远程教育的研究

2018 年 12 月 17 日，笔者检索了中国知网所有文献中关键词包含“开放教育”和“远程教育”的文献（见图 2－3）。最早的文献是 1999 年的 1 篇相关文献，2005 年文献数达到了高峰，共有 26 篇，以后呈波浪式下降，到 2018 年 12 月仅有 5 篇文献。

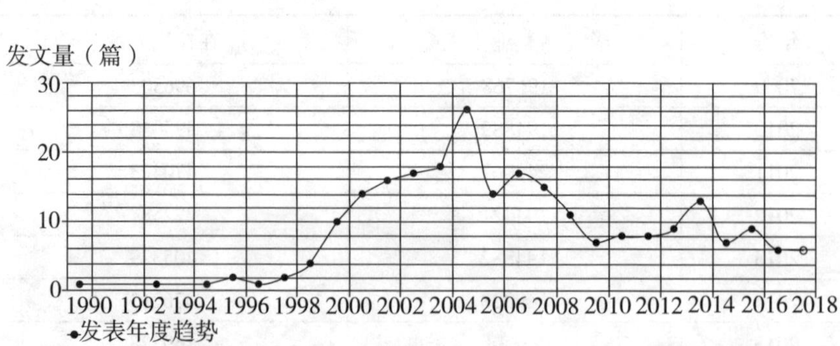

图 2－3　关键词为“开放教育”与“远程教育”的文献统计

从文章涉及的内容所占比例来看，1990—2018 年中国远程教育与开放教育研究的论文数量呈山字形。其主要内容还是以理论研究和技术的应用、研发为主，其中首先是理论性研究占绝大多数，占所选资料文章的 30%；其次是技术应用和资源开发，分别占 21% 和 20%；最后是案例分析和评价研究的论文比例也有所提高，分别为 12% 和 8%（见图 2 –4）。

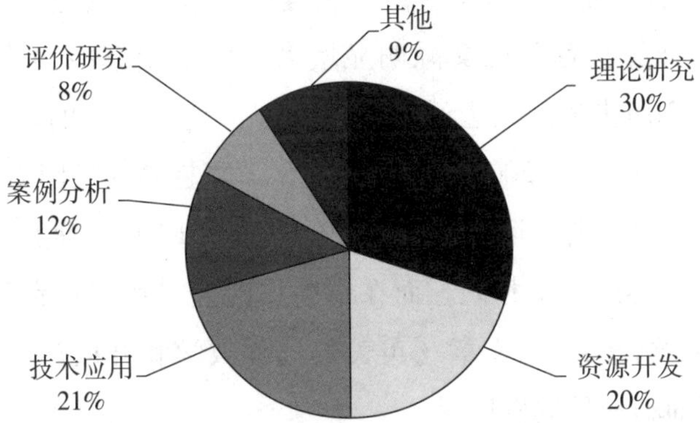

图 2 –4　远程教育与开放教育研究的论文内容分析

从开放教育研究论文的数量来看，1986—2018 年中国远程教育与开放教育研究的论文数量基本平稳并略有下降。具体到每年的情况有所不同，呈波浪起伏状态。2005 年关键词为“开放教育”的文献数量达到最高值，即 305 篇，2014 年又达到一个小高峰，即 284 篇，期间略有下降（见图 2 –5）。但是相关文献的总量不是很高，说明这个问题并未

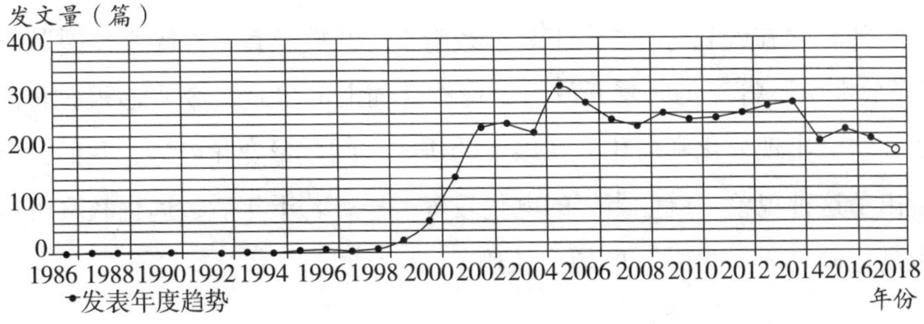

图 2 –5　关键词为“开放教育”的文献数量趋势

引起学术界的十分关注。根据中国知网的统计，中国学者更加关注“网络教育”或者“在线教育”。我们认为主要是因为关键词为“网络教育”和“开放教育”的文章数量呈明显上升导致的。2000 年，中国知网题名为“网络教育”的文献只有 132 篇，到了 2010 年达到 283 篇，10 年翻了一倍还多。

“远程教育”是一个相对传统的关键词，因此研究论文数量普遍比关键词为“开放教育”的文献明显增多。最早在 1982 年就有相关文献，2008 年创历史最高，达到 1162 篇文献。值得关注的是，关键词为“远程教育”的文献在 2008 年之后明显呈下降趋势（见图 2－6）。换言之，大家越来越远离“远程教育”了，甚至 2017 年的研究热度几乎与 1999 年的起点热度基本相同。而在中国知网上“远程教育”的逻辑起点是 1984 年发表的一篇文章《英美的远程教学和开放学习》。远程教育学科发展面临一种危机！

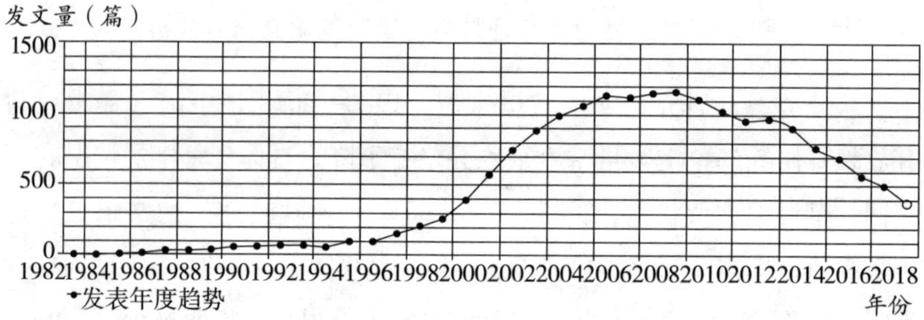

图 2－6　关键词为“远程教育”的文献数量趋势

随着“在线教育”“人工智能教育”“开放教育”“智慧校园”和“开放大学”等新的时髦开放与远程教育词汇的出现，今后远程教育的研究将会出现分化和弱化。从以上的研究文献数量变化趋势，我们已经看出了这种现象。就像当年的电化教育一样，若干年后，远程教育可能也是这种逐渐“尘封”的历史轨迹。

第五节 中国台湾地区开放教育的发展历程

中国台湾地区空中大学（National Open University，简称空大），创立于1986年8月1日。其主要是借鉴英国开放大学的办学模式而创建的一所台湾地区规模最大的空中大学，现在设有人文学系、社会科学系、商学系、公共行政学系、生活科学系和管理资讯学系以及通识教育中心等“六系一中心”。同时，该校还设立了基隆、台北、台中、桃园、新竹、嘉义、台南、高雄、宜兰、花莲、台东、澎湖等13个中心以及马祖服务处。台湾地区空大在办学伊始就提出了办学宗旨和教学目标：“实施成人进修教育，普遍提高民众教育文化水准，改进人力素质。”

一、台湾地区空中教育的兴发时期（1960—1976）

随着文化多元化的发展，教育形式也呈现多样化和终身化。第二次世界大战以后，远程教育不断得到推崇。在这种背景下，为了普及教育，让更多的社会民众接受教育，提高全岛居民素质，具有中等教育性质的空中教育在台湾地区应运而生，这为后来的台湾地区空中大学的创立奠定了一定的基础。

（一）空中教育的兴起

从“台湾空中大学”的名字可以看出，所谓的空中教育实际上就是英国开放大学在酝酿时期的Air University的翻版。在台湾地区，有的学者也称这种教育形式为“开放教育”。

1949年，在当时的台湾地区，为了适应新的环境、新的工作、新的技能，求职者必须通过接受教育来提升自身能力和竞争力，也就出现了所谓的“继续教育”。但是面对多重的社会压力，他们很难通过正规高等学校的入学考试，更难适应正规学校的作息时间。虽然许多高等院校为成人开设了一些课程，但是无法满足成人接受知识的渴望，无法调和他们工作与学习的矛盾。

为了解决上述教育问题，教育专家经过反复研究，决定建立一套“空中教育”系统，即选聘少量的优秀教师，编写优良的教材，通过现代的传播媒体，突破一般学校时间和空间的限制，从而让学校内外所有有求知欲望的人都能够接受教育，满足其求学要求。

空中教育的理想目标是“人人有书读，处处是教室，时时可学习”①，于是在世界各地都出现了各种大、中、小型的空中教育体系，形成了世界上一种新的教育形态。例如，20 世纪 60 年代初期在意大利兴办的“电视学校”，大陆创办的城市电视大学，以及 70 年代英国的“开放大学”。这些做法在一定程度上刺激了中国台湾地区空中教育的兴起。

这个时期，中国台湾地区深受西方尤其是英美开放教育的影响，相关学者也进行了这方面的理论研究，如 1976 年和 1977 年，中国台湾地区学者高敬文先后出版了《开放教育——中国化之展望》和《美国开放教育与我国新教法之比较》两本著作。② 应当指出，他们所进行的开放教育研究是建立在台湾地区一定的教育实践基础上的。

（二）台湾地区空中教育的发展

台湾地区空中大学的成立是由于台湾地区经济发展的需要，逐步由具有中等教育性质的空中教育发展到专科层次的空中专科学校。20 世纪 60 年代初期到中期为空中教育的初创时期，60 年代中期至 70 年代中期为台湾地区空中教育的发展时期。

1. 20 世纪 60 年代初期到中期空中教育的初创时期

教育通信设施是空中教育的必要条件。1960 年，台湾地区教育部门在台北市建立“教育广播电台”；1962 年又建立了一座“教育电视台”。在这种背景下，他们建立了几所相应的具有开放教育性质的学校。

① 徐锯昌．意大利教育电视的启示——电视传播［M］．台北：文鹤出版，1978：484 －507.

② 陈伯璋，庐美贵：开放教育［M］．台北：师大书苑有限公司，1991：5.

1965年2月，由台湾地区教育部门指定的台北商业职业学校进行电视教学试验。次年9月，该校附设的“高级商业职业广播实验补习学校”（简称“高商”）正式成立，这是台湾地区第一所以电化教育为手段进行教学的学校。由于社会发展的需要，1971年7月，台湾地区教育部门决定扩大广播教学，指定由台北市教育局与台湾地区教育厅选定的29所公立高级中学、商业专科学校和高级商业学校附设空中补习学校。随后，又有9所工业专科学校和高级工业职业学校增设空中补习学校，以及7所师范专科学校设立暑期部，实施空中教学。这些学校除部分时间面授教学外，其余时间均采用空中教学的方式。因此，台湾地区空中教育在初创时期基本由高中部、高商部、高工部三部分组成，学生只要修满规定的学分，经结业考试和资格考试及格，就可以取得高中、高商和高工的资格。①

2. 20世纪60年代中期至70年代中期空中教育的发展时期

1962年2月，教育电视试验广播电台开始试播，1963年12月正式播出，定名为教育电视广播电台。这是台湾地区第一座电视台。② 台湾地区的教育电视广播电台完成了九年的试验以后，改组扩建为民营的“中华电视公司”（简称“华视”）。华视于1971年10月31日开播，次日全新的“空中学校”就在其频道上正式开课。这些广播电视基础设施的建设是台湾地区空中教育的物质基础和传播的载体，为其开放教育的发展奠定了必要的条件。

空中商业专科学校（简称“空中商专”）的创立。为配合社会经济的发展，为工商企业界人士及失学的社会人士提供进修机会，1976年台湾地区教育部门建立了台北市“台北商业专科学校”和台中市“台中商业专科学校”及1977年的空中行政专科学校等三所空中专科学校的管理系统。按台湾地区教育部门规定，空中商专与华视下设的教学部

---

① 李泽彧，武毅英，等．战后台湾高等教育与经济发展[M]．厦门：厦门大学出版社，1996：141.

② 王振业．广播新闻与电视新闻[M]．武汉：武汉大学出版社，2001：28.

进行合作，共同管理学生的辅导教育。为了便于各个地区学生的面授教学，三所学校分别在全岛各区设立了九所“教学辅导处”。学校与华视的合作按照图 2－7 所示的空中专科学校的管理系统执行。空中商专开设的专业主要有国际贸易、会计、银行保险、企业管理等四大类，首届招生报名人数达 1.7 万多人，录取在职商业从业人员 9000 多人。学生的修业年限为 3 ~7 年，必须修满 80 个学分并且成绩及格者，才可准予结业，而且凡是参加台湾地区教育部门举行的资格考试并及格者，可获得相当于两年制专科学校学历的资格证书。

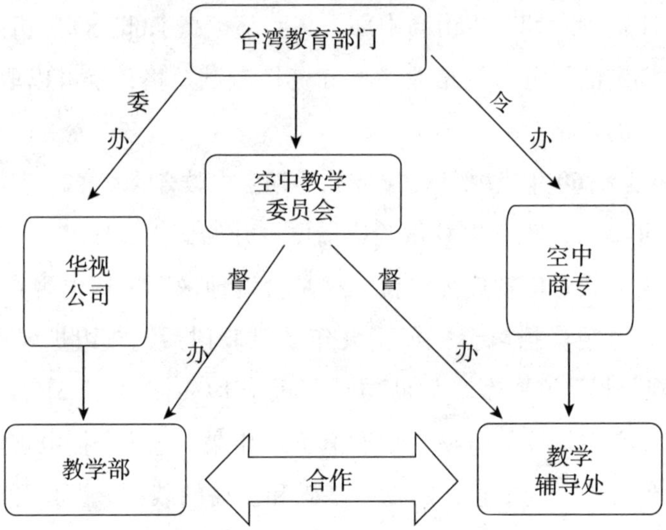

图 2－7　空中专科学校的管理系统

二、台湾地区空中大学的开创时期（1977—1985）

台湾地区经济从 20 世纪 70 年代中后期开始迅猛发展，成为亚洲“四小龙”之一。台湾地区教育部门为配合经济发展，增加工商企业从业人员的在职进修机会，从 1977 年起开始成立空中专科进修补习学校，包括商业及行政两大科类。这一时期，台湾地区的空中教育发展为专科层次。空中专科进修补习学校的创立可以看作是台湾地区空中大学的成立。

华视原有的全境联播系统为 VHF 频道，1983 年 9 月 1 日又增设了第二个联播网，为 UHF 频道，也是空中教学专用频道。[①] 这些硬件设施的建设为台湾地区空中大学的成立奠定了必要的物质基础。

1977 年，空中行政专科学校（简称“空中行专”）建立。由于该校一般招收的是在职公务员，所以招生采取推荐及自由报名两种方式，学生的修业年限为 3 ~ 7 年，需修满 76 个学分，参加台湾地区教育部门举行的资格考试并及格者，即可获得相当于两年制专科学校毕业生的学历。空中行专于 1992 年并入空中大学，改名为空中大学附设空中专科进修补习学校。可以说，台湾地区空中大学不是凭空产生的，是在普通高校的胚胎上衍生出来的一种新型大学。

当时台湾地区空中教育体系，主要包括两个空中学校，即“空中商专”和“空中行专”。这些专科层次的教育机构为后来本科层次空中大学的创办奠定了组织基础和制度基础。

台湾地区教育部门从多年来一直督办补习学校，积累了很多经验，为了给社会上的失学青年以及在职人员提供更多继续进修的教育机会，也为了普遍提高公民综合素质，有意再进一步开办空中大学。1981 年，空中大学的兴办有了初步的规划；1982 年 10 月，台湾地区教育部门批准成立了“空中大学筹备委员会”，提出了“空中大学设置条例草案”，同时也按照草案中的授课模式，试办 7 种大学选修科目，共计 40 学分，委托华视下届的教学部播出，一方面给社会大众提供进修机会，另一方面也为了积累经验，作为兴办空中大学的参考。1983 年 9 月，开始以三个科目为基础招生试办；1985 年，成立空中大学筹备处，同年 6 月，主管机关通过了“空中大学设置条例”。这样，空中大学在立法程序上

① 王浩宇，郭晋华. 空中教育发展与台湾地区早期空中教育的模式[J]. 成人教育，2012（10）：72 - 74.

已经成立。

三、台湾地区空中大学的发展时期（1986—2000）

1986年8月，台湾地区行政管理机构正式批准成立台湾地区空中大学，聘请庄怀义博士为第一任校长，这标志着台湾地区空中大学的正式成立。校址设在台北，并为了方便学生的面授教学，在全台湾地区开设13处学习指导中心。同年11月2日，台湾地区空中大学正式开课，[①]主要以媒体教学为主、面授教学为辅，首届招生2万多人。[②]

（一）台湾地区空中大学的教学实施

1994年通过学位授予法，自此空大毕业生可获得学士学位。这不但是对空大学生的肯定，对空大教职工同样也是一种莫大的鼓励。台湾地区空中大学的教师与学生、课程与资源、媒体与考核以及教务工作逐渐形成了自己的特色。

1. 教师与学生

台湾地区空中大学的教师和大陆有一定区别，大陆重在储备自己的师资，而台湾地区空中大学重在聘请兼职教师。天津广播电视大学系统教职工总数2830人，其中专兼职教师就有2449人。

台湾地区空中大学注重聘请最好的教师，认为“全台湾人都是我们的老师”，虽然专职教师只有几十名，但是兼职面授教师却达两万余名，这些教师涵盖各个领域学科专家，而且遍布各个阶层。笔者认为这是空大的不足之处，专职教师过少，而兼职教师过多，难以保证师生的交流与互动，因而也很难保证教学质量。

鉴于空中大学的创办宗旨主要是以实施成人进修教育为目标，所以招生方式采用“单独招生”的方式，并非与一般大学院校进行联招。

---

① 陈松柏．历年来有关《空中大学设置条例》修订说明[N]．台湾新生报空大专版，2006-03-05.

②《中国广播电视年鉴》编委会．中国广播电视年鉴1987[Z]．北京：中国广播电视出版社，1988：770.

学校严格遵循“入学从宽、考核从实、毕业从严”的原则，塑造典型并具特色的公民大学，达到“处处是教室，人人有书读”的全民教育与终生求知的理想境界。

台湾地区空中大学的学生分为三种类型：选修生、全修生和自修生。选修生必须年满 18 周岁才可注册入学；全修生必须具有学籍档案，曾在公立或台湾当局认可的私立学校高中毕业具有或同等学历，并年满 20 周岁并经过入学测验合格者才可入学；而自修生则是那些渴望进修而自行收视电视教学及收听广播的学习者。自 1986 年 8 月 1 日至 1992 年为止，除自修生人数无法统计之外，台湾地区空中大学共招收学生 73987 人，其中包括全修生 45935 人，选修生 28052 人。①

2. 课程与教材

在校务开展时期，空大的课程体系也相继得到完善。这一时期，空大设有 3 个学系，分别是“人文学系”“社会科学系”和“商学系”，后期，随着学生的需要，至 1997 年，课程已发展到 6 个学系。新增了“公共行政学系”“生活科学系”和“管理与资讯学系”。这 6 个学系至今发展得已相当完善，能够满足学生的需要。另外，每个学系下设 4 ~ 6 个学科，相当于大陆的专业，学生可按照自己的兴趣自行选择科目，可不受学系的限制，跨系选修课程。

因空大的性质与一般大学不同，所以其教材的制作不能仿照一般大学，空大的教材主要分为印刷教材和视听教材两种。其中印刷教材主要包括教科书和一些补充教材，教科书主要是聘请台湾地区知名学者和专家编撰，补充教材比如空大学讯和空大专版则可以给学生提供一些方便；视听教材主要包括录影带和录音带，这期间，录影带主要是委托电视台制作，而录音带则委托教育广播电台制作。

3. 教学媒体

空大的教学媒体主要是电视、广播、面授教学以及书面辅导，采用

① 张琼莹．台湾地区空中大学的实施现况[J]．北京成人教育，1992（11）：7 – 9.

“四环式教学法”，以电视教学为主要教学方法，其他辅助电视教学展开。电视和广播每天有固定的播授时间，类似于大陆地区传统大学的课时，空大的课程以讲次为单位，依据《台湾空中大学设置条例施行细则》规定，每学期每学分至少18讲次，每讲次30分钟。面授教学每周日在各个教学指导中心进行，通常每学期每科4次，每次2节，每节50分钟。书面辅导包括传统的教科书、补充材料和学校的其他刊物，为学生提供疑难解答。

4. 学生成绩考核

类似于现在大陆传统大学的成绩评定方式，学生的成绩由平时成绩和考试成绩两部分组成，平时成绩包括出勤和作业成绩。空大的考试分为期中考和期末考，其成绩计分方式为作业成绩占总成绩的30%，期中考占30%，而期末考占40%。各科成绩满分100分，60分为及格，据此区分为优、甲、乙、丙、丁五个等级，90分以上为优，80~89分为甲，70~79分为乙，60~69分为丙，59分以下为丁。成绩经评定登录后，除计算错误或者输入错误之外，任何人不能以任何理由要求更改，如考试成绩不及格，均不能参加补考。据调查，历年来空中大学学生的成绩及格率普遍偏低，这也正体现了空中大学“考核从严”的精神。

5. 学制年限以及毕业

类似于英国开放大学学分银行的建设，空中大学采用学分制。与传统大学的学年学分制不同，空大的学分制修业年限不受限制，学生可以根据自己的时间和需求选课，符合成年人学习的特性。但是，空大的学期划分制度与传统大学的学年学期制相同，全修生若按其每学期修5~8学分，到毕业修满128学分，大约也需要6年时间，相比一般大学的时间较长。

依据空中大学规定，学生应修完必修科目并修满128分以上，成绩合格，才可毕业。学生入学时可自由选读学校所开设科目，不分系别，毕业时依据所修学分核定系别，但是学生至少应修满一个系所开科目的

60 学分以上，若修完两个系所开设科目各 60 学分以上，即可申请双主修，类似于大陆学校的双学位。所以空中大学的毕业生要具备以下三个要求：①修完全部必修科目；②修完某学系所开设科目 60 学分以上；③修满 128 学分以上。截至 1992 年，空大已有毕业生 455 名。

（二）台湾地区空中大学的办学举措

空大以人文关怀凝聚学生，以远距离教育开展成人进修教育，以终身教育为最高理想。其办学特色主要体现在以下几方面。

1. 免试入学

自 1996 年起，空大实行免试入学，凡是年满 20 岁的高中毕业生，均可报名成为空大全修生；年满 18 岁，不限学历，均可登记成为选修生。全修生具有正式学籍档案，修满 128 学分即可毕业，可以获得学士学位；附设空专修毕 80 学分，可取得副学士学位。但是，笔者认为免试入学未必可称作空中大学的亮点，因为竞争性入学往往是评价一所学校的重要标准。

2. 多元教学

以多媒体教学为主、面授教学为辅的多元教学模式。空大给学生提供各类媒体教学，包括印刷媒体和数字化媒体，通过电视、广播、互联网等进行教学，而且要求学生每学期每科目必须返校参加面授 4 次，学生可兼顾家庭、事业与学习。1988 年，已经 87 岁的台湾老人赵慕鹤考入台湾空大，四年后获得本科。后来 96 岁又考上硕士，假如没有空大这段经历，就不会有 99 岁他的书法作品被送到大英图书馆。由此可见，空大在多元办学方面值得我们学习，在老年教育方面需要大陆借鉴。

3. 心理咨询

参加远程教学的学生一般会感到孤独和无助，空大为他们提供了各类的心理咨询服务，因为有些空中大学的学员为特殊教育的对象。这些内容有学习规划、身心健康、人际关系、选修课程、职业生涯规划等等，每周在固定的时间可以去咨询，有相应的教师专门负责心理咨询，为学生排忧解难，而且学生也可以提前预约，避免了时间的浪费，充分体现了“以人为本”的教育理念。

（三）台湾地区空中大学的教学特色

空大以实现全民终身学习为宗旨，多元媒体教学、多元渠道学习是其施教的主要特色。多年来，空大已形成了自己独特的教学特色：①学生人数最多，每年有3万以上的学生选课，空大是台湾地区学生人数最多的一所大学；②修业不受限制，学生可根据自己的兴趣爱好和实际需求自由选系选课；③成绩的评价客观真实，学校的考核成绩由平时成绩、期中考成绩和期末考成绩组成，占比30%的平时成绩由面授教师评定；④广泛的校区分布，除了台北本部，空大在台湾地区范围内共有13个指导中心，方便学生的面授教学，切实落实“人人有书读”的教育理念；⑤师资阵容强大，空大专职教师虽然只有70多人，但每学期聘任兼职学科委员、面授教师约2万余名，兼任教师涵盖社会各界学者专家。除此之外，为提升学校竞争力，近年来空大致力于网络课堂，学生可通过网络随时访问课程。

在台湾地区空中大学发展的同时，其他城市空中大学也有所发展。高雄市立空中大学成立于1997年2月，是台湾地区第一所由地方城市所创设的空中大学。虽然都是为了给成人提供继续教育的学府，但是高雄市立空中大学有其独特的教学模式，主要通过网络进行教学来服务高雄的学生，截至2016年，该校共有专职教师22人；其中教授1人，有兼职教师100多人，毕业生人数达6000多人。其办校的宗旨是为了提升居民的文化素养和生活质量，带动台湾地区南部生活圈的繁荣发展。其设校目标是为民众提供均等的教育机会，实现全民终身教育，通过多元化的教学方式来提升学生的技能。其安排教学媒体运用和课程设计等方面的规划，是依据以下五原则来进行的：①要具有高雄特色，并满足市民需要；②要与台湾地区空中大学有所区别；③要具有前瞻性；④要充分利用可用的资源；⑤要循序渐进，逐步发展。① 高雄市立空中大学与台湾地区空中大学并无隶属关系，它的建立扩大了台湾地区开放大学的数量和规模。历任台湾地区空中大学的校长名单见表2－3。

表2－3 历任台湾地区空中大学校长名单

姓名	任职时间
庄怀义	1986年8月—1988年8月
陈龙英	1988年9月—1991年9月
陈义扬	1991年10月—2000年7月
黄深勲	2001年4月—2004年4月
刘水深	2004年8月—2007年7月
陈松柏	2007年8月—现在

（四）台湾地区空中大学的教学支持服务

教学支持服务是远程教育中的核心问题之一。对于学生而言，表现在两个方面：一是外在的，也称之为显性的；二是潜在的，也称之为隐性的。外在的表现在教学，指的是面授辅导、教学资源以及设施的提供、平时成绩的管理等；潜在的就是指对学生学习态度的指导，以及心理和精神层面的关怀。台湾地区空中大学通过以下几点体现了其细致周到的教学支持服务：

第一，严格规范的面授教学。空中大学以及各个指导中心严格规定，每科每学期的面授次数只有4次，每次2小时。空大在教学管理过程中，严格管理面授教学的次数和时数，而且学生都可以按照规定去做。没有充足和必要的面授时间，教学质量也无从谈起。事实上很多学生课下也难以保证学习的必要时间。尽管如今信息技术发达了，可以采用虚拟课堂，但是要想保证质量和维护声誉，应当加强面授

① 黄慈，陈松柏．台湾终身学习社会的营造[J]．天津电大学报，2012，16（2）：15－21.

环节。

第二，丰富充足的媒体教学资源。据陈松柏校长介绍，2009 年的时候，台湾地区空中大学就已经出版了上千种教材。空大试图充分利用融媒体进行教学，借以完成终身教育的目标。由于当时台湾地区的网络并没有大陆发达，主要还是借助图书馆来丰富教学资源。比如空大的《图书馆利用指引》,① 共有四项内容：一是简介，包括纸本资料和非书资料，如录音录影资料；二是图书服务问答集，共有 9 类服务问答资料；三是试听服务问答；四是空大校本部和 13 个教学指导中心试听室的开放时间，以便师生学习。

第三，真实可信的平时成绩。空大学生的平时成绩由面授教师进行严格评定，包括出勤和作业。与空大不同，电大的形式考试比重相对较高，记分作业较多，而且也有很多方面影响成绩的真实性。比如教师方面，要求严格与否，是否出现“人情分”等；比如管理方面，有没有健全的监督系统；更主要的来自学生个人方面，学习目的和学习态度都会影响成绩的可靠性。

第四，扎实有信誉的考风考纪。入门容易必然导致出门难，如果入门容易出门也易，那么这个门就不是门了。正是由于台湾地区空中大学实行免试入学的政策，所以空大一直秉承“考核从实”的原则。学生在选课时就知道自己的考试时间、地点，如学生不能参加考试，需提前两周请假，如有紧急情况，也必须在考试前两天内，办理相关证明，经核实后，才予以补考，而电大相对就比较宽松。正因为如此，空大的毕业生的质量较高，数量较低。1992 年共有 6 万人参加学习，但只有 58 人毕业。② 空大这种毕业从严的做法值得开放大学效仿，这是确保质量的重要举措。但是，毕业率太低，同样不利于空中大学的发展。

---

① 胡钢．对教学资源建设与应用的理解——兼谈图书馆资源的配置[J]．天津电大学报，2006，9（4）：1－3.

② 华旭．台湾空中大学简介[J]．中国电大教育，1992（7）：43.

正是因为台湾地区空中大学这些细致的支持服务，使得空大能够一步一步地蓬勃发展，为当地的人才培养和国民素质提高做出了自己贡献。尽管如此，台湾地区空中大学在发展过程中也面临着一些危机。

四、台湾地区空中大学的转型时期（2000—2018）

台湾地区空中大学经过多年努力经营，虽然取得了一些成就，但在国际环境瞬息万变，以及社会竞争冲击之下，面临更多的挑战。空大的成功离不开全校师生的共同努力，其中涌现出了大批的代表人物。为了使空大更好地发展、更上一层楼，空大领导团队对其未来提出展望。

（一）台湾地区空中大学的改革创新

在台湾地区本专科院校数量急剧增长、当地政府经费补贴相对减少、社区学院的竞争激烈，以及普通本专科院校加入开放与远程教育的情况下，台湾地区空中大学面临着严峻的形势。在此考验之下，空大反而找到了新的发展方向，即远程教育领域中的校企合作。他们认为必须沿着合作与竞争并进的方向前进，才能拥有更美好的未来。①

2002 年杨家兴博士担任空大教务长，为了推动网络教学，他提出“愿景导向（Vision driven）②”的三年短期发展规划，学校将网络作为教学资源和师生交流途径，从而拓展到数字教材的制作，进而到师生使用互联网来进行在线教学。2003 年在线教育试办研究所的计划被批准，成立了“网络教学推动小组”。这一举措，使台湾空中大学的开放教育得到了当地教育部门的认可，加快了网络教育在台湾地区的发展。

台湾地区空中大学不仅重视与其他院校的竞争，而且更注重合作，认为只有用合作代替瓜分，才可以拓展国际市场，面对全球化经济所带来的市场竞争，比如学习国外的网络联合大学的模式，与台湾地区的普

① 黄慈，张伟远．台湾远程教育的发展现状与趋势[J]．中国远程教育，2004（19）：11.

② 魏志慧．台湾大学在线教学的现状与发展——访台湾空中大学知名学者杨家兴博士[J]．开放教育研究，2008，14（4）：4－7.

通高校以及华人地区远程教育机构结盟，采用合作经营的策略来推广国际化的华语远程教育课程。而且杨家兴博士也重视与传统大学的合作，认为台湾地区空中大学应发展媒体教学，鼓励与传统大学进行合作，共创教材，共享资源，将最好的课程输出去，建立数字学习产业。这一时期，台湾地区空中大学的发展有向国际化迈进的趋势。

（二）台湾地区空中大学的未来展望

台湾地区空中大学近些年来一直在寻求突破，展望未来，他们以“六化”为愿景努力前行：

（1）网络化：台湾地区空中大学的教学媒体从平面印刷媒体、广播电视媒体过渡到计算机网络媒体，但是空大学生一般年纪稍长，不易接受网络技术，所以空大要努力建构完整的网络教学体系，方便使用，必须注重在线环境资源的布置，要让学生与教师有满足感，感觉收获颇大，为学生提供良好的学习环境。

（2）多元化：进一步发展多元化的课程、多元化的媒体和多元化的渠道教学，使学生能够适应未来社会多元化的发展。台湾地区空中大学李允杰教授多次抨击台独势力。① 希望今后空大不断发挥统一的作用。

（3）社区化：结合台湾地区各种资源及各个社区的特质，努力规划筹建社区成人进修学院，使空大向社区发展，满足社区学习需求，以达到服务社区的理想，如高雄市立空中大学。

（4）实用化：加强所开设课程的实用性，使学生能够真正地将所学知识运用到生活当中，以实践学以致用的教育理念。2009 年，天津电大还引进了空中大学生活科学专业。这反映了其实用化的特色，反映了未来的走向。（《天津时报》2009 年 8 月 17 日第 9 版）

（5）市场化：为了使空大的课程能够更好地满足市场的需要，空大必须有设计良好的网络教材，这些教材必须符合学习目标的需求，要

---

① 尹彦．扬言政治办案，“深绿监委”犯众怒[N]．环球时报，2018－01－17.

适合学生自学。

（6）国际化：真正地突破时空的限制，使台湾空中大学能够更好地立足台湾地区，向国际迈进，展现其空中教育的特色。1999 年，“中华函授学校”开始运用因特网将数字化教材传送给海外学习者，2008 年它由台湾地区空中大学管理，至 2010 年学生人数累计已逾 50 万人，遍布海内外各地。①

未来台湾地区空中大学的发展将会以“六化”为基准展开，提升教学品质，更好地服务大众。同时他们提出了五大愿景，即精进教研、深化成教、引航远距、晚辈学习、特色品牌。

五、台湾地区空中大学的发展局限

国家开放大学自成立以来，不仅培养了大批的优秀人才，投身到中国社会主义现代化建设中，而且在教育质量方面与中国台湾地区空中大学的推广教育相比也具有一定的优势。我们需要借鉴台湾地区空中大学一些好的经验，同时也必须看到它们的不足。

笔者近期登录台湾地区空中大学网站进行了浏览，认为其与大陆的高校相比，至少在信息技术方面还存在明显的差距和劣势。他们学生事务处采用的联系方式如今大陆基本上不用了，或者很少使用。一方面，他们办公室还有分机，这种情况在大陆的广播电视大学几乎不存在；另一方面，其中一个职员的主要工作是“邮件之处理与寄发”“E－mail 管理”“电话接听与答询”等。大陆高校学生处与学生联系基本上是微信、QQ 和校讯通，用 E－mail 几乎非常罕见了。

2004 年台湾地区空中大学曾经做了一个有关教材的调查，结果表明，充分了解台湾地区空中大学教职员生所期望的教科书出版载体是以

① 黄慈，陈松柏．台湾终身学习社会的营造［J］．天津电大学报，2012，16（2）：15－21.

传统的“纸本教科书”列为首选。① 也就是说，电子版教科书还不受重视。尽管现在大陆的广播电视大学的师生依然以纸质教科书为主，但是电子版的辅助教材比重也很大，发展很快。

（第五节由吴梦思执笔）

思考题

1. 中国开放与远程教育有哪几个阶段?
2. 谈谈中国开放教育的起源。
3. 查阅中国知网，浅谈中国近三年远程教育的研究热点。
4. 简述台湾地区空中大学的优势和劣势。

① 黄信捷，黄世雄．国立空中大学教科书数位化可行性研究[J]．教育资料与图馆学，2004，42（2）：275－312.

第三章　外国开放与远程教育历史

在康德看来历史具有两重性，即合目的性和合规律性。① 历史是按照人们的目的发展的，历史是按照人类社会的规律发展的。历史是什么？历史是胜利者的宣言。历史是历史学家根据自己的认识对史料的整合和记录。历史既是一门科学，也是一门艺术。说历史是一门科学，就是说历史是客观的，不容改变和篡改的，又称客观主义历史学；说历史是一门艺术，就是说历史是主观的，按照胡适的说法，历史就是一个任人打扮的小姑娘。毛主席说，历史要为无产阶级政治服务，换言之历史又是主观的，又称主观主义历史学。意大利历史学家克罗齐曾经说过"一切历史都是当代史"。英国的科林伍德也说过"一切历史都是思想史"。总之，纵观任何一部历史著作都是客观与主观的杂合体，没有纯粹的客观主义历史学，也没有单纯的主观主义历史学。

第一节　开放与远程教育的创立时期（1728—1969）

20 世纪 70 年代以来，远程教育的举世瞩目的进展和成就赢得了世界的公认。一般认为，国外的远程教育起源于 1840 年英国的函授教育（Correspondence education）。如前所述，本书认为世界的远程教育起源于 1728 年美国的波士顿。

为能够比较清晰地论述中外远程教育的发展历史，笔者按照时间发展的顺序整理出了自东汉开始至 2012 年远程教育史上发生的重大事件（见图 3－1），并大致按照该图论述远程教育理论发展的历史。

---

① 康德．历史理性批判文集[M]．何兆武，译．北京：商务印书馆，2005：译序．

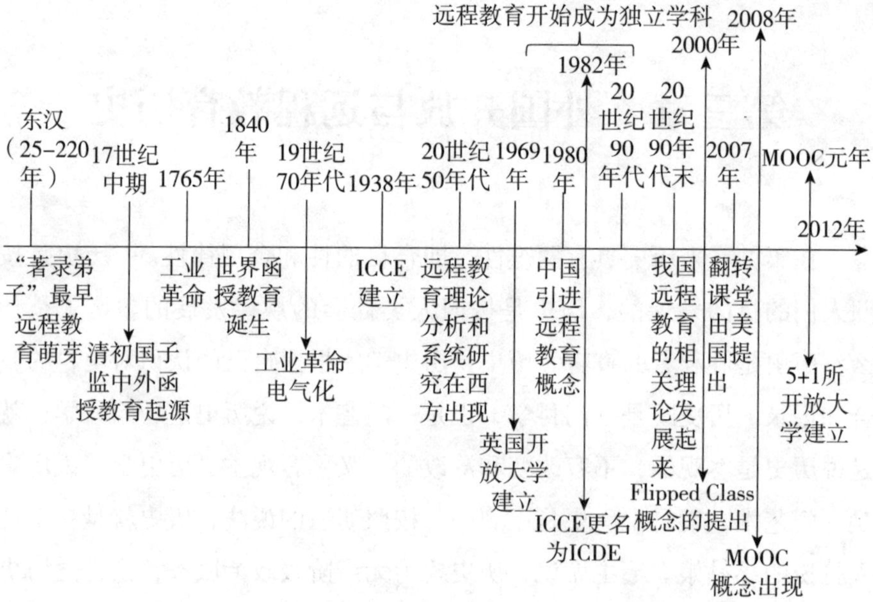

图 3－1　开放与远程教育发展历史线索

一、开放与远程教育创立的地理因素

人类从语言到文字再到无线电，经历了一个从慢到快的过程。美国传播学家威尔伯·施拉姆等人在《传播学概论》一书中写道："从语言到文字，几万年；从文字到印刷，几千年；从印刷到电影和广播，四百年；从第一次试验电视到月球播回实况电视，五十年。"这在一定程度上说明了，开放教育的发展过程，说明了远程教育的历史轨迹。

任何一部外国教育史都是先进国家教育经验史，而不是落后国家的教育概况，也不是先进国家教育失败的教训。因此，远程教育历史无外乎英、美、加、德、日、澳等几个发达国家，加拿大是一个地广人稀的国家，其开放教育走在了世界的前面。1925 年加拿大开始第一个学校广播节目，[①] 这是世界上最早使用无线电收音机进行的开放教育。

① J. Michael Spector，等．教育传播与技术研究手册［M］. 3 版．任友群，等主译．上海：华东师范大学出版社，2012.

据澳大利亚统计局公布，截至2016年6月澳大利亚总人口数约为2413万人，按国土面积761.79万平方公里计算，每平方公里3.1人。根据2012年世界各国人口密度排行，澳大利亚是仅次于蒙古和纳米比亚的世界第三人口密度最低的国家。中国每平方公里平均人口密度为130人，约是世界人口密度的10倍，因而澳大利亚的远程教育十分发达。我国远程教育理论深受澳大利亚的影响（见图3－2），TAFE是Technical and Further Education的缩写，相当于我国高职高专院校，承担部分远程教育的课程。

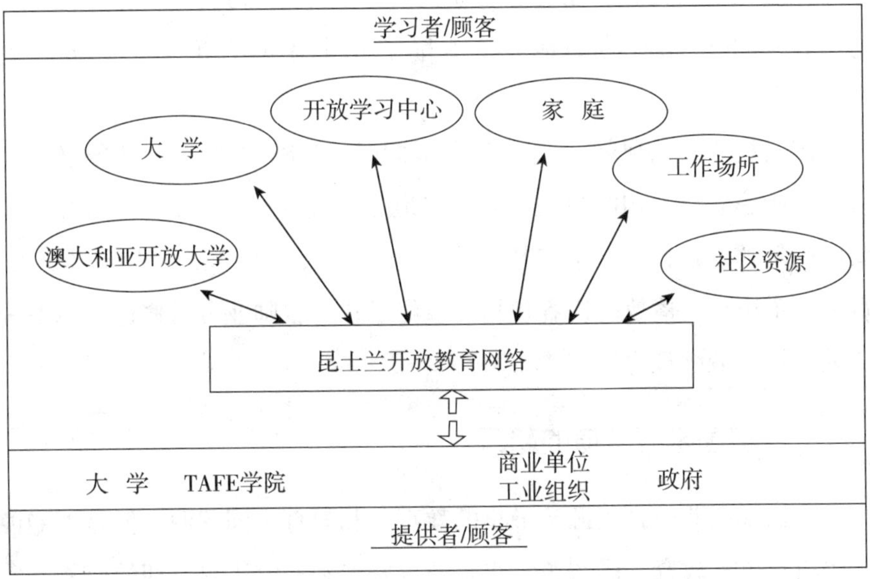

图3－2　澳大利亚昆士兰开放教育网络

早在1909年澳大利亚政府就开始着手发展远程教育，到20世纪80年代末至90年代初，随着现代信息技术的高速发展，广播、电视、录像带等新媒体形式的涌入，使澳大利亚的远程教育得到了空前的发展。至今澳大利亚远程教育仍发展良好，受到世界各国的高度关注。遂澳大利亚独特的办学模式——双重院校模式成为继英国开放大学为首的单一院校模式和其他国家多重系统模式之后的三大模式之一。

1974 年，由澳大利亚教育研究和发展委员会主席彼得·卡梅尔向澳大利亚大学委员会提交了一份报告，题为《澳大利亚的开放高等教育》，建议在阿尔本雷－瓦德格建立完全实施开放教育的大学。但是这所开放大学并未建立，大学依然开设校外课程，正规大学的入学要求依然没有变化，没有降低门槛，开放入学。毕竟英国是澳大利亚的宗主国，经过了 30 年的观察和思考，澳大利亚还是沿袭英国的这个改革。2004 年，将开放学习中心更名为澳大利亚开放大学（AOU）。澳洲的开放教育的发展变化无常，开放大学的建立就是一个例子。这与他们的气候无常有一定的关系。在《瞭望澳洲》一书中描写到："再干旱的地方房子也不要盖在低洼的地方，干旱了几十年的大地一夜之间一片汪洋。"①

澳大利亚的电视教育起步与中国同时，1988 年澳大利亚的教育电视才开始建立，由 SBS 电视台和一些地方电视台在全国范围内播出，主要面向教师、家长、学生和其他感兴趣的观众。该节目每周播出 5 天，每天 1 个小时。播放的内容包括科教纪录片、教师业务进修课程以及为成人开设的继续教育课程。

二、英国函授教育的起源

我们说职业教育起源于最早的教育，和教育一同起源，但是不能说远程教育也和教育一同起源，它是教育发展到一定历史时期的产物。确切地说是文字、书籍和通信技术发明以后的产物。远程教育起源于 19 世纪中叶的英国的函授教育。所谓函授教育就是利用印刷教材和通信指导的方式进行教学的活动。1840 年，英国的伊萨克·皮特曼（Isaac Pitman）将速记教程函寄给外地的学员，国际上一般被认为他是世界函授教育的鼻祖。国内外学者大多把这个事件认为是世界函授教育的起点。笔者认为这只是英国函授教育的起源，而非世界的。世界上，最早提供

① 王异. 瞭解澳洲[M]. Melbourne: Wang Brothers Distribution Pty. Ltd. 2000: 9.

函授高等教育的机构当属瑞典的一所大学。1833 年该校曾经发布了一个广告，通过邮件提供校外拓展学习机会。英国的高等教育机构稍微晚一些。新大学运动中有影响的成果则是 1836 年创建的伦敦大学。1849 年对世界远程教育历史重大影响的事件，伦敦大学在这一年创立了校外学位制度（External Degree System）。这是世界远程高等教育的开端。

三、美国校外拓展课程的起源

埃及阿勒旺大学的一位学者认为，函授教育起源于 1728 年 3 月 20 日美国《波士顿公报》（Boston Gazette）的一则广告，一位名叫塞勒伯·菲利普斯（Caleb Phillipps）的速记教师给渴望的学生每周通过邮寄的方式发送教程 。笔者认为这比英国 1840 年的伊萨克·皮特曼的邮寄速记教程要早，而且还有具体的日期。因此，世界上，远程教育起源于 18 世纪上半叶的美国的函授教育。所谓函授教育就是利用印刷教材和通信指导的方式进行教学的活动。塞勒伯·菲利普斯可以称之为世界函授教育的鼻祖。

1862 年美国大学推广运动，始于美国的莫里尔法案的颁布，以及一批授地学院的建立。这些大学的著名口号是：“州即校园”，成为北美远程教育的发源地之一。随后英国的剑桥大学和牛津大学纷纷效仿，为校外学生开设拓展课程教育，成为远程高等教育的又一个起源。

19 世纪末 20 世纪初，幻灯、电唱机、电话等电化设备逐渐运用到教育领域。20 世纪 20 年代，美国开启了以无线电播音和无声电影为特征的视觉教育运动。电力技术的发展促进了传统的函授教育，特别是无线电收音机的发明扩展了函授教育的范围，教育质量得到了一定的提升。

到了 19 世纪 70 年代，美国的函授教育逐渐走向正规。1874 年，美国伊利诺斯卫斯理大学开始授予函授学士学位。这是目前发现最早有关函授教育最早的学历证书。1915 年，美国国家大学拓展委员会建立，主要是为远程学习项目提供认证。

四、澳大利亚远程教育的起源

澳大利亚的函授教育，萌芽于1909年建立的昆士兰大学，首次规定提供大学层次的函授课程和校外学位，并于1914年正式开始。澳大利亚函授高等教育发展也较早，澳大利亚的昆士兰大学在20世纪初已经开始了其函授高等教育。到1931年，函授教育系统为超过1.5%的基础教育适龄儿童提供了教育服务。① 为基础教育提供远程教育是澳大利亚的一个显著特点，这主要是由于其地理环境决定的。

20世纪60年代末70年代初，澳大利亚建立了第一批开放学校。1969年，在南澳大利亚州的伯恩赛德建立了第一批开放式的学校。这种学校是在传统学校的基础上改进的，就是在一个学习区，几个不同班级的班级可以同时上课。这与我们现代意义的开放学校还有一定的距离。1970年，西澳大利亚的百特门建立了第一个开放学校。也就是说，很多学校的墙体是活动的，可以根据教学需要随时调整教学空间。到2004年，ICDE主席詹姆斯·泰勒（James Taylor）南昆士兰大学25%的学生在校生，75%学生为非在校生。②

五、俄罗斯函授教育的起源

俄罗斯是世界上开放与远程教育历史悠久的国家。列宁就十分重视开放教育的建立和发展。19世纪90年代初期，他呼吁沙皇政府“应当让人人都有受教育的机会”③。在某种意义上讲，他比20世纪70年代英国开放大学校长克劳瑟爵士所提出的“面向人人的教育思想”要早得多。1917年11月，苏维埃政权建立伊始，苏联共产党就十分关心工农群众的文化提高。1919年，苏联共产党第八次代表大会就开始号召

① 陈斌，林丽霞．美、俄、澳、墨四国远程教育史研究与启示[J]．现代教育技术，2006（3）：24－27.

② 本刊编辑部．解读远程教育[J]．开放教育研究，2004（22）：4－7.

③ 滕大春．外国教育通史（第五卷）[M]．济南：山东教育出版社，1993：2.

工农不脱产的自学活动。这也是苏联不脱离生产的开放教育的思想萌芽。

在苏联函授教育得到充分发展的同时，广播电视教育也迅速地取得了发展。1928 年，苏联第一所工农广播大学成立。笔者认为这是苏联开放教育的发端。20 世纪 20 年代，在克鲁普斯卡娅主持下，苏联创办了许多自学辅导刊物，同时开办了各种函授课程，并相继成立了中央函授学院、共青团中央直属青年学院（1930 年改为全苏农业函授学院）等。

1957 年苏联人造地球卫星上天，这是它信息技术的飞跃，是其教育技术在世界上领先的重要标志。这是其长期重视信息技术研发的政策的结果，为开放教育发展奠定了必要的物质基础。它是世界开放教育发展的极其重要的信息技术设备。苏联为开放教育的发展做出了突出的贡献。

1959 年起，为了适应大批青年要求升入高等学校的需要，所有全日制高校都同时开办了函授学校和夜大学。[①] 1985 年，苏联通过《苏联和各加盟共和国教育立法纲要》，纲要确定了函授教育这种教育形式，还规定了学生应该享有的各种权利。

1964 年，利用电视传播的讲座项目启动，讲座为参加函授学习学生提供从位于莫斯科的中央电视台转播到苏联所有地区的视频广播。这种教学形式扩大了受教育者的范围，延伸了受教育者的授课地点，是其开放教育的一种发展。

第二节 开放与远程教育的转型阶段（1969—2000）

20 世纪 60 年代末期，英国开放大学的创立不仅仅是世界高等教育

---

① 李华．论赫鲁晓夫时期的苏联教育改革[J]．扬州师院学报（社会科学版），1995（4）：121－126.

的一大创举，而且是远程教育的一场革命。在这个过程中，尽管遇到了一些挫折和失败，世界开放大学不断扩大和发展，从英国到澳大利亚再到亚洲。

一、英国开放大学的创立背景

我国台湾学者陈伯璋等人认为，开放教育可以追溯到卢梭的自然主义教育。开放教育起源于英国尼尔（A. S. Neill）在 1921 年所创立的夏山学校，1927 年搬迁到英格兰东萨佛郡的里斯敦村（Leiston，Suffolk）。[①] 在那里主张自由主义和爱，给儿童不设任何限制，根据天性接受教育。他们主张“教育的目的在于适应儿童，而不是让儿童适应学校”。1963 年，英国的布莱登夫人召集 25 位中央咨询委员对开放教育进行调查，1967 年发布了《布莱登报告》（The Plowden Report of 1967），这个报告对开放教育给予了高度评价。为后来的开放大学的建立奠定了一定的理论基础和舆论氛围。

（一）福利社会的渴求

英国成为远程教育的发源地，既有偶然性，也有必然性。英国是 18 世纪 60 年代近代产业革命的策源地，工业化社会的发展对传统教育的形式和规模提出了极大的需求，同时也诞生了近代交通运输业，这就成为早期函授教育出现的直接技术支持和动因。第二次世界大战结束以后，全球经济发展受到影响，英国经济从 20 世纪 50 年代后期开始振兴，60 年代逐步进入高速发展阶段。人们在战争中承受了巨大的痛苦，战后人们迫切希望建立一个福利社会，工党和保守党两大政党也将建设福利国家作为竞选的共同口号，为达到这一目标需大力发展教育。

（二）高等教育的需要

在英格兰和威尔士约有 25 万名合格但无学位证书的教师，他们当

① 陈伯璋，庐美贵. 开放教育[M]. 台北：师大书苑有限公司，1991.

中估计约10%即2.5万人希望获得学位，以提高工资或被提升。[①] 伴随着1963年10月发表的《罗宾斯报告》掀起的高等教育扩张热潮，英国工党向英国大众承诺创建一所空中大学来满足普通老百姓接受高等教育的需求，英国开放大学早期一直被称为空中大学，后来随着学校的正式成立改名为英国开放大学。

以上这些为英国大力发展高等教育，以及开放大学的成立提供了良好的国内环境和政治条件，20世纪60年代英国经济的良好发展也为开放大学的成立提供了经济保障。同时，60年代以后，英国信息技术与电子工业的高速发展为英国开放大学的成立提供了必不可少的技术支持。

（三）威尔逊和珍尼·李的推动

1963年初，哈罗德·威尔逊继任工党领袖，他在格拉斯哥的一次公开演讲中提出建立空中大学的构想，因为当时工党还处于在野党的位置，这一构想在工党内部并没有引起什么兴趣或辩论，威尔逊也没有把讲话的副本在党内传阅，全国性和地方上的日报也很少报道。

1964年，威尔逊出任英国工党政府首相，任命珍妮·李（Jennie Lee，1904－11－3至1988－11－16）为首任艺术部部长，教育科学部部长并全面落实播送大学的计划。珍妮·李出身于劳工党世家，对底层民众怀有深厚的感情。珍妮·李是英国开放大学发展中的重要人物，她已经意识到，新建的大学从一开始在质量上就不能有任何退让，如果降低标准就很难生存下去。

在威尔逊与珍妮·李的积极推动下，开放大学的计划得以出笼，1965年珍妮·李成立了空中大学咨询委员会，咨询委员会于1966年出台了空中大学白皮书。1966年2月她向国会提交了一个白皮书，在白皮书中正式启用了开放大学的称谓。1966年工党大选宣言中包含建立

① Perry, Walter. The open university: history and evaluation of a dynamic innovation in higher education[M]. San Francisco: Jossey－Bass Pub, 1977: 30.

空中大学的承诺。威尔逊获得多数人的支持，1967 年 9 月重大内阁决议确定成立计划委员会，并出台“空中大学的综合计划”①。由于她卓有成效的工作，1970 年被授予爱莎雷治男爵称号。

（四）沃尔特·佩里的作用

1968 年计划委员会经过层层筛选，于当年 5 月任命来自爱丁堡大学的副教务长、药理学教授沃尔特·佩里为开放大学的执行校长。他担任校长后，就到全国巡游，极力宣传开放大学计划。佩里完成了开放大学成立前的人员引进、校址选定等许多工作。

1. 人员引进

1969 年 1 月，开放大学开始登载招聘广告。佩里首先为学校招来了统管行政的秘书长克里斯托多罗（Anastasios Christodoulou），接下来为学校招聘第一批高级教学人员，再下一步是招聘教师。这项工作分两步走，第一步是招聘 1971 年初就要开出的 4 门基础课课程组的核心成员；第二步是招聘后续课程的教学人员。第一阶段招聘的教学位置一共是 34 个，全部是教授和高级讲师职位，必须在当年 4 月底之前完成，这样才赶得上 6 月份签约，9 月份到职，及早开始确定招生科目、设计教学计划和教学大纲、编写教材和函授材料、制作电视教学节目。② 佩里组织了约 50 ~ 60 名优秀的外校评估员协助他们确定最后的录用者，确保了所招聘人员的品质和能力。

2. 校址选定

佩里还有一个重要任务就是开放大学校址的选定，最终开放大学校址定在伦敦郊区新建城市米尔顿·凯恩斯。米尔顿·凯恩斯作为英国新的发展中城市，有利于开放大学未来的发展。1969 年 10 月份开放大学正式从伦敦的临时办公地搬进米尔顿·凯恩斯新家。另外，由于开放大

---

① 王晖．英国开放大学：世界远程教育的里程碑[J]．教育与现代化，2010（1）：92 - 96.

② 韦润芳．大学的诞生——英国开放大学筹建史话[J]．开放教育研究，2009（5）：45 - 48.

学的申请者需要有地方教学中心的帮助，开放大学还将全英国划分为13个地方教学区，并规划地区办事处和教学中心的筹建工作。①

佩里作为开放大学的第一任执行校长，成功地宣传了开放大学的思想，聘请了优秀的人才，为开放大学的发展打下了良好的基础。

二、英国开放大学的办学经验

1969年6月，英国开放大学成为有权授予学位的独立的自治大学。1971年1月正式开学。它有两条成功经验：一是设计了多媒体课件；二是为学生提供多种学习支持服务。

英国开放大学在成立之初，曾被攻击为一所“虚拟的大学”和一个“让人讨厌的中央集权的巨人”②。现今其已成为世界上最成功的开放大学，其成功的办学理念得到了大众的认可。英国开放大学成立之后其首任名誉校长杰弗里·克瑞德爵士便提出了“四大开放”的办学理念，即开放学习对象（Open as to People）、开放学习地点（Open as to Places）、开放学习方法（Open as to Methods）和开放教育观念（Open as to Ideas）。开放学习对象即强调学生入学无“门槛”；开放学习地点即学习地点将不在只局限于学校，而是延伸到学生的住所；开放学习方法即学习方法不在只是传统的面授教育，而是新型的各种多媒体网络技术相结合；开放教育观念即包容各种新型教育思想。不同于传统教育对学习者身份、年龄、学历、分数等的限制，开放大学打破了这种千篇一律、僵化刻板的办学理念，做到了人人随时、随地都可以学习，使高等教育不再是只向部分人开设的精英教育，全方位的开放性充分体现出了现代教育开放化、大众化、全民化、终身化的发展趋势。正是由于开放大学全方位的开放性，给多样化的人群提供了了接受高等教育的计划，使其生源不断，获得了巨大的成功。

---

① 郑印乐．英国开放大学发展研究［D］．保定：河北大学，2006.

② Wagner，L. The economics of educational media［M］. London：Macmillan，1982：165.

英国开放大学在20世纪世界教育史上占据重要地位，是世界远程教育的一个重大创举一个里程碑，对世界各国的远程教育产生了深远影响。

三、美国开放大学的教训

美国的远程教育方面独具一格，依然在世界上具有重要地位。2012年，阿波罗集团创办的凤凰城大学拥有36万名学生，目前的在线人数将近70万人。美国的国家技术大学是一所虚拟大学，办学也比较成功。

美国是世界上第一的高等教育大国，具有很发达的开放与远程教育。然而，美国独立的开放大学建立很晚，1998年，英国开放大学（OUUK）在美国开办了一所美国开放大学（the United States Open University，USOU）。

美国开放大学在科罗拉多州成立，校长为英国开放大学前校长，约翰·丹尼尔爵士（Sir John Daniel）。四年后即2002年6月，美国开放大学由于英国终止了资金支持宣布倒闭。后来英国开放大学不甘心他们在美国的失败，试图与马里兰大学进行合作，继续美国开放大学的历史，结果不了了之。

美国开放大学在建设中引进了富有远程教育管理经验的、一流的管理者；引进了世界上优秀的远程教育教学资源，一切是那样的水到渠成。不料事与愿违，开放大学建设在美国却遇到了挫折，其中的原因是耐人寻味的。

一个重要原因在于美国传统大学具有开放大学的功能。我们的开放大学必须汲取美国的教训，事实上我国传统大学也具有开放大学的功能，我国广播电视大学系统就是开放大学。我们需要学习英国开放大学的成功经验，但是也必须结合本国的国情，英国是单一院校模式国家，不允许其他高校进行远程教育，但是我国则是多重院校模式国家，诸如北大、清华等传统大学可以举办网络学院。这无异于挤压了开放大学的发展空间。我们要建设双一流高校，建议这类院校放弃开放与远程教育，致力于研究型高校的方向。

四、俄罗斯开放与远程教育

如前所述，凡是地广人稀的国家开放与远程教育就越发达。俄罗斯联邦，横跨欧亚大陆，国土面积 1709.82 万平方公里，和前苏联（2240.22 万平方公里）一样仍然是世界上面积最大的国家，而且人口密度比较低，2017 年人口密度为 8.8 人/平方公里。这种自然环境和国土面积就决定了其必然要重视开放教育和远程教育。

（一）函授教育艰难的发展

苏联的函授教育规模十分庞大，从中等到高等逐步发展。1929—1932 年间连续建立了十数个工科专业的函授教育中心和大企业函授站点。到 1931 年，全苏函授高等和中等院校的在线学生已超过 35 万人。[①]这个数目还在不断扩大，到了 1951 年全国的函授学员共有 50 多万人，20 年增长了 42.9%。

在 20 世纪 30 年代初期，许多正规高等学校就已经开设函授部。自那时起，高等函授教育开始得到了广泛的发展。1938 年 8 月 29 日，苏联人民委员会规定，所有函授课程必须进行考试和考查，并按一般标准答辩毕业设计或经国家考试及格后才发给毕业证书。[②] 从此，高等函授教育在高等教育体系中越来越重要。

1938 年全苏人民委员会《关于开展函授高等教育的决定》的发布，标志着苏联函授高等教育已建起独立完整的体系，使之成为苏联整个国民教育体系的一个有机组成部分。[③]

20 世纪 40 年代，苏联已经拥有 18 个函授学习机构，10 个专业函授学习实验室和研究中心致力于探究教学方法论，以及学习者进行函授

①③ 朱宝宸，陈旭晟．苏联函授高等教育概况[J]．外国教育研究，1987（3）：10－15.

② 石松云．苏联的业余高等教育[J]．苏联问题参考资料，1983（1）：32－34.

学习的教育工具的开发。

20世纪50年代，函授学习的地位发生了改变，从一种补充的教育形式转变为正规的、被认可的教育形式。当时，苏联教育系统（特别是高等教育）的学生数目巨大。1951年，苏联所有高校在校生为5700万人。1952年，苏联高校和科学院毕业的22万青年专家，其中有4万多人是通过非脱产和函授方式进行学习的，占总数的18.2%。1952年，苏联最大的函授高校之一全苏多科性函授工学院共有44个专业，在册学生1.4万人，在全国23个城市设有分校和辅导处。① 这种学校的组织模式类似于后来我国成立的广播电视大学系统。在某种意义上，为我国广播电视大学的创立提供了一定的经验。

20世纪70年代，每年有接近18万名中学教师通过函授学习系统接受学历教育。国家的函授学习系统包括公共机构、传统大学中的函授学习部门以及专门的部门或培训服务机构系统，其中最有影响的机构现在还保留着，即莫斯科国立开放教育大学和莫斯科国立开放大学。

1981年，苏联部长会议通过的《关于进一步改进不脱产培养具有高等专业教育程度的专家工作的决定》，对如何发展和实施函授高等和中等专业教育，提高教育水平等问题提出了一系列任务和要求。② 这份文件对于苏联的函授教育的发展具有指导作用。截至80年代中期，苏联各级各类函授学校学生总数超过了390万人。③ 笔者认为，苏联的函授教育之所以能够发展得如此迅速，这与当地政府部门的重视是分不开的。

（二）苏联教育电视的发展

苏联的电视事业逐步发展，带动了教育技术的新发展。苏联的电视事业开创于1931年，1938年在莫斯科和列宁格勒开始试验性电现播出，1939年起在莫斯科正式播出，1940年生产出第一批电视接收机。

---

① 陈名南，编译．苏联的高等函授教育——苏联高等教育部副部长M·A·布拉戈菲耶夫的谈话[J]．人民教育，1953(3):24，51.

② 朱宝宸，陈旭晟．苏联函授高等教育概况[J]．外国教育研究，1987(3):10-15.

③ 刘真．苏联业余教育和函授教育概述[J]．外国教育研究，1984(2):56-57.

卫国战争时期，电视中断，直到 1945 年 5 月 7 日恢复播出。电视事业的开创对于苏联教育技术的发展有着十分重要的意义。不久之后，苏联就将电视事业用到了教育方面。

总体上说，苏联的远程教育发展不错，尤其是在电视技术方法发展迅速，也比较领先世界。但是由于天气原因人口较少，这种教育类型影响不是很大。随着苏联的解体，他们的经验更多的是作为教训来汲取的。

第三节　开放与远程教育的兴盛时期（2000—）

电子学习（E－learning）在这里是一个广泛的概念，包括在线学习、移动学习、混合学习和泛化学习等，总之是在互联网支持下的教师与学生的异地教与学。

一、互联网的出现

1946 年世界上出现第一台电子计算机。1969 年美国开始建立了几个电脑之间的网络。1986 年，美国建成了世界上第一个互联网。1994 年前后，我国引入了互联网，尽管当时网上资源十分有限，但是毕竟是人口第一大大国，迅速赶超了其他信息技术发达国家。在互联网的技术支持下，一些国家出现了巨型大学。

1986 年，美国芝加哥诞生了采用模拟讯号传输的第一代移动通讯技术。我国移动互联网在世界上基础最好。截至 2018 年 12 月，我国网民只有 8.29 亿，其中手机网民为 8.17 亿，占全部网民的 98.55%。

二、开放国家组织的出现

开放教育发展的一个重要标志就是建立国际的相关组织。2011 年 9 月 20 日，世界“开放政府伙伴”（Open Government Partnership，OGP）正式成立，并签署了《开放政府宣言》。开始创建国只有巴西、印度尼西亚（后退出）、墨西哥、挪威、菲律宾、南非、英国和美国等 8 个成员国，到2016年12月已经达到70个国家和地区，涉及斯里兰卡、法国、斯洛文尼亚、阿根廷、爱尔兰、意大利、德国等。这个国际组织的宗旨就是促进政府向市民更加开放、负责和担当。具体地说有以下四个方面：一是增加政府活动公开信息；二是支持市民参与；三是通过我们的指导执行最高专业标准。四是增加技术通道确保开放和获得信息。①

他们力图通过协议，成员国之间可以免费互相登录网站，获取资料和信息。这种开放的方向值得肯定，但是这涉及国家信息安全，如今信息就是资本、信息就是国力、信息就是生产力。目前中国尚未加入这个国际组织。

三、电子学习的诞生

在电子学习的策源地美国，自从1999年，在美国加州的“在线学习”大会上第一次提出这个概念以来，在全球范围内电子学习增长很快，之后转向了移动学习和泛在学习。新的技术不断发明，新的概念不断涌现。

截至2004年，全球20%的企业运用了在线学习模式；据IDC（互联网数据中心）的估计，E-learning将达到占企业总训练量的40%，而传统的教室训练将下降至60%；据ASTD（美国培训与发展协会）预测，到2010年，雇员人数超过500人的公司中90%都将采用E-learning进行培训。

1974年，德国成立了哈根函授大学（Fern），为在家或者国外的大学生提供远程高等教育。它可称为德国最大的远程教育大学。在21世纪初，它的网络课程具有网上授课、网上练习、网上实验和网上研讨的特点。

当前美国大学生中有1/4到1/3的学生会参加至少一门在线课程的学习；商业界和工业界也正变得越来越接受在线学习者的学习资历，同时也关注他们的能力成效。②

---

① Jan Gondol, Nicole Allen. Open government partnership as a platform for advancing open education policy[J]. Open Praxis, 2015, 7 (3): 273-280.

② 王小雪，刘菁，唐恒，等．再度审视美国远程教育发展现状——AECT远程教育分会核心团队访谈反思[J]．现代远程教育研究，2017（2）：13-18+27.

四、移动学习与混合学习的诞生

2000 年英国伯明翰大学夏普雷斯（Sharples）提出了移动学习（Mobile learning，Moved learning）等新的名词。与此同时，还有 Online learning 在线学习，世界上提出要建立学习化社会。什么是移动学习？国外学者认为“是指教学技术的演进而带来的体验和机会”“意味着跟上移动技术的最新潮流，引入其中的最新发展成果，重新定义教师和学生的责任、模糊正式学习和非正式学习之间的界限”①。

现在还出现了混合学习（Hybrid Learning，Blended learning），也就是传统学习与电子学习的结合。当前任何学习方式都不可能是传统的单一学习，必然要包含各种学习方式。有人认为它是继电子学习以后的第二次网络学习浪潮。

五、英国开放大学的科研成绩

英国开放大学不仅在教书育人方面成果卓著，在科学研究方面，它也有着累累硕果。根据 http：//www. Isiknowledge. com 的数据，开放大学在《自然》和《科学》杂志上的论文发表数量列英国第 28 位，位居众多传统名校之前。开放大学之所以能够在科研上取得骄人的成绩，与她在研究生教育上的重视是息息相关的。其科研实力和教学质量在英国排前十名。

另外，他们还有自己的开放大学出版社，McGraw Hill Education Open University Press。出版的书质量较高，还有人专门写书评进行评价，比如 2009 年出版的《青年正义理论、政策与实践》一书。这在一定程度上代表了英国开放大学的科研水平。

国外的混合学习和翻转课堂发展很快，普及率很高。2009 年，美

① Scott McQuiggan，等．移动学习——引爆互联网学习的革命[M]．王权，等译．北京：电子工业出版社，2016：2.

国超过300万名从幼儿园到十二年级的学生参加了在线课程，预计2019年接近50%的高中课程将以在线方式传授。①

在日语中，“放送”一词的意义就是广播。因此，日本的“放送大学”就是广播大学，相当于我国的广播电视大学，亦即今天的国家开放大学。日本的放送大学（University of the Air）是一种新型的大学，其设立的主要目的在于：为适应终身学习的时代而设置广播大学，开设电视、播音课的专用机构，有效地活用广播等当时新的教育媒体来推进大学教育，向日本国民广泛提供高水平的学习机会，同时谋求大学广播教育的普及和发展。

第四节　亚洲开放大学协会历史研究

亚洲开放大学协会（Asian Association of Open Universities，AAOU）1987年成立，是一个由亚洲各国自治的具有法人地位的远距离高等院校组成的非营利的地区性国际组织。目前拥有62个会员单位，其中：45个为正式会员、17个为业余会员。1992年，原中央广播电视大学加入了这个组织，之后还担任了一届主席，中国和亚洲开放大学协会互动良好，互相推动我国和协会开放大学的发展。

一、亚洲开放大学协会历次年会简介

通过每年举办的亚洲开放大学协会年会，对亚洲远程教育领域的热点性和前沿性的问题进行深入集中的讨论，对我国远程教育领域有很深远的影响和指导性意义。通过查阅相关资料，笔者简单整理了会议的举办地点等主要信息。

① Scott McQuiggan，等．移动学习——引爆互联网学习的革命[M]．王权，等译．北京：电子工业出版社，2016：49.

表 3-1 历次亚洲开放大学协会信息统计表

时 间		主办方	主 题
第 1 届	1987. 11. 13—18	日本·东京	成立大会和研究会议
第 2 届	1988		
第 3 届	1989	巴基斯坦·伊斯坦布尔	亚洲开放大学的问题与前景
第 4 届	1990. 9. 25—26	印度尼西亚·雅加达	远距离教育中的交互通信
第 5 届	1991. 9. 17—18	斯里兰卡·科伦坡	远距离教育中的面授环节
第 6 届	1992. 9. 21—23	韩国·汉城[①]	开放大学在促进人人受教育中的作用
第 7 届	1993. 11. 22—25	中国·香港公开进修学院	远距离教育经济
第 8 届	1995, 2, 18—25	印度·新德里	开放学习制度的组织与管理
第 9 届	1995. 12. 1—6	中国·台北·台湾省空中大学	全球化与合作化的远距离学习
第 10 届	1996. 11. 14—16	伊朗·德黑兰	开放和远距离学习革新
第 11 届	1997. 11. 11—14	马来西亚·吉隆坡	远距离和开放学习的质量保证
第 12 届	1998. 11. 4—6	中国·香港·香港公开大学	亚洲远程学习者
第 13 届	1999. 10. 14—17	中国·北京	面向 21 世纪信息和学习社会的开放与远程教育的系统和模式
第 14 届	2000. 10. 24—27	菲律宾·马尼拉·菲律宾开放大学	开放学习和远程教育的观念教学法和教育技术
第 15 届	2001. 2. 20—23	印度·新德里	入学与平等：开放与远程学习的挑战
第 16 届	2002. 11. 5—7	韩国·汉城·韩国民族开放大学	数字时代的开放和远程学习——向终身学习社会迈进
第 17 届	2003. 11. 12—14	泰国·曼谷	网络与伙伴——增进远程开放教育间的合作
第 18 届	2004. 11. 27—30	中国·上海	人人享有优质教育开放大学新的使命与挑战

续表

时间		主办方	主题
第19届	2005.9.14—17	印度尼西亚·雅加达	通过开放远程教育建构知识社会
第20届	2006.10.11—14	中国·昆明	开放远程教育中选择使用新技术的反思和展望——战略、成本、效益、效果
第21届	2007.12.29	马来西亚·布城	通过远程开放教育合作增强亚洲实力
第22届	2008.10.14—16	中国·天津	亚洲与国际开放远程教育的新进展、新趋势、新使命
第23届	2009.11.3—5	伊朗·德黑兰·雅米诺大学	开放与远程学习系统的评估
第24届	2010.10.26—28	越南·河内	在远程开放学习情境下构建可持续发展学习型社会
第25届	2011.9.28—30	马来西亚·槟城	远程开放教育转变亚洲
第26届	2012.10	日本·千叶县	在变化的社会中通过远程开放教育拓宽知识领域
第27届	2013.10.1—3	巴基斯坦·伊斯坦布尔	扭转开放与远程学习的力量，建设一个多样化的亚洲：今天的办法就是明天的蓝图
第28届	2014.10.28—30	中国·香港	推进开放和远程学习：研究与实践
第29届	2015.11.30—12.2	马来西亚·吉隆坡	开放与远程学习的新前沿
第30届	2016.10.26—29	菲律宾·马尼拉菲律宾开放大学	亚洲的开放教育：变化的远景
第31届	2017.9.27—29	印度尼西亚·日惹特布卡大学	致力于全纳和公平优质教育的开放大学
第32届	2018.10.24—26	越南·河内	亚洲人力资源一体化发展时期的开放教育

由表3－1可见，从主办单位来说，会议多是由远程教育机构主办，例如各国的开放大学，这样可以在很大程度上反映了当地远程教育发展

的情况。从举办时间来看，绝大多数会议在下半年举行。中国举行了 8 次（含香港和台湾地区），占总数的 25.0%，是举办次数最多的国家。其次是马来西亚举行了 4 次，占总数的 12.5%。

从表 3－1 可以看出亚洲开放大学年会第 1 届至第 12 届一直关注远程教育的自身因素，迈向 21 世纪之后逐渐扩散视域，并关注远程教育的外部协作。而从第 13 届年会开始转变焦点强调信息技术的作用，强调信息技术只是服务于远程学习的一种手段。远程教育的模式多样化，研究力量加大，由原来的只是开放大学或电视大学校长、教授构成，发展为大量的传统高校、公司和国际组织加入了研究队伍。① 同时教育理念现在更加注重优质教育的提供，而不仅是规模上的扩张。从传统上依靠卫星电视系统到教室里收看教育电视节目，转向利用因特网等先进的数字化技术为终身学习服务。

二、亚洲开放大学协会发展阶段

世界上很多学术类的协会往往有始无终，作为一个洲际协会，亚洲开放大学协会从小到大不断发展，经历了初创、成熟到壮大三个阶段：

（一）初创阶段（1987—1996 年）

相比较发达国家的远距离开放学习的质量，全球的发展中国家的远距离教育和远距离开放学习的技术与发达国家还有一定差距，还伴随着教育需求日益增长而教育经费、设施严重缺乏等问题，很多国家都在探索解决问题的办法，随着利用远距离教育系统发展教育的潮流以及远距离教育已日益广泛地被接受，亚太地区的七所远距离教育院校预见到成立亚洲开放大学协会的必要性。在 1985 年的亚太地区第一届远距离教育地区讲习会中，确立了创建亚洲开放大学协会的想法。

这次讲习活动是 1985 年 11—12 月，在亚洲开发银行和泰国素可泰开

① 李珺．亚洲开放大学协会 13—18 届年会概况［J］．世界教育信息，2005（2）15－17.

放大学赞助下，与联合国教科文组织亚太地区办事处合作并在素可泰开放大学举办的。在尽可能地为亚洲地区各国人民增加教育机会而合作的基础上，所有发起院校都做出了支持并加入亚洲开放大学协会的决定。

亚洲开放大学协会（AAOU）成立大会暨首届学术年会由素可泰开放大学和日本放送大学及日本国立多媒体教育研究所组织，并与联合国教科文组织亚太地区办事处合作，于1987年11月13—18日在日本放送大学举行，亚洲开放大学协会正式成立。第一届主席为泰国素可泰开放大学校长韦切特·斯锐散（Wichit Srisaan）博士担任。① 另外一种说法是，主席为日本放送大学校长小尾信弥博士担任。我们认为第一种说法比较可信，是原始文献翻译的，1988年，时间较早。同时，在亚洲开放大学协会官方网站上，第一次会议有两个地方，先是泰国曼谷，然后是日本东京。最初的成员有7个，即印度的英迪拉·甘地国立开放大学（IGNOU）、泰国的素可泰·塔玛勒开放大学（STOU）、日本的放送大学（UA）、印度尼西亚的特布卡大学（Terbuka）、韩国的广播函授大学（KACU）、巴基斯坦的阿拉玛·依可拜尔开放大学（AIOU）和斯里兰卡开放大学（OUSL）。目前已发展成为亚洲地区和国际上颇具影响力的国际远程教育组织机构之一。近年来协会积极促进地区远程教育的交流与合作，为亚洲远程教育发展做出了突出的贡献。

在1992年第六届汉城会议上接受了中央广播电视大学为会员单位。这扩大了中国在这一亚洲远程教育组织的影响，同时也扩大了该组织的覆盖面和影响力。这也标志着该亚洲教育团体的初创规模。

（二）成熟阶段（1997—2006年）

从1997年第11届年会开始亚洲远程教育开放大学就不断地增加会员的数量。从最初的7个发展为27个，协会的力量在不断的壮大，影响力也随之扩大，吸引着越来越多的非亚洲开放大学的学者代表前来参加亚洲远程教育开放大学年会。同时在1997年的年会中第一次评选并

① 动态与简讯[Z]. 广播与电视技术，1988（1）：72.

颁发论文优秀奖，获奖论文是香港开放大学两位年轻的数学教师撰写的，论文题目是“数学基础课程淘汰率的研究”，以后这种奖项一直保持到现在。

1998 年年会组织了亚洲开放大学图书馆馆长圆桌会议和三场讲习班。12 所开放大学的图书馆馆长参加了协会历史上的第一次圆桌会议。这样，开放大学与数字图书馆的融合更加紧密。

2005 年在印度尼西亚首都雅加达召开的年会上，第一期亚洲地区远程开放教育出版刊物将启封和读者见面，该杂志的出版工作由印度尼西亚特布卡大学承担，更多的开放大学学者可以通过杂志这一渠道了解亚洲开放大学协会的相关消息。本次年会的与会代表们也一致认为这是一次成功的年会，年会不仅提供了学术氛围还增进了各个开放大学远程教育院校之间的友谊和了解。作为远程教育的协会之一，面对全球化的进程，亚洲开放大学协会会员应达成，通过所有院校的积极努力去实践各项战略目标的共识，亚洲地区的远程教育机构应该进一步充分利用现代化媒体，加强学术交流与合作，为世界远程教育的蓬勃发展做出贡献。

开放远距离教育对实现人类教育的现代化和民主化有着越来越重大的意义，而远距离教育院校之间的交流和合作对发展开放远距离教育可以发挥积极的作用。从年会主题上看，年会关注的视角由关注远程教育的自身的因素，转变为逐渐扩散视域并关注远程教育的外部协作。同时开始强调信息技术的重要作用。教育理念现在更加注重优质教育的提供，而不仅是规模上的扩张。从传统上依靠卫星电视系统到教室里收看教育电视节目转向利用因特网等先进的数字化技术为终身学习服务。

2005 年 9 月，协会还创办了一本在线会刊《亚洲开放大学协会学报》(Asian Association of Open Universities Journal，AAOU Journal)，主要登载亚洲国家相关开放大学的论文。第一卷第一期第一篇文章刊载了香港公开大学的 Auyeung Lai Hung 的文章：《在线远程计算机课程的质量保证》。这本杂志由 Emerald 出版公司发行，免费下载，可以通过网站阅读全文。这本英文版杂志的创办扩大了该协会在亚洲和国际上的影响。

(三) 壮大阶段 (2007—2018 年)

在之后的年会中，协会更加重视远程教育机构间的合作，马来西亚教育部部长在致辞中也讲到亚洲远程教育机构间的合作，一定能够实现为亚洲地区的人们提供高水平的教育。2007 年亚洲开发大学协会主席、中央电大校长葛道凯教授在致辞中说，我们应该清醒地认识到这样一个紧迫性，那就是要不断更新观念、提高竞争力，使我们的教育更加灵活可信，更能满足社会经济发展的需要。①

所以各开放大学应尽可能在提升自身能力的同时的建立全方位的合作，通过合作凝聚更强大的力量以应对远程教育的新趋势——国际化的发展。然而合作的加深会导致各机构之间产生观念和执行上的冲突，为了寻求更好的合作，亚洲开放大学协会也在讨论远程教育合作中可能出现的紧张关系，探讨通过合作加强远程教育的前景，针对不同机构、不同方面制订详细的合作计划。总结了开放大学在合作实践中值得学习的经验和教训，合作中应考虑的因素和建立有效的解决方法，争取在学习支持服务、技术应用、教学资源开发、教学管理等方面取得更大的突破。在印度一些传统大学和多所开放大学的远程教育单位达成合作关系组成联合教育网络，学生在达到高等教育水平后可通过网络接受教育。

由于远程教育具有开放性、灵活性、网络化的特点，今后传统大学中远程教育的功能将会继续扩大。鉴于远程教育主要是高等教育，因而传统大学中将越来越重视远程教育的作用。国外学者研究表明："越来越多的传统大学现在正变为双重院校模式，既满足招收在校生的需要，也达到招收在职学生的需要。在印度函授教育具有悠久的传统，52 所大学的函授课程机构升格为远程教育中心。"② 传统大学不仅仅改变着生源的结构，而且也在悄悄地转变教学方式。正像 ICDE 主席

① 王伯文. 开放及远程教育合作给亚洲带来力量——亚洲开放大学协会第 21 届年会综述[J]. 农民科技培训，2008 (6)：11 – 12.

② Colin Latchem (et. al) . Open and Dual – mode Universities in East and South Asia[J]. Performance Improvement Quarterly, 1999, 12 (2)：96 – 121.

和秘书长所描述的那样："以后会有越来越多的传统大学采用远距离教育方式，它们或成为混合模式大学，或成为双重模式大学。"① 我们认为已经无所谓单一模式或者双重模式的问题，传统大学的教学方式业已远程化。

随着开放大学不断发展和学生数量的增加，也出现了一些问题，即开放大学及其毕业生在有些国家不被重视认可，开放大学被国家的传统大学支配甚至视为二等学校。2007 年年会中香港公开大学校长梁智仁教授在演讲中讲到：他希望能唤起教育机构或其他部门决策者对远程教育的关注。开放远程教育需要得到各国政府和社会的高度重视和大力支持，为加快各国教育发展和教育创新做出巨大贡献，推进社会发展和人才培养，在 2008 年斯里兰卡开放大学具有了与斯里兰卡国家大学同样的法律地位和学术地位。

三、历任协会主席情况介绍

协会主席对于协会发展走向具有重要影响。纵观以下十届主席，除了 1987 年开始到 1995 年这段时间主席任职时间较长以外，其余八届基本都是三年一届，大致覆盖了成员国国家和地区，范围较广。

表 3－2　历任协会主席情况简表

序号	姓　名	国别及所在单位	时　间
1	衣阿姆（博士）	泰国　素可泰开放大学 Sukhothai Thammathirat Open University	1987 年
2	小尾信弥（博士）	日本　日本放送大学 The Open University of Japan	1987—1995 年
3	塔克瓦里（校长）	印度　英迪拉·甘地国立开放大学 Indira Gandni National Open University, New Delhi	1995—1998 年

① Trindade 博士．国际远距离教育的现状与发展趋势［J］．开放教育研究，1997（3）：9－10.

续表

序号	姓　名	国别及所在单位	时　间
4	谭尚渭（博士）	中国 香港公开大学 The Open University of Hong Kong	1999—2001 年
5	曹圭香（校长）	韩国 韩国国立开放大学 Korea National Open University	2002—2004 年
6	张尧学（校长）	中国 中央广播电视大学 China Central Radio and TV University	2005—2007 年
7	阿特维・帕曼（校长）	印度尼西亚 特布卡大学 Universitas Terbuka	2008—2010 年
8	黄达明（教授）	马来西亚 宏愿开放大学 Wawasan Open University	2011—2013 年
9	黄玉山（校长）	中国 香港公开大学 The Open University of Hong Kong	2014—2016 年
10	莫琳达・德拉・潘娜・邦答拉睿（校长）	菲律宾 开放大学	2017—

亚洲开放大学协会的目标是：①尽可能地为亚洲地区所有人民拓宽接受教育的机会，通过交流教育管理信息、教材和研究促进会员院校成本效益的提高；②通过远距离教学系统，促进教育发展，开发其潜力；③帮助促进远距离教育工作者专业和道德水准的提高；④与直接或非直接对远距离教育有兴趣的机关团体或其他部门合作；⑤在上述所有目标方面促进与其他地区或国际同类组织的合作；⑥做各种其他有助于实现上述目标的工作。

四、亚洲开放大学协会的展望

亚洲是世界上人口最多的大洲，世界上人口最多的两个国家中国和印度都在亚洲，具有开放大学发展的重要人口基础。我们东方国家要在开放大学方面走出自己的道路，扩大亚洲开放大学的国际影响。

（一）要充分发挥中国的作用

我国正在迅速提高在世界上的地位，在远程教育方面，中国所取得的成绩，也博得了世界同行们的赞扬。随着网络试用的发达，网民中利用网络进行学习的占12%。作为网络教育依托的上海开放大学，率先实现了向电子世界的转移，其注册体制也越来越市场化。2006年在云南举办年会更是对我国边疆少数民族地区的远程教育发展起到了推动作用。

因而，发挥中国在亚洲开放大学协会中的作用对于扩大协会的影响具有积极意义。相信中国政府会在经费上和渠道上提供更多的支持和便利。

（二）进一步加强成员之间的合作

通过讨论亚洲的经济合作和社会繁荣问题，为亚洲经济带来了发展的良机。而亚洲经济的持续快速发展推动了世界经济的发展，同时也带动了人力资源开发的空前高涨。人被看作是第一资源，关注人的发展理所当然地成了社会的首要任务，教育是完成这一任务的根本途径。无论是新兴国家，还是发展中国家，无论是专业人才的培养，还是国民素质的提高，都需要优质的教育和全民的参与。

在过去30年中，人们普遍认为教育在促进经济发展方面起了重要作用，而事实上，威廉·伊斯特利对经济发展和各种教育规模扩大之间的关系的研究发现，经济增长和初等教育规模扩大并无对应关系，与高等教育招生规模的扩大也无对应关系。其他一些研究者也认为，问题的关键在于教育的质量和学习成果，而不是教育的层次和规模，亚洲开放大学协会年会的主题也多次提及提高教育的质量。[①] 印度英迪拉·甘地国立开放大学的注册学生已达到100万人，如今正准备通过启用新的卫星频道实现更大的目标。

（三）要建立国际开放大学

早在20世纪90年代初就有人提出利用远程教育构建“世界大学”

---

① 牛犇，杨永博．远程开放教育转变亚洲——第25届亚洲开放大学协会年会述略[J]．中国远程教育，2012（1）：48－51.

的设想。邓·奥尔科特博士曾经在2008年的校长常设会议中提到“全球大学”的概念，他认为“全球远程学习的前景和市场将会以指数级增长，将会出现全球大学”。其特征包括“创新的全球研究；教学和学习的全球分布；不同学生和员工的需求；拥有很多国际访问学者；对全球问题和政策形成的影响；与全球商业的紧密互动”。这意味着全球范围内研究、教学、学术、人员、设施、领导和管理的全方面完善。

在全球化发展的时代趋势下，世界范围内远程教育机构之间的联系与合作将会日益加强，类似于全球大学这样的国际开放大学或机构将会出现，这有利于世界远程教育的交流与合作。我们认为应当把英国开放大学建设成为国际开放大学，招收世界各国的学生，实行在线学习。在1997年英国开放大学也已确立了向世界范围发展其远距离教育的战略，称为“英国开放大学世界”（British open university world）。①

第一步先建立洲际开放大学，这样便于交流以及必要的面试和学位答辩。首先在英国建立欧洲开放大学，其次在中国建立亚洲开放大学，把上海开放大学改为亚洲开放大学，再就是在澳大利亚建立大洋洲开放大学。第二步建立国际开放大学。事实上，18个世界级超级大学中的14个是位于亚洲的开放大学，截至2011年，共有在校生1350万人，其中中国开放大学系统的在校生就有330万之众。② 因此，除了英国的开放大学，由于亚洲人口较多，建议将国家开放大学更名改建为“国际开放大学”（International Open University）。

（四）要筹建国际开放大学协会

发展开放与远程教育是各个国家和地区的需要，也是教育自身发展与改革的必然。国际教育组织是发展某种教育类型的重要纽带和平台。建议由现在的国家开放大学、北京师范大学和上海开放大学联合建立

① Trindade博士．国际远距离教育的现状与发展趋势[J]．开放教育研究，1997（3）：9－10.

② 杨永博．世界开放与远程教育发展趋势探析——世界开放与远程教育理事会（ICDE）2012年度执委会学术会议综述[J]．中国远程教育，2012（6）：23－28＋46.

“国际开放大学协会”（International Council of Open Universities），总部设在北京，由主管成人教育的教育部副部长担任协会主席。设法将亚洲开放大学协会吸收为二级协会组织。主要面向亚太及发展中国家的开放大学，并开办国际开放大学协会英文网站。

以英语语言主编和出版协会会刊《国际开放大学杂志》（Journal of International Open Universities）双月刊，力争在3～5年的时间内办成SSCI源期刊。高薪聘请加拿大、英国和澳大利亚等国家的开放与远程教育知名专家作为主编，同时吸收一批国际顶尖专家作为评委和通讯审稿专家。设立期刊编委会，编委会主任为国际开放大学协会主席。为了吸引国内优秀稿源，通过行政手段从创刊起就指定“国际期刊”，在职称评定和评奖中认定为CSSCI源期刊和“中文核心期刊”同等待遇期刊。

（第四节由张弘执笔）

思考题

一、填空题

1. 我国现行的官方两大远程教育系统：________________和________________（广播电视大学和农业广播电视学校）

2. ICDE指什么？

3. 世界上远程高等教育起源于__________年的__________校外学位制度。

4. 一般认为世界上函授教育起源于__________在__________年函寄速记教材。他被称为函授教育的鼻祖。

5.《亚洲开放大学协会学报》创办于________年。

二、问答题

1. 谈谈英国开放大学创办经过及其历史意义。

2. 结合澳大利亚和俄罗斯等国试论地理环境对开放与远程教育的作用。

第四章　开放与远程教育的原理论

远程教育的基本原理也就是基本规律，是独有的本质，是一事物区别于另一事物的特殊矛盾。原理也就是关系，是它与社会的关系、与生产力的关系、与科技的关系、与生态的关系等。丁兴富先生的远程教育基本原理分为宏观理论、微观理论和哲学理论三部分，为我国构建了一套远程教育理论体系，十分难得，万事开头难。远程教育实践在发展，其教育理论也在不断丰富。开放与远程教育除了受以上因素制约和影响以外，还受生态环境的影响。

基本理论要回答远程教育的运行机理是什么？它的发展动力是什么？远程教育与政治、经济、科技、文化、人口和生态的关系是什么？

第一节　开放与远程教育的本质

所谓开放与远程教育的本质，就是探求和确定它们内在的独特的规定性，并揭示它们的特殊矛盾。

一、开放教育的本质

正如麦肯兹在《开放学习》一书中所言："开放学习是一个内涵和外延都不确定的词组。它很难定义，但是作为在事物发展记录中的一面旗帜，它吸引着许多崇拜者和热心者，它有很大的潜力。"① 开放教育的本质在于，教师是一个不确定的群体，没有固定的老师。换言之，学

---

① 杨怀恩，张耀斌，秦振泽，等．开放教育导学[M]．太原：山西人民出版社，2006.

生可以选择老师。学生也不是一个确定的群体，学生没有学籍、没有名单、没有考核。教师是无限的，可以是本国的教师，也可以是外国的教师；学生也是无限的，可以是本国的学生，也可以是外国的学生。

第一，师生不确定性。传统教育中，尤其是学校教育中，在特定的学年学期中，教师是固定的，学生也是固定的，教师和学生是按照课程表来进行教学的。开放教育中，截至 2016 年 6 月底，国家开放大学网站上已有涉及 10 个学科大类，67 个系列的 18921 个 5 分钟课程，以免费公开的形式开放给社会公众。① 我国网易公开课，尽管教师可能是具体某个学校的教授或者副教授，但是开设这门课程的老师可能不止一个，学习者可以选择倾听其他教师的讲课。对于某一门课程，学生的层次面向各个阶段，既可以是在校大学生，也可以是毕业的研究生。

第二，内容不规定性。开放教育属于广义教育的范畴，没有确定的教育内容，但是这种内容一定是要推进社会进步和个人发展。美国的柯蒂斯·邦德给我们说明了开放教育的内容。他举了一个例子，一个学员与酷猫老师的对话，被老师在博客上向全世界播出了。他感叹道：“天哪，现在‘酷猫教师’（The Cool Cat Teacher）就把我载入她的博客向全世界报道了，完蛋了，我真得完蛋了！我还没有准备好呢。”② 今天的开放教育是如此，古代的开放教育同样如此。我们知道“四书五经”是古代知识分子必修教材，科举的必考科目。在先秦时期，没有这些教材，孔子的教学内容就是师生之间的谈话，《论语》就是孔子和学生的谈话记录。古希腊时期的苏格拉底的问答法，也是通过不确定的谈话引导出学生内心的真理。

第三，目的不一致性。如前所述，因为它的概念的不确定性，使它能够适应很多的观念和目标。尽管圣人千言万语教人向善，但是学习者

① 赵婀娜，刘明瑶．中英两国开放大学交流线上课程建设[N]．人民日报，2016-08-01.

② 柯蒂斯·J·邦克．世界是开放的——网络技术如何变革教育[M]．焦建利，主译．上海：华东师范大学出版社，2011：21.

的各自的学习目的并不完全一致。在教育领域中，越来越多个性化的，或者以学习者为中心的工具和资源找到了它们的用武之地。① 有的出于增进知识的考虑，有的出于健身强体的初衷，有的则是出于气质修养的追求。

第四，结果不显著性。传统的教育需要进行考核，进行等级评定，然后颁发一定的学业证明。即便是远程教育很多也需要教育质量，开放教育的结果不显著。并非你学习了一门课程或者若干课程，就可以获得某种证书，并根据这种证书谋求某个职业岗位。当然英国开放大学需要有判定性结果，可以获得某些职位，但是开放大学要求一定的面授时间和考核。当然，任何一种教育都不可能无条件地开放，即便是网络教育也需要必要的设备。正如史密斯曾写道："尽管事实上，开放大学和开放校园计划是在世界范围内广泛使用的名称，但我们不能把远程教育与开放学习等同起来。采用这些名称的院校通常主张在学生入学机会方面的开放，偶尔也对学生在时间限制上给予自由，但是在其他方面，它们可能很封闭。"② 开放教育是哲学层面的，远程教育是实践层面的。开放教育不仅仅涵盖远程教育，也涵盖传统教育；远程教育既是开放的，也是封闭的。它们是一种交叉的关系。我们也必须承认，随着互联网技术的不断发展，远程教育越来越开放，开放教育也越来越借助远程的形式。

第五，经费的不收缴性。也有一种声音为开放教育的发展大行其道。2012 年 6 月，联合国教科文组织在法国巴黎召开了"第一次世界开放教育资源大会"，并发布了《第一次世界开放教育资源宣言》。这个宣言声称："人人都有受教育的权利。教育应该是免费的，至少在中等教育和基础教育阶段应该免费。中等教育应该是义务教育。专业技术应当普遍获得，高等教育应当公平地面向所有人。"③ 这可以说是开放

① 柯蒂斯·J·邦克．世界是开放的：网络技术如何变革教育[M]．焦建利，主译．上海：华东师范大学出版社，2011：307.

② 杨怀恩，张耀斌，秦振泽，等．开放教育导学[M]．太原：山西人民出版社，2006：6.

③ Atenas，Javiera；Havemann，Leo. Questions of quality in repositories of open educational resources：a literature review[J]. Research in Learning Technology；2014（22）：1－14.

教育发展的理论依据。当然，在中国如今知识的收费性同样比比皆是，比如付费电影和逻辑思维节目等。

二、远程教育的本质

我国远程教育理论的奠基人丁兴富先生提出并发展到了五种动力学说，又称“五原理”。所谓远程教育的原理，无非就是远程教育的内在规律。

1988 年，丁兴富先生最早提出了远程教育发展动力理论，开始是“三原理”。1989 年他发展为“四原理”，即增加了“政治决策基础”，1994 年进而形成“五理论”，即增加了“教育心理学发展基础”。在此基础上，我们根据最新信息技术的发展，对五大动力理论进行了完善和丰富，提出了“五大支撑基础”理论。子曰：“志于道，据于德，依于仁，游于艺。”（《论语·述而》）就是说，我们有了“手艺”才能到处去“游学”，孔子提到了远程教育的作用（见表 4－1）。

表 4－1　开放与远程教育原理结构分析

序号	支撑基础	内　涵
1	政治决策基础	人力资源开发的巨大压力、传统教育资源的不足、教育经济学的发展，以及各国政府对教育投资的重视和对远程教育规模效益优势的认同，是优先发展远程教育的政治决策基础。“开放”“共享”等五大发展理念的具体指导
2	社会经济基础	工业社会和信息社会对各级各类大量专业人才和高素质劳动大军的需求，知识经济对知识创新、传播与应用及人类智能开发的倚重，构成了推动远程教育发展的社会历史动力（或经济基础）
3	信息技术基础	印刷术、邮政运输业和 wifi 的兴起是现代远程教育的先驱。以信息技术为核心的现代科学技术的长足进步及其在教育中的应用，为远程教育的发展奠定了坚实的物质技术基础

续表

序号	支撑基础	内　涵
4	网络心理基础	终身教育的理念、网络心理学和脑科学理论的最新发展和演变的方向构成了推动远程教育发展的教育科学、心理科学和学习科学的基础
5	自身理论基础	开放与远程教育遵循它们自身的发展逻辑。无论是函授教育，还是远程教育，抑或是开放教育，都在原来的教育理论与实践基础上发展起来的，不是凭空产生的。构建终身教育体系和学习型社会等教育思想的演变和革新构成了远程教育发展的思想理论基础

开放教育是相对于封闭教育而言的。普遍认为开放教育具有这样几个基本特征：以学生和学习为中心，而不是以教师、学校和教学为中心；采用各种教和学的方法手段；取消和突破种种对学习的限制和障碍。比如开放教育对入学者的年龄、职业、地区、学习资历等方面没有太多的限制，凡有志向学习者，具备一定的文化、知识基础的，不需参加入学考试，均可以申请入学；学生对课程选择和媒体使用有一定的自主权，在学习方式、学习进度、时间和地点等方面也可由学生根据需要决定；在教学上采用多种媒体教材和现代信息技术手段等。

开放教育的本质是人人享有终身接受教育的权利，这不仅意味着对教育对象的开放，更重要的是对教育观念、教育资源和教育过程的开放。开放教育既可以开展远程教学也可以在面授教学的条件下进行，但相对于面授教育，远程教育更适宜于实现开放教育。现代远程教育和开放教育的结合，就是我们所说的现代远程开放教育。国际上的开放大学都是进行远程教育的，广播电视大学的发展目标，就是要尽快建设成为具有鲜明中国特色的现代远程教育开放大学。①

我国台湾学者总结了美国迈克尔·桑德尔（Michael J. Sandel）提出的开放教育的五项启示：①一个人的理想必需引导实践的方向；②一

① 于云秀．开放教育入学指南百问[M]．北京：中央广播电视大学出版社，2005.

个成功的传统课程加上开放教育的特色可构成一个成功的开放教育课程；③通过开放教育可放大教师的影响力；④混合模式可取代一体适用的模式；⑤通过课程的开放可实现知识分子的社会责任。

第二节　开放和远程教育与社会的关系

作为教育的外部系统要素，政治、经济、科技、文化、生态、人口等六个方面对开放与远程教育具有决定性影响，而开放与远程教育又对它们具有反作用。为了清楚起见，我们可以了解开放与远程教育大致的组织结构图（见图4－1）。

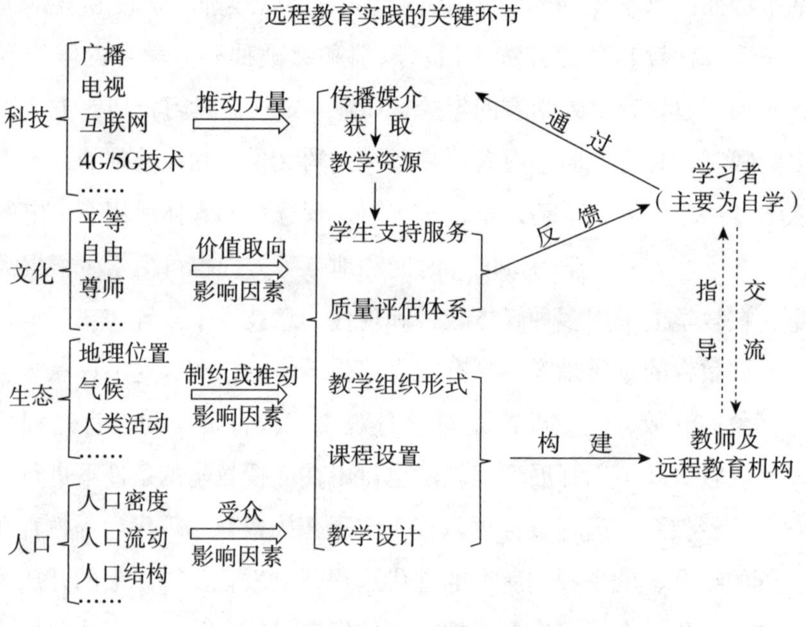

图4－1　开放与远程教育宏观理论框架图

一、远程教育与政治经济的关系

在我国，毋庸置疑政治经济对于远程教育具有决定性作用。2017年7月4日，教育部党组成员、副部长林蕙青《在中国高教学会第七次会员代表大会上的讲话》中强调："深入学习贯彻习近平总书记系列重要讲话精神，用先进教育理念引领高等教育事业发展。"开放大学属于高等教育，我们必须以习近平总书记有关教育的系列重要讲话精神为指导，改革和发展我国的开放大学，办好开放大学。1958 年成立的天津红专广播函授大学和 1979 年成立的广播电视大学都是政治作用的直接产物。这是马克思主义教育的基本理论，是我国现实情况的表征。

自从 1978 年十一届三中全会以来，我国就坚持改革开放的政策。"开放"既是国策，也是"开放教育"的决策基础。习近平同志提出了我国"创新、协调、绿色、开放和共享"的"五大发展理念"。他指出："开放是国家繁荣发展的必由之路。"[①] 开放教育是弘扬和践行习主席提出的"开放和共享"的发展理念。开放和共享是密不可分的，开放教育资源，就是共享教育资源。在无线互联网技术的支撑下，21 世纪的教育是开放的教育、共享的教育和智能的教育。这体现了政治决策支撑基础对于开放与远程教育的决定性影响。

英国和日本属于君主立宪制国家，表面上有一个统一的君主，这种政治体制容易产生单一院校模式的远程教育，日本的放送大学基本上是其主导的远程高等教育机构。

2012 年当时的中央电大的魏顺平等人曾经做过一个研究，认为 1989 年到 2009 年电大高等教育招生人数与国内生产总值呈正相关。[②] 1989 年电大高等教育招生人数为 12.5 万人，而当年国内生产总值为 1.699 万亿元人民币；2009 年电大高等教育招生人数为 101.44 万人，当年国内生产总值为 3.405 万亿元人民币。换言之，2009 年的招生人数是 1989 年的 8.12 倍；2009 年的国内生产总值是 1989 年的 20 倍。这

① 中共中央宣传部．习近平总书记系列重要讲话读本[M]．北京：人民出版社，2016：135.

② 魏顺平，袁亚兴．电大高等教育招生规模与学生构成变化研究[J]．中国远程教育，2012（1）：17－23＋95.

清楚地说明，开放远程教育与我国经济发展呈正相关，也就是说经济越发展，远程教育的规模就越大。

但是也不尽然，2013 年，我国国内生产总值为 58. 80 万亿元，国家开放大学招生规模为 108. 8947 万人；2014 年我国国内生产总值为 63. 59 万亿元，国家开放大学招生规模却下降到了 92. 54 万人（见表 4 –2）。这相当于我国 2008 年前后的招生规模。这并没出现经济发展而开放与远程教育继续发展的态势。这也透露了 2012 年广播电视大学更名为开放大学以后，办学规模依然存在一些问题。开放大学的吸引力还没有得到社会的充分认可。

表 4 –2　2013—2014 年国内生产总值与国家开放大学招生规模

年份	国内生产总值（万亿）	招生人数（万人）
2013	58. 80	108. 89
2014	63. 59	92. 54
2015	68. 91	

开放与远程教育是教育不可或缺的一部分，可以兴国、可以强国。开放与远程教育的发展或者落后程度，在一定程度上也会反作用于当时当地的政治经济。发达的开放与远程教育，提高了国民整体素质，可以推动政治经济的发展；落后的开放与远程教育，稀释了国民整体素质，可能会迟滞政治经济的发展。

二、远程教育与科学技术的关系

在人类远程教育历史上，科学技术越发达，远程教育就越进步。科学技术尤其是信息技术是远程教育发展的决定因素。19 世纪中期，英国函授的发轫，归根结底是蒸汽机的发明，促使近代邮政行业的起步，才有了函授教育。反之，开放与远程教育的发展促进信息技术的进步，为信息技术提供了广泛的社会需求。

（一）基于互联网的开放与远程教育

20 世纪 70 年代美国发明了互联网。在 150 英里的范围内，连接了 1000 多台电脑终端，建立了世界上第一个计算机网络。这为信息技术的发展提供了巨大的技术支持。1997 年，全球网络教育的市场份额为 2.34 亿美元，到了 2003 年则达到了 230 亿美元。① 这五年市场规模增大了近 100 倍。

2001 年，美国麻省理工学院实行开放课件运动。从此将远程教育向开放教育发展。传统的教育资源主要是以书本教材的信息展现在学习者面前，多以文字、图表展现出来，形式单一，略显枯燥乏味，在信息爆发的时代难易获得学习者的学习兴趣。而网络课程资源多以视频为主，辅助文本、图片、音频等多种多媒体呈现形式，这种生动的教材极大地提高了学习者的学习兴趣，且在国家的大力倡导和支持下，教育数字化和信息化的工作不断推进，各大高校纷纷在网络上共享了自己的课程资源，网络教学质量越来越优质和丰富，满足各类学习者的学习需求。这些软件资源为远程教育的发展提供了基础。

表 4－3 2012—2017 年开放与远程教育“技术进展”

类 别	2012 年	2013 年	2014 年	2015 年	2016 年	2017 年
学习分析	√	√	√		√	
自适应学习技术				√	√	√
物联网	√			√		√
移动学习	√					√
自然用户界面	√					√
自带设备				√	√	
翻转课堂			√	√		
可穿戴技术		√		√		
人工智能						√

① 武法提．网络教育应用[M]．北京：高等教育出版社，2011：前言．

续表

类　别	2012 年	2013 年	2014 年	2015 年	2016 年	2017 年
下一代学习管理系统						√
增强和虚拟现实					√	
情感计算					√	
机器人					√	
慕　课		√				

资料来源：S. 亚当斯贝克尔，M. 卡明斯，等．新媒体联盟地平线报告：2017 高等教育版[R]. 殷丙山，高茜，等译．奥斯汀，德克萨斯：新媒体联盟，2017：5.

从表 4－3 可以看出，自适应学习技术、物联网、移动学习、自然用户界面人工智能和下一代学习管理系统等技术在 2017 年得到重视，也是今后开放与远程教育技术的重点方向。令人遗憾的是我国十分热衷的慕课在国外并不是很受重视，只是在 2013 年引起了高等教育领域的关注，但是在开放与远程教育领域中今后一段时间还会不断完善和发展。

国外权威机构 DellOro 正式公布了一份报告。2017 第一季度，在服务供应商路由器和电信级以太网交换机市场中，华为首次超越长期霸占核心路由器市场全球首位的思科，占据核心路由器市场的全球第一份额。这充分体现了我国民族信息产业在世界上的地位，在一定程度上也说明了我国开放与远程教育的发展水平。

根据中国互联网发展状况统计调查，2014 年我国台式电脑使用率为 51. 6%，2015 年则降低到 39. 2%，笔记本电脑 2014 年使用率为 13. 2%，2015 年则降低到 7. 5%；但是手机使用率不断攀升，2014 年为 64. 1%，2015 年上升到 71. 5%。这充分说明了是开放远程教育发展的物质依据。

（二）基于 4G 展望 5G 技术的开放与远程教育

1979 年，第一台模拟蜂窝移动电话实验成功，已经经历了四代，也就是4G，平均每十年一代通信技术。随着无线网络的普及与应用，5G技术会极大地改观世界高等教育的面貌，促进开放与远程教育的跨越式发展。

第一，4G（第四代移动通信技术）的数据传输速率快。微信和QQ在远程教育中的作用已经十分普遍，可以说成为必备的学习工具。中国联通公布的“7月份移动应用排行”显示，微信、QQ、腾讯视频及支付宝稳居“活跃用户榜”前四位，其中微信用户数已经达到8.6亿个。①

第二，4G使得学习者之间的交流更加频繁。目前，该技术的主要应用终端是手机，学习者可以通过手机上丰富的应用软件，例如微信、微博、论坛、贴吧等公众平台进行交流和相互学习，这些APP的资源分享功能也间接普及了优秀的教育资源。

第三，5G将从移动互联网向移动物联网转移。移动教材、虚拟校园、虚拟食堂将陆续出现和发展。定制教师将出现在教育市场上。

第四，5G的主要技术载体是手机，其体积小、功能强大的优点方便学习者随身携带，学习者的学习地点更加灵活。手机将逐渐取代笔记本电脑和台式电脑，空口技术将逐步运用在教学和科研上。

第五，5G技术下载速度大幅度提升。2017年上半年，中国移动已经在上海、广州试验运行5G网络，产生的流量密度每平方公里可达10Tbps至100Tbps。简单地说，5G可以支持未来千倍以上手机流量，用户下载一部高清电影不到一秒钟。②可以说，5G技术已经开始步入人们的生活，这将极大地影响开放教育生态。

我国在信息技术上处于国际上领先水平。虽然目前基于线上网络的远程教育平台为主流，但随着我国信息技术的成熟、完善和进步，基于4G技术的远程教育会越来越普及，大众的接受度也会提高。5G通信技术发展迅速，2018年天津的三大运营商将开建。2017年8月9日，中

①② ‘机”不离手，是“获”还是“惑”？[N]. 燕赵都市报，2017-08-11（12）.

国电信雄安国家骨干网成立，并发布了《中国电信5G创新示范网白皮书》。2019年实现5G商用，2020年实现规模商用。① 2017年8月11日，中国科学院首颗量子科学实验卫星“墨子号”完成了一项特殊的实验，从地面到太空的量子隐性传态。②《自然》杂志称，这代表了远距离量子通信持续探索的重大突破。尽管量子通信运用到实际生活，还有很长的距离，但是毕竟我国在最新通信技术方面有了重大突破。这将为未来我国和世界开放与远程教育开辟一个崭新的天地。

今后，我们每个人不再拥有一台笔记本电脑，而是携带一台量子场，随时随地地师生之间传递制作的实物。在量子场通信时代，开放与远程教育改称为实景教育，虽然师生为异地，但是可以面谈面授。

（三）基于广播电视的开放与远程教育

尽管2012年我国5+1所广播电视大学更名为开放大学，但是，还有39所诸如河北广播电视大学存在。广播电视技术也在不断更新和发展，我们开放与远程教育不能忽视这种技术的运用。2014年新奥特公司中标改造幸福教育节目，这个节目是由江苏卫视和中国教育电视台在2010年合作建立的，主要负责运营中国教育一套。这个技术是以腾云融合生产支撑平台为载体，将传统的电视制作网外延，让用户可以利用办公网和互联网空间资源完成传统电视节目的生产与制作。这为教师直接制作课件提供了方便，缩短了完成慕课制作的时间。

当今广播电视已经不是传统意义的单项接收的方式。2017年，有线电视数字化整体转换后，互动电视网络一般采用视频流与信令流分离的组网形式，将实现“小网变大网、模拟变数字、单向变双向、看电视变用电视”③。这种技术解决了师生双向交流的问题，增加和挖掘了

---

① 高晓丽，赵一珂．建设雄安国家骨干网　打造5G创新示范网[N]．燕赵都市报，2017-08-11（6）．

② 喻菲．“墨子号”完成最难实验：现实版“超时空传送”[N]．燕赵都市报，2017-08-11（15）．

③ 李潍．基于双向数据传输的互动电视前端安全建设[J]．世界广播电视，2017，31（5）：62-64.

电视的教学使用价值。

电视视作中文件化传输技术的运用，大大提高了教学资源利用率，降低了制作成本。该技术的推广，可以节省大量的系统运营成本，例如磁带的运用、IT 设备的采购和人力资本等方面。2015 年，上海电视台继东方购物频道之后，电影频道也实现了文件化送播；但因同样使用他们自己独立的媒资系统，与电视播控中心之间也仅是简单的文件交互。这为今后教育电视台的节目播放提供了方便，从而扩大了开放与远程教育的受众。可见，融媒体技术不断发展，广播电视已经链接计算机文本，弥补了移动互联网对传统广播电视的冲击。

任何事物都是一分为二的，科技对于远程教育的决定作用，并不都是促进的，也有阻碍的。技术是一把双刃剑，有利也有弊。2017 年 6 月 1 日，《中华人民共和国网络安全法》正式施行。众所周知，开放与远程教育对于网络的依赖比其他任何教育类型都严重。当前，网络病毒、网瘾、垃圾信息可以说与互联网相伴相生，这部法律就是针对这些犯罪行为所做出的一项打击和惩罚。2017 年 6 月 1 日，《中国青年报》发表了一篇评论《网络风险面前没有看客》。同时，我们开放与远程教育的师生也要主动净化网络环境，网络新闻和垃圾信息会占用我们很多时间，减少了真正学习的精力。因此需要我们自我约束和外部约束，从而提高网上交流和网上学习的有效性。

三、远程教育与文化的关系

所谓文化，就是与自然现象不同的人类社会活动的全部成果，它包括人类所创造的一切物质的和非物质的成果。[①] 教育本身就是文化的一部分，远程教育又是教育的一部分，文化决定着教育的面貌和特征。文化就有教化的作用，教育就有传递文化的使命。反过来，远程教育又促进文化的传播和继承文化并创造文化。

---

① 郑杭生，等．社会学概论新修[M].4 版．北京：中国人民大学出版社，2013：66.

（一）不同文化对远程教育模式的影响

文化总是润物无声地渗透到社会环境的方方面面，当然也影响着开放与教育体系，如教学目标、教学内容、教学手段等。一般说来，多元文化的国家，产生双重院校模式和多重院校模式的远程教育；单一文化的国家，产生单一院校模式的远程教育。

加拿大和澳大利亚都属于英联邦国家，属于移民国家，世界上各个种族、各种文化、各种宗教在那里交融汇合。加拿大的远程高等教育属于多重院校模式国家，而澳大利亚则是典型的双重院校模式国家。

（二）日本文化对放送大学的影响

日本的文化是一种学习西方的杂合体。古代，学习中国唐代的文化。近代，学习荷兰的造船技术等，被称为“兰学”。第二次世界大战以后，现代文化又学习英美。在远程教育方面，比较典型的则是学习英国，在1983年4月1日建立了日本放送大学，又称日本空中大学。① 日本是一个岛国，资源匮乏，他们自始至终都有一种危机感，所以不断地向先进国家学习。从地理位置上讲，日本是一个狭长的岛国，南北纵深纬度相差25°，南北气温差异十分显著。人口密度达到337人/平方公里，居世界第26位。这些文化基因和自然条件决定了其发展远程教育的重视程度。

（三）传统文化对国内远程教育的影响

中国是远程教育的先进国家，它有悠久的历史。先秦时期的“私淑之艾”② 就是我国远程教育的现象，具有世界先进意义。公元606年，隋朝时期产生的“科举制度”是我国远程教育和开放教育的典范，同样引领了世界。所以说，中国自古就有远程教育的文化传统。

宗教是文化的一部分，不同宗教情况的国度，其远程教育的形式也是不同的。中国、美国是多神教信仰国家，儒释道被称为中华文明的重

---

① 丁新. 日本放送大学今昔谈[J]. 中国电大教育，1990（2）：33－34＋12.
② 陈丽. 远程教育[M]. 北京：高等教育出版社，2011：13.

要组成部分，故而我国的远程教育属于多重院校模式，而美国属于双重院校模式国家。尽管印度是世界佛教的发祥地，基本上属于一神教信仰，印度教居于主导地位，全印有约83%的人口信仰印度教。在这种文化背景下，1985年11月，英迪拉·甘地国立开放大学成立，现在是印度最大的远程教育大学，也是世界上在校生10万人以上的“巨型大学”之一。印度基本属于神教信仰国家，它的远程教育模式主要是单一院校模式国家。

（四）网络文化对开放与远程教育的影响

我们不仅要关注国外文化、传统文化，也要留意现代文化对于开放与远程教育的影响和作用。智能手机的“微阅读”已经成了无线互联网文化的重要载体。2015年，我国成年国民日均手机阅读时长首次超过1小时。2017年《中国诗词大会》通过现代的技术设备，评选出了冠军武亦姝。这种开放的电视形式扩大了受众学习的范围，激发了广大观众学习诗词的兴趣，从而提高了我国国民的整体文化水平。

四、开放和远程教育与人口的关系

任何教育形式，没有一定的人口的基数，都不可能发达，例如我国青藏高原地广人稀。同理，一个国家、一个地区人口基数越大、人口密度越高，其远程教育就越发达。2012年6月，我国在原来广播电视大学的基础上成立了5+1所开放大学，其中5所在东部沿海人口众多的省市，只有云南开放大学在西部省份。根据2016年人口统计，四川是我国第四人口大省，人口总数为8041.82万人。今后应当建立独立的四川开放大学。同时，四川省又在我国西部地区，有利于区域高等教育发展平衡。

现代远程教育代表未来教育发展的方向，在创建学习型社会、构建终身教育体系、促进教育普及等方面具有不可替代的优势。现代远程教育为学习者提供灵活的学习时间、学习地点和满意高效的学习方式，让不同工作和生活条件、不同学习要求的公民都有机会参加学习，使教育从课堂和校园进入到社会和家庭，使人们接受教育更加快捷方便。远程教育在推进教育大众化和终身化，促进人力资源开发方面具有不可替代的优势，甚至可以认为是第一选择。印度是南亚次大陆占地面积最大的国家，2001 年人口普查总人口数为 10.27 亿人。1962—1980 年间，印度远程教育都处于函授教育阶段，其中 20 世纪 70 年代函授教育的发展非常迅猛。1982 年，印度成立了首个开放大学，其后印度进入了开放大学发展时期，期间成立了数间开放大学，其中包括 1985 年成立的英迪拉·甘地国立开放大学（Indira Gandhi National Open University，IGNOU）。这是世界上十大巨型大学之一。1990 年后，印度开始出现了远程教育的虚拟课程，技术特别是信息技术对于印度远程教育发展的推动性也显现出来了。经过近 40 年的发展，目前印度的远程教育的发展水平已处于世界领先地位。① 印度远程教育发展，或者说开放大学的发展：一是植根于英国殖民地的历史渊源，英语是其官方语言，便于和西方发达国家进行文化交流；二是源于印度具有庞大的人口基数，2017 年，其人口为 13.39 亿人，与中国相差无几。

自 2002 年以来，湖北、甘肃、内蒙古等 27 个省（直辖市、自治区）已经实行“双独二孩”政策。2013 年 11 月 7 日十八届三中全会通过的“单独二孩”政策——生育政策适当放宽，再到 2015 年 11 月 2 日中共十八大五中全会公报“全面二孩政策”。其实我国农村普遍是二孩，计划生育政策很难在农村推广。根据笔者初步调查，就天津外国语大学国际传媒学院而言，独生子女在 2016 级已经是少数了。中国人口政策放宽，计划生育政策淡化，这就意味着我国人口将持续增长，那么远程教育的发展就会有广阔的空间和不断的生源。到 2020 年，我国普通高等教育将再次面临升学竞争压力。因此，我国远程教育开放大学将会持续发展。这不是以政策为导向的，而是以人口基数所决定的。

1993 年 12 月，在印度的新德里，世界上 9 个人口大国召开部长会议，我国电化教育馆副馆长王珠珠同志代表中国参加这个会议，阐述了

① 陈斌．印度远程教育的发展模式研究[J]．现代远距离教育，2011（3）：78－81.

我国在这个方面所做出的成就。在这个会议上，占世界总人口的50%的9国达成了《远程教育联合倡议》,[①] 试图通过远程教育扫除文盲。可见，远程教育受人口的制约和决定，人口太少不利于发展远程教育；人口众多则需要发展这种教育。我国东部人口众多，人口密度为每平方公里385人。从人口的角度，应当在东部沿海和长城以南发展远程教育。事实上，2012年我国转型了1+5所开放大学，除了云南开放大学在西部，其余5所都在中东部，而且上海开放大学、广东开放大学和江苏开放大学都在长江以南，并都在东南沿海。

根据2017年全国人口出生率为1.2%，东北三省的黑龙江、吉林和辽宁的生育率平均为0.65%。这将近占全国平均数的一半，这是低生育率。2010年以后，我国辽宁出现了人口负增长，不宜发展远程教育，应当撤销某些生源不足的广播电视大学。这既有东北老工业基地滑坡的问题，也有气候寒冷的缘故。

前面谈到生态环境决定开放与远程教育的发展，地广人稀的国家开放与远程教育就发达。按照这种理论，我国新疆广播电视大学应该转型为新疆开放大学。这是否就与前面所说的矛盾呢？其实并不矛盾，地广人稀的国度例如加拿大、澳大利亚远程教育发达，但是并不意味着在人烟稀少的地方建立远程教育学校。南昆士兰大学现在是澳大利亚最大的远程教育性质高校，但是昆士兰州并非人烟稀少，2013年6月，人口465万人，占澳洲总人口的20%，是澳洲第三人口大州。换言之，地广人稀生态环境要求发展开放与远程教育，这种教育机构的所在地却是在人口稠密易于居住的地方。

第三节　开放和远程教育与生态环境的关系

通过分析开放和远程教育与生态环境的关系，我们可以进一步明确

---

① 王珠珠．面向基础教育的远程教育和新信息通讯技术：中国的经验和发展策略——在世界九大人口国教育部长会议上的讲话[J]．中国电化教育，2011（11）：5－7.

促进或者制约其发展的因素，从而推动我国开放与远程教育的发展。众所周知，生态学基本理论中包括个体生态学理论、种群生态学理论和系统生态学理论。①

一、开放与远程教育生态学理论

1866年，“生态学”最早是由德国生物学家艾伦斯特·赫克尔（Ernst Haeckel，1834—1919）在其著作《有机体普通形态学》一书中提及并给以定义的。他认为就是研究生物有机体与周围环境相互关系的科学。② 这里所说的周围环境既包括自然环境也包括社会环境。

（一）生态学结构

为了更好地说明远程教育生态学理论的整体面貌，笔者参照曾祥跃博士③的设想整理和重新制作了图（见图4－2）。所谓个体生态学，就

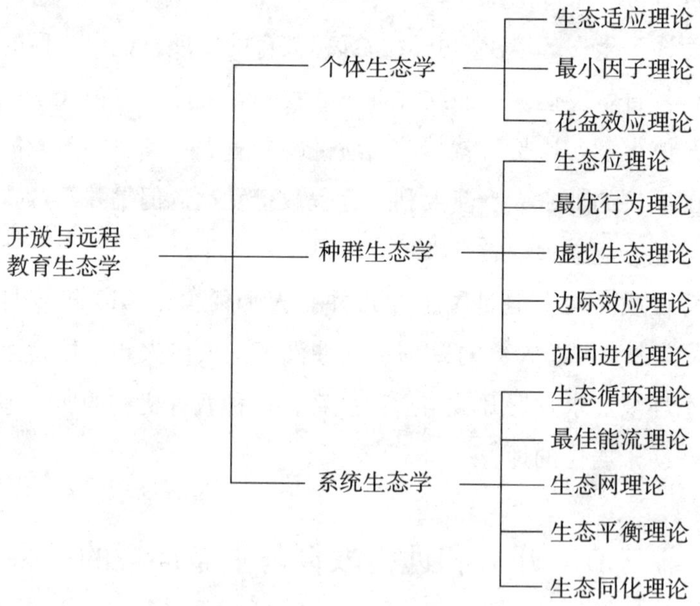

图4－2　开放与远程教育生态学理论框架

① 曾祥跃．网络远程教育生态学［M］．广州：中山大学出版社，2011：11.
② 方旭．生态学视角下的MOOC发展研究［M］．北京：科学出版社，2016.
③ 曾祥跃．网络远程教育生态学［M］．广州：中山大学出版社，2011：165.

是强调学生与环境的关系，种群生态学就是说明专业或者班级与社会环境的关系，系统生态学主要是指远程教育系统与其他教育系统、社会环境以及自然环境的关系。

（二）国土面积与远程教育

国土面积狭小的国家和地区，人口比较集中，其开放与远程教育的模式就比较单一，例如我国香港和台湾只有香港公开大学和台湾空中大学。相反，国土面积广大的国家，幅员辽阔，一般都是双重院校模式或者多重院校模式，例如俄罗斯属于双重院校模式国家。俄罗斯是世界人口第九多的国家，2012 年有 1.43 亿人。俄罗斯延伸于整个亚洲北部，横跨 9 个时区，涵盖广泛的环境和地形。

对于国土面积中等的国家，基本分为三种情况：一是有些土地不适宜人类居住，例如沙漠、高寒地带、崇山峻岭等，这类国家的远程高等教育比较适宜双重院校模式，例如土耳其的安那多鲁大学既承担传统高等教育也进行开放高等教育。从 1982 年开始，它共制作了 4300 套教学电视节目，70 套广播教学节目。安那多鲁大学每天在土耳其广播电视公司四频道播放 6 个小时的教学节目。① 二是所有土地都适合人类居住，这种国家实行一种表面单一实际双重的院校模式，可以称之为“单—双院校模式”。譬如马来西亚开放大学就是由 11 个公立大学组成的一个联盟，这就是典型的单—双院校模式。从表面看组建了私立的马来西亚开放大学，属于单一院校，深层次是由传统的大学来完成这种功能，又是双重院校。三是国土面积都适宜居住，中等面积的国家，倾向于举办单一院校模式的远程高等教育。德国处于地球北温带地区，气候适宜，地势平坦，莱茵河平原土地肥沃。1974 年建立的德国的哈根函授大学是其唯一一所公立远程大学。德国的传统大学不设立函授部。因而德国属于单一院校模式国家。

① 乌格尔·德米雷．土耳其远程教育的发展和现状［J］．中国远程教育，2005（6）：54－60＋79－80.

总之，世界上开放与远程教育机构主要是双重院校模式，即传统大学也承担远程教育的功能，占 90% 左右。只有中国、加拿大和法国是多重院校模式国家。单一院校模式国家只有英国、日本、德国、印度等国。

（三）生活环境与远程教育

生活环境与远程教育具有很大的关系。人们之所以选择远程教育，与他们的生活环境有很大关系。最近国外流行一种哲学流派，境脉主义（Contextualism），认为知识具有时空限制的。① 远程教育的本质在于师生之间时空的分离。“空间”就涉及了生态学中的地理位置和地形地貌。早在先秦时期我国的《学记》就记录了古人对教育生态学理解。所谓“良冶之子，必学为裘。良弓之子，必学为箕”②。古人强调一个人的学习内容是与其所处的环境密切相关的。一般说来，疆域幅员辽阔的国家，远程教育就相对比较发达。新疆维吾尔自治区教育电视台是全国第一家国家批准建立的省级教育电视台。1980 年 8 月正式开播。它比 1986 年 10 月 1 日开播的中央教育电视台建立还要早 6 年。主要原因是新疆维吾尔自治区占据我国国土面积的 1/6，疆域广阔，交通不便。对于内蒙古自治区、新疆维吾尔自治区乃至青海省，我们应当重点发展远程教育。

二、生态环境决定开放与远程教育

加拿大是一个地广人稀的国家。国土面积约 998.47 万平方公里，是世界第二国土面积大国，2016 年人口密度为每平方公里 4 人。它是世界上远程教育最发达的国度。1938 年，国际函授教育学会，也就是今天 ICDE 前身就诞生在加拿大。1985 年，加拿大的伽里森提出了“三代信息技术与三代远程教育”的理论。2008 年，慕课最早在加拿大诞

① J Michael Spector 等．教育传播与技术研究手册［M］．3 版．任友群，等主译．上海：华东师范大学出版社，2012：66.

② 纪昀．四库全书（精华）［M］．北京：中国华侨出版社，2010：109.

生。这些国际最大的远程教育组织以及重要的远程教育理论多是在那里最早建立和提出的。再如托尼·贝茨博士在英国开放大学工作了20年，1990年移居加拿大，1995年提出了著名的ACTIONS媒体选择模型。也就是说他真正在世界远程教育知名，不是在工作多年的英国，而是在加拿大。

地广人稀是澳大利亚的基本国情，“广阔的领土和部分地区低密度的人口分布是其远程教育获得大规模发展的主要原因”。澳大利亚的内陆面积与美国一样大，但人口只有美国的1/10，且70%的人口居住在海岸线边上；30%的人口分布在内陆或边远的地区，那些地方大多干旱少雨。澳大利亚平均每平方公里为2人，人口最密集的维多利亚平均每平方公里17.9人，而人口最稀少的西澳大利亚平均每平方公里不足1人。① 在以上地域条件的影响下之下，远程教育应运而生。受西方思想的影响，早在20世纪初，澳大利亚就已开始了远程教育的实践。现如今，澳大利亚的远程教育体系较为完善，远程教育的普及率很高，学习者年龄跨度大、范围广，大约有70%的人口有过远程学习的经历。澳大利亚远程教育的成功来源于两个方面：一方面，澳大利亚地广人稀，远程教育的高度发展弥补了传统教育服务不足的缺憾；另一方面，完善的远程教育质量保证体系是远程教育快速、有序发展的关键。②

澳大利亚远程教育经历了近100多年的发展，形成了自己的特色：一是远程教育应用的技术媒体比较先进，它的发展与现代通讯技术和现代信息技术息息相关。特别是近30年，发达的通讯技术为远程教育的实施提供了便捷的技术手段，促使远程教育在澳大利亚快速普及，普及率达到了70%，位居世界前列。二是开放程度高。2005年，澳大利亚各大学将近14%的学生通过远程教育学习各专业。近年来，澳大利亚

① 冀鼎全．澳大利亚的远程教育[J]．陕西广播电视大学学报，2014：(2)：36－38.

② 杨丽波，欧阳芙瑶，梁宏宝．澳大利亚远程教育质量保证体系述评[J]．中国电化教育，2013(7)：46－50.

接受远程教育的海外留学生人数在不断上升，已占远程教育学生总数的10%。[①] 澳大利亚远程教育经过多年的发展，积累了丰富的经验，形成了鲜明的特色。三是政府投入资金支持，雄厚的资金支持使得澳大利亚的远程教育在不断尝试探索的基础上向办学理念终身化、办学模式一体化、教育技术现代化、办学目标国际化的方向不断前进。

三、开放和远程教育内部与外部的关系

在物质流、能量流和信息流方面，开放与远程教育内部与外部系统相互交流。能量流方面主要是外部向内部迁移。[②] 教育经费的拨付、实验室建设经费、教育用地的划拨等都属于外部向内部迁移。教育政策的制定、毕业生待遇和就业制度的改变，正在从外部影响着开放与远程教育系统内部的机构变迁。当然，这种内部与外部的关系也是相互的，外因是条件，内因是基础。

（一）物质流方面

我们需要从生态学的视角，重新认识开放与远程教育内部与外部物质流的交换问题。一方面，我们开放大学和广播电视大学需要不断地得到当地政府的财政支持，这是其发展的重要的外部物质流；另一方面，我们开放大学和广播电视大学也需要自生物质流，创造效益，向社会提供一定的物质支持。这不仅仅体现在高楼大厦的建造，还体现在为社会服务和科研服务方面。

（二）能量流方面

对比英国开放大学发展历程，他们有资格培养博士，更不用说硕士研究生。我国开放与远程教育发展迟缓，一个重要的原因是培养层次较低，基本上是专科层次，本科较少，硕士更少。之所以如此，笔者认为主要是在20世纪80年代中期，发展速度过快，向社会输送的能量流过

① Ted Nunan. Markets, Distance Education and Australian Higher Education[J]. International Review of Research in Open and Distance Learning, 2005, 6 (1).

② 吴鼎福，诸文蔚. 教育生态学[M]. 南京：江苏教育出版社，2000：202－206.

大，导致教学质量不高，社会的认可度偏低，进而影响了后续的发展。这是一个教训，应当汲取。

（三）信息流方面

今后我国的开放与远程教育不能“大跃进”，应当稳步发展。具体地说，有的省份，一个地市级的开放大学，也对外称“无锡开放大学”，应当称为江苏开放大学无锡分校。这样的结果，就是开放大学的能量流过分外溢，必将稀释开放大学的声誉，不利于开放大学的发展。教育信息化对于开放与远程教育“具有革命性”影响。这就是一种重要的外部信息流，对于它的发展起着重要的指导作用。2013 年 7 月 18 日，教育部、财政部、人力资源和社会保障部关于进一步加强教育管理信息化工作的通知，建立两级建设。推动五级应用，以大数据来精确管理教育事业。知识就是力量，信息也是力量。

思考题

1. 请问开放教育的本质是什么？
2. 谈谈开放和远程教育与生态环境的关系。
3. 简述开放教育与科技的关系。
4. 简述开放教育与文化的关系。

第五章　开放与远程教育的媒体论

媒体是信息的载体和传递信息的工具。[①] 媒体是开放与远程教育产生和发展的最本质的物质基础。没有媒体，就没有开放与远程教育。从两河流域的文字到尼罗河的纸草，从西汉蔡伦的造纸术到北宋时期毕昇的活字印刷，再到王选的汉字激光照排技术，人类告别了水与火，迎来了光与电。2012 年，马克列（Markillie P.）在英国《经济学家》发表了“第三次工业革命”[②] 的文章，认为 3D 打印技术是第三次工业革命的标志。如今 4D 打印技术已经开始。在人类媒体的高铁上，新媒体和新新媒体不断涌现，开放与远程教育快速驶向远方。

第一节　旧媒体在开放与远程教育中的改进

1952 年 11 月，世界上第一家教育电视台在委内瑞拉创立，全称是委内瑞拉电视台第五频道。从那时候开始迄今为止，不过将近 70 年的时间，远程教育媒体从电台到电视台再到无线互联网，一日千里，日新月异。

一、旧电视媒体更新

2016 年，广电总局发布《专网及定向传播试听节目服务管理规定（6 号令）》，从 6 月 1 日开始实施，目标是“专网、公众、定向和终端”。主要包括交互式网络电视（IPTV）、专网手机电视、互联网电视等。今后我国的广播电视正在迈向三维声节目制作（3D Audio）。这样，就可以使电视教育更加专业化、人性化、定制化，对于重点内容重放、高清、特写。

---

① 何克抗，等. 教学系统设计[M]. 2 版. 北京：高等教育出版社，2016：185.

② Markillie P. The third industrial revolution[J]. Economist，2012（4）：12 –21.

表 5－1　中国教育电视节目播音时间统计表①

类　别	1984 年	1989 年	1997 年	1998 年
播出时数	605	412	1093	1084
所占比例（%）	34.7	5.8	2.6	2.2

从表 5－1 可以看出，我国各级电视台的教育节目，从 1984 年的 605 小时逐步增加到 1998 年的 1084 小时，尽管总的播出时间比例有一定的下降，但是还是总体大幅度增长。2015 年，国家开放大学共有 1.5 万个五分钟微课程向社会开放。这充分说明微课程在我国开放大学发展的速度和规模。

如今我国广播电视技术发展十分迅速，远程教育必须不断适应技术的进步，充分利用通信技术的成果。随着 4k 电视技术的推广，采用拍摄、DIT、剪辑流程同步进行。在制作慕课过程中，从开始拍摄、DIT 和剪辑人员同步到位。通常采用最新的索尼－F、ARRI－ALEXA、RE-DONE 和－EPIC 以及松下－VARICAM 等摄像机。目的在于完成从成像器到编解码器的全面成像系统。这样，拍摄杀青时，剪辑人员也几乎完成粗编，与主讲教师一起开始精编、定稿、分集，完成剪辑第一稿。然后将相关工程文件交付不同的课题组，如 XML 交给调色部门，OMF 交给录音部门，将需要做特技的素材交给特技部门，同步开始各部门的工作。所有工作完成后，交给后期部门制作母版。

在利用传统通信手段方面，国家开放大学不仅仅利用国内的“天网、地网和人网”三网，而且还着手利用国外的电视设备开展开放教育。1996 年，原中央广播电视大学承担了国务院新闻办和国家教委的任务，利用美国的 SCOLA 卫星电视网在北美开展对外汉语电视教学，这掀开了我国利用国外现代信息技术手段面向海外开展开放教育的篇章。

① 王振业．广播新闻与电视新闻[M]．武汉：武汉大学出版社，2001：21.

二、互联网技术的融合

“十二五”期间，我国远程教育媒体得到了长足的发展，奠定了雄厚的基础。2015 年 4 月 26 日，中国教育装备行业协会在山东省临沂市国际会展中心召开了中国教育技术装备研究院成立大会。中国教育装备行业协会会长王富任院长，黄荣怀、顾建军、李兴植、王长毅任副院长。具体的成就包括：①建立了远程专递的教室，为帮助偏远地区和落后地区的学生向享受优质教育资源，实现教育均衡发展，为薄弱学校因缺少师资而无法开齐的国家规定的课程提供了一个解决问题的方案。②校园在线课程。学校通过开放或者选用符合本校传统和优势、学生兴趣和需求的在线课程，并将这些在线课程纳入教学计划，为学生提供丰富的选修课程。③我国高校移动学习设备拥有量非常高，处于世界顶尖水平。2017 年，土耳其的拉克亚大学（Trakya University）教育技术与计算机教育系以及计算机工程系的 531 名学生进行了调查，其中拥有移动终端设备的学生有 473 人，占被调查总数的 89.1%，另外就是 58 名学生占被调查总数 10.9% 的没有移动终端设备。① 同时，天津外国语大学教育技术系和数字媒体系的学生每个人都有一步智能手机，很多都有笔记本电脑，而部分同学有 2 部甚至 3 部智能手机。2014 级教育技术系一名男生拥有 2 个笔记本电脑、3 部手机以及一辆汽车。尽管这是个例，不能代表整体，但是这也非个别现象，至少是少数现象。这足以说明我国一所普通大学教育技术学专业本科生移动终端设有拥有率远远超过了土耳其相同专业的学生。这从一个侧面说明了当今我国移动媒体发展的速度和地位。

我国职业院校的信息化程度不断发展，从一个侧面反映了我国开放与远程教育媒体的进步。2015 年 11 月 7—9 日在南京举办了全国职业院

① Deniz Mertkan GEZGIN（et. al）. Mobile Learning According to Students of Computer Engineering and Computer Education：A Comparison of Attitudes[J]. Turkish Online Journal of Distance Education，2018，19（1）：4 - 17.

校信息化教学大赛，共有989件作品参赛。2014年，普通本科高校教学、科研仪器设备总值为2974亿元，比上年增加了306.5亿元；比上年增长了11.5%；生均13478元，比上年增加了941元，比上年增长了7.5%。[①]根据中国知网，从2014年至2019年5月篇名为“智慧校园”的论文发文机构最多的是：江西旅游商贸职业学院，共计15篇，超过了本科高校。

英国开放大学现在利用互联网发表讲座材料，最近一段时间通过iTunes下载有关教学材料的次数达到2250万次。开放大学声称，这打破了iTunes下载次数的世界纪录。开放大学现在有525个课程上网，在线学生人数达到16.2万人。在任何一个24小时时间段里，总有4.5万名开放大学的学生在线学习。

2015年6月12日，内蒙古呼和浩特市赛罕区政府投资50万元，在第18中学引进安装了微课智慧校园信息化系统。成为全区首个智慧校园创新示范校。内蒙古是我国远程教育重点发展区域，地广人稀，中小学的教育技术装备都有了长足的长进，那么我国东部发达地区则不必待言。2015年12月15日，北京市丰台区黄土岗中学，93%的学生都加入了“校内外”平台，老师和学生已经逐步适应了翻转课堂。[②]

进入21世纪，我国全息影像技术已经开始运用到开放与远程教育领域。所谓全息影像技术，就是全息照片的拍摄和再现使用都是全息底片，然后再现的动态屏幕将是动态立体影像。所采用的设备主要包括360全息幻影成像系统、全息投影系统、雾幕立体成像系统三种。2012年，舍顿和哈德雷（Shelton & Hedley）将增强现实技术运用到课堂教学中，进行了九大行星课程的教学实验。VR/AR、全息影像技术室继口耳相传、书籍、电脑体验后下一代教育平台。通过沉浸式、仿真式和情景式的学习，有利于远程教育学员一对一的交互式自主学习。同时，通过HTC红外线位置定位、低频蓝牙定位位置信息、手机P2P位置定

①② 王富．中国教育装备行业蓝皮书（2016）[M]．北京：中国大百科全书出版社，2016：64，88.

位等方法，让学员建立起物理空间的联系。2017 年 8 月 10 日，在第二届互联网 + 时代博览会上，一名观众已经可以体验 3D 多机环绕摄影，NETech 已经步入人们的生活。通过技术，教育从现实走向远程，从远程再走向现实。

进行统一教学云，采用云技术建立教学云。通过云桌面代替计算机，以提高师生上课用机体验，并通过云桌面集中管理平台对所有的云桌面统一管理，从而大大降低运营和维护的难度，促进学校教学媒体的现代化。[①] 教育云让管理无所不在，让教学无所不在。国家开放大学自主研发了远程开放的国际汉语教师培养课程资源平台“易教汉语”，该平台提供汉语国际教育领域、适合各种学习需求的学历和非学历教师培训课程。目前此平台已经上线了 50 门网络课程，包括 4 类课程、5 大模块，受到了广大汉语学习者的欢迎。

深层次数据挖掘，全方位智慧教育。①学习轨迹。借助一卡通学生出行的时间和场所以及路线，分析学生活动轨迹；②学习行为。通过眼动技术，测量学生对学习材料的关注时间和顺序，通过图书馆的借阅数目，分析学生的学习兴趣；③学习习惯，通过大数据的收集和整理，绘制学生的学习轨迹，例如图书馆、实验室、教室、食堂、体育场等大数据分析；④学情预测。汇总学生的学业成绩单，了解学生挂科情况，及时进行相应的心理干预和辅导。

三、传统的期刊媒体

一个学科发展的好坏在很大程度上，与相关期刊数量和质量成正比。传统的期刊在扩大、宣传和研究开放与远程教育方面发挥了重要的作用。今后我国的开放与远程教育要建设一批优秀外文学术网站和学术期刊。

---

① 王富．中国教育装备行业蓝皮书（2016 年）[M]．北京：中国大百科全书出版社，2016：286.

（一）国外开放与远程教育期刊

由于开放教育与远程教育尚未完全分开，因而在检索国外期刊的时候，会出现交叉现象。

1. 开放教育期刊排名

笔者登录美国的 ERIC 网站在检索框输入英语“开放教育”，从中随机检索了第1页、第2页、第19页、第20页和第24页共5页的相关30条文献，最多的是挪威《开放实践》（Open Praxis）共有11篇，占被检索信息总数的36.7%，远远领先。该杂志是国际开放与远程教育协会会刊。第二名《国际开放与远程学习研究评论》（International Review of Research in Open and Distance Learning）分别为5篇，占被检索总数的16.7%；第三名是《开放学习研究国际评论》（International Review of Research in Open and Distributed Learning）为4篇，占被检索总数的13.3%；第四名分别是美国《交互学习研究杂志》（Journal of Interactive Learning Research）、英国《开放学习》（Open Learning）和《土耳其远程教育在线杂志》（The Turkish Online Journal of Distance Education, http://tojde.anadolu.edu.tr/）分别为2篇，分别占被检索总数6.7%；第五名为《远程教育》杂志（Distance Education）、《开放灵活与远程学习杂志》（Journal of Open, Flexible and Distance Learning）、《美国远程教育杂志》（American Journal of Distance Education）和《欧洲开放与远程教育研究》（European Journal of Open, Distance and E－Learning, EURODL）分别为1篇，占检索总数3.3%（见表5－2）。

表5－2　国外有关开放教育期刊排名

排序	期刊名	篇数	比例（%）
1	《开放实践》（Open Praxis）	11	36.7
2	《国际开放与远程学习研究评论》（International Review of Research in Open and Distance Learning）	5	16.7
3	《开放学习研究国际评论》（International Review of Research in Open and Distributed Learning）	4	13.3

续表

排序	期刊名	篇数	比例（%）
4	美国《交互学习研究杂志》（Journal of Interactive Learning Research）、	2	6.7
	英国《开放学习》（Open Learning）	2	6.7
	《土耳其远程教育在线杂志》（The Turkish Online Journal of Distance Education）	2	6.7
5	《远程教育》杂志（Distance Education）	1	3.3
	《开放灵活与远程学习杂志》（Journal of Open, Flexible and Distance Learning）	1	3.3
	《美国远程教育杂志》（American Journal of Distance Education）	1	3.3
	《欧洲开放与远程教育研究》（European Journal of Open, Distance and E－Learning, EURODL）	1	3.3

尽管没有检索到2005年创办的《亚洲开放大学协会学报》（Asian Association of Open Universities Journal）的文章，但是这本期刊发展很快，在开放大学的研究方面颇有地域特色。唯一不足的是该刊出版周期较长，属于半年刊。这在一定程度上制约其学术影响力。

2. 远程教育期刊排名

笔者再次登录美国的ERIC网站在检索框输入英语“远程教育”，随机查阅了第1页和第15页，共20条相关文献。最多的是《土耳其远程教育在线杂志》（The Turkish Online Journal of Distance Education）共有7篇，占被检索总数20篇的35%，遥遥领先；其次是《远程教育》杂志（Distance Education）为5篇，占被检索总数20篇的25%；再次是《远程教育评论季刊》（Quarterly Review of Distance Education）为3篇，占被检索总数20篇的15%；下面是《美国远程教育杂志》（Amerioan Journal of Distance Education）和《欧洲开放与远程教育研究》（European Journal of Open, Distance and E-Learning, EURODL）各2篇，各占被检索总数10%；最后是《学习与发展杂志》（Journal of Learning for

Development）为 1 篇，占被检索总数的 5%（见表 5 –3）。

表 5 –3　国外有关远程教育期刊排名

排序	期刊名	篇数	比例（%）
1	《土耳其远程教育在线杂志》（The Turkish Online Journal of Distance Education）	7	35
2	《远程教育》杂志（Distance Education）	5	25
3	《远程教育评论（季刊）》（Quarterly Review of Distance Education）	3	15
4	《美国远程教育杂志》（American Journal of Distance Education）	2	10
	《欧洲开放与远程教育研究》（European Journal of Open, Distance and E – Learning）	2	10
5	《学习与发展杂志》（Journal of Learning for Development）	1	5

一个国家的远程教育未必在国际上十分成功和出色，但是由于他们创办了一本杂志，可能顿时使其显得熠熠生辉。《土耳其远程教育在线杂志》（ISSN 1302 –6488）就是这样的一种被谷歌学术等 13 家国际数据库索引和引用的电子期刊。2000—2001 年为半年刊，从 2002 年开始至今都是季刊。2000 年 1 月，该国安纳多鲁大学（Anadolu University）的乌戈·戴米睿博士（Dr. Uğur Demiray，1955—2017）创办了这本在线杂志并担任主编，十分成功地为土耳其和世界远程教育开辟了一个崭新的领域。2015 年至今，继任的主编乌坎·尤泽尔博士（Dr. T. Volkan YUZER）既是他的同事、朋友，也是他的学生。

3. 开放与远程教育期刊综合排名

汇总以上两个“开放教育”和“远程教育”两个期刊的论文篇数情况以及期刊比例，做出了“国外有关开放与远程教育期刊排名”。从中国的角度看看国外相关期刊影响力，为我国今后开放与远程教育研究提供一个参考。

两个表格加起来一共是50条文献，然后开放教育和远程教育的期刊合并同类项。由于开放教育的项目是30项，而远程教育的项目是20项，因此开放教育的期刊比例偏重，如果增加权重的话，安纳多鲁大学的《土耳其远程教育在线杂志》和挪威的《开放实践》旗鼓相当。有意思的是，排在前面的期刊几乎都是在线电子期刊，而传统纸质的期刊相对排名靠后。就期刊的被引频次和下载频次而言，《美国远程教育杂志》等学术期刊应该排名比较靠前（见表5－4）

表5－4　国外有关开放与远程教育期刊排名

排序	期刊名字	篇数	比例（%）
1	《开放实践》(Open Praxis)	11	22
2	《土耳其远程教育在线杂志》（The Turkish Online Journal of Distance Education)	9	18
3	《远程教育》杂志（Distance Education)	6	12
4	《国际开放与远程学习研究评论》（International Review of Research in Open and Distance Learning)	5	10
5	《开放学习研究国际评论》(International Review of Research in Open and Distributed Learning)	4	8
6	《欧洲开放与远程教育研究杂志》(European Journal of Open, Distance and E－Learning)	3	6
	《美国远程教育杂志》（American Journal of Distance Education)	3	6
	《远程教育评论（季刊）》（Quarterly Review of Distance Education)	3	6
7	英国《开放学习》(Open Learning)	2	4
	美国《交互学习研究杂志》(Journal of Interactive Learning Research)	2	4
8	《学习与发展杂志》（Journal of Learning for Development)	1	2
	《开放灵活与远程学习杂志》（Journal of Open, Flexible and Distance Learning)	1	2
总计		50	100

《欧洲开放与远程教育研究杂志》（European Journal of Open, Distance and E－Learning，EURODL）创刊于 1997 年，是一本在线的、开放的、免费的多媒体的期刊。自 2014 年至今，主编为乌瑞奇·博纳斯博士（Dr. Ulrich Bernath），这本杂志在欧美、东南亚非常有市场。

加拿大英联邦学习共同体《学习与发展杂志》（Journal of Learning for Development）创建主编为英国开放大学的艾伦·泰特（Alan Tait）。这本杂志虽然在加拿大 2013 年才创刊，创建比较晚，但是在国际开放与远程教育界的影响力提升很快。综合国外开放与远程教育杂志大约有以下 30 多种：

（1）美国《国际电子学习杂志》（International Journal on E－Learning）

（2）美国《交互学习研究杂志》（Journal of Interactive Learning Research）

（3）美国《教育多媒体和超媒体杂志》（Journal of Educational Multimedia and Hypermedia）

（4）英国的《欧洲开放与远程教育研究杂志》（European Journal of Open, Distance and E－Learning，EURODL）

（5）《美国远程教育杂志》（American Journal of Distance Education）

（6）美国《语言学习与技术》（Language Learning & Technology）

（7）《土耳其远程教育在线杂志》（The Turkish Online Journal of Distance Education）

（8）加拿大《学习与技术杂志》（The Canadian Journal of Learning and Technology）

（9）加拿大《学习的先进技术》（Advanced Technology for Learning）

（10）英国《开放学习》（Open Learning）

（11）挪威《开放实践》（Open Praxis）

（12）《马来西亚远程教育研究杂志》（Malaysian Journal of Distance Education）

（13）澳大利亚《继续教育研究》（Studies in Continuing Education）

（14）《印度开放学习杂志》（Indian Journal of Open Learning）

（15）加拿大英联邦学习共同体《学习与发展杂志》（Journal of Learning for Development）

（16）加拿大《国际开放与远程学习研究评论》（International Review of Research in Open and Distance Learning）

（17）英国的《学习·媒体·技术》杂志（Learning，Media and Technology）

（18）《开放学习研究国际评论》（International Review of Research in Open and Distributed Learning）

（19）澳大利亚的《远程教育》杂志（Distance Education）

（20）加拿大《国际远程教育技术杂志》（International Journal of Distance Education Technologies）

（21）新西兰的《开放灵活与远程学习杂志》（Journal of Open，Flexible and Distance Learning）

（22）《远程教育评论（季刊）》（Quarterly Review of Distance Education）

（23）《远程学习管理在线期刊》（Online Journal of Distance Learning Administration）

（24）新西兰的《远程学习杂志》（Journal of Distance Learning）

（25）《欧洲远程教育学刊》（European Journal of Distance Education）

（26）《亚洲开放大学协会学报》（Asian Association of Open Universities Journal，AAOUJ）

（27）《远程学习管理学刊》（Journal of Distance Learning Administration）

（28）《巴基斯坦远程教育杂志》（Pakistan Journal of Distance Education）

（29）印度的《卡卡蒂亚远程教育学刊》（Kakatiya Journal of Distance Education）

（30）美国的《远程教育图书馆学报》（Journal of Library Services for Distance Education）

（31）《马来西亚远程教育杂志》（Malaysian Journal of Distance Education）

（32）西班牙的《远程教育评论》（Revista de Educación a Distancia）

（二）国内开放与远程教育期刊

我国开放教育方面第一著名的杂志当属上海开放大学的《开放教育研究》。这是一本双核心期刊，既是中文核心期刊，又是 CSSCI 源期刊，名气最大，影响最大。我国远程教育方面第一本期刊《中国远程教育》（1981—1986 年为《电视大学》，1987—1997 年为《中国电大教育》）是由国家开放大学主办的双核心期刊。由湖北开放职业学院主办的《湖北函授大学学报》于 1994 年创办，当时叫作《湖北函大学刊》，开始出版不正常，有时候一年两期，有时候一年三期。1999 年出版了两期并一期增刊，这一年名为《开放教育・湖北函授大学学报》，从 2000 年第一期开始更名为《湖北函授大学学报》。现在为半月刊。这个杂志虽然是专科层次的学校主办，但是办刊质量很高，稿件质量很高，学术影响较大。

从表 5－5 中可以看出，我国部分远程教育期刊的主办单位和创刊时间。

表 5－5　我国部分远程教育期刊统计表

名称	是否核心	主管单位	主办单位	创刊	刊期	备注
中国远程教育	双核心	中华人民共和国教育部	国家开放大学	1981	月刊	
远程教育杂志	CSSCI	浙江省教育厅	浙江省广播电视大学	1983	双月	曾用名：电大教学
现代远距离教育	CSSCI	黑龙江省远程教育学会	黑龙江广播电视大学	1984	双月	
现代远程教育研究	CSSCI	四川省教育厅	四川广播电视大学	1988	双月	
山西广播电视大学学报	省级期刊	山西广播电视大学	山西广播电视大学	1999	季刊	原名：远距离教育

进入21世纪，我国以“开放”命名的学术期刊不断增加，在一定程度上反映了开放教育的发展。开放与远程教育的杂志一般归在成人教育的范畴，除了以上的期刊以外还有《中央广播电视大学学报》《开放时代》《高等函授学报》《现代远程教育研究》《开放学习研究》（《北京广播电视大学学报》，自2016年第1期开始更名）和《当代电大》等。

第二节　新媒体在开放与远程教育中的意义

事物处于不断地发展与变化之中，故而对其的定义难免各执一词、众说纷纭。对于新媒体也是同样，回顾以往国内外专家学者的研究成果，对新媒体的定义有不下100种。从技术角度给出定义的人认为，以互联网络为基础，以信息技术与通信技术为依托的媒体形式都是新媒体；从出现时间给出定义的人认为，凡是“第四媒体”以后出现的媒体都是新媒体；也有狭义论者认为，新型的媒体或新兴的媒体都是新媒体。

一、新媒体的定义

新媒体是一个历史概念，是相对于传统媒体而言的。今日之新媒体，就是明日之传统媒体。可以看出，国内外各个学科的专家学者的定义都有不同，也都有一定的道理，在此，为了清楚地理解新媒体的本质，笔者对新媒体的发展历史做了一个梳理。首先，新媒体的概念出现已有50余年之久。早在1967年，美国哥伦比亚广播电视网（CBS）技术研究所所长戈尔德马克（P. Goldmark）在一份商品计划中提出了“新媒体”一词。接着，1969年，美国传播政策总统特别委员会主席E. 罗斯脱（E. Rostow）在向尼克松总统提交的报告书中，也多处使用“新媒体”一词。[①] 由此，新媒体一词引起了各界的热烈探讨。

基于以上梳理和分析笔者发现，广播较之书籍视为新媒体，电视较

① 蒋宏，徐剑．新媒体导论［M］. 上海：上海交通大学出版社，2006.

之广播视为新媒体，手机较之电视视为新媒体，因而新旧只是一个相对的概念，从唯物史观的角度讲，新媒体也是历史的具体的。本书认为，在互联网高度发展的今天，每一个个体共同织就了互联信息网络，每个人都是信息生产、传播与发散的主体，正是这样的特点导致了新媒体一直处在高速的发展与变化之中。目前，学界对于新媒体的研究还不系统，也不完善，新媒体的发展速度快，变换花样多，导致了新媒体内涵与外延的不断变换，边界与范畴的模糊不明。

出于研究方便和前人的经验总结，笔者在这里将新媒体定义为相对于电视、广播、报纸、书信等传统媒体而言的利用现代信息与通信技术，通过有线网络或无线互联网等渠道向用户提供信息和娱乐的传播形态和媒介载体。

二、新媒体的利弊

媒体是决定开放与远程教育面貌的决定性因素。媒体是科学技术在通信技术中的表现。1977 年，查尔斯·赫梅尔博士在《今日的教育为了明日的世界》里声称：“在教育领域的通信技术的发展构成了‘五个世纪以来的第一次伟大的革命’。”

教学媒体的作用性质各种器官获得的信息：视觉占 83%、听觉占 11%、嗅觉占 3.5%、触觉占 1.5%，而味觉只占 1%。因此无论是传统教育还是远程教育，媒体在教学中的作用举足轻重，非常重要。

纵然现在看来电子邮件、视频会议已经属于传统媒体了，但是在 20 世纪 90 年代中期却是新媒体。英国开放大学以前的教学方法主要是教育广播、电视节目、录影录像带等，但随着信息技术的高速发展、计算机的普及，各种新型的多媒体技术已成为开放大学不可缺少的教学方式。20 世纪 90 年代中期以来，开放大学开发、应用了计算机多媒体课件、电子邮件系统、双向视频会议系统、电子荧屏阅读系统、计算机网络教学、网络系统平台远程学习（E-learning）等新型教学方式。学生可方便地通过互联网进行学习，学习资源也可通过网络共享，师生、学生之间也可通过网络相互交流。因特网进入开放大学教与学过程，使其成为世界规模最大的网络大学。在网上学习方面，到2003年有超过18万名学生在家通过互联网与开放大学进行在线互动，并学习相关课程。①

新媒体对于教学的作用是双向的，既有利也有弊。克拉克说："任何情况下媒体都不会对学习产生作用。"首先，新媒体会浪费我们很多时间，《人民日报》呼吁警惕"手机鸦片"。其次，新媒体的知识碎片化，会影响学生系统的思维的形成。再次，新媒体会降低人们思考能力的培养。海量信息，会弱化人们的思考力，导致人们逻辑思维的下降。海量信息增加了人类的认知负荷，信息量过大，吸收的必然会有限，可能导致有用的信息被淹没。

当前我国比较主流的传媒媒体是QQ和微信，然而由于这两款社交软件主要是针对中国人设计的，具有浓郁的中国特色，在世界上并没有多大的市场。影响中国教育走出去的历程。今后这种新新媒体，一方面技术上要不断创新，引领世界；另一方面也要考虑英语国家的交流习惯。

第三节　新媒体在开放与远程教育中的应用

新媒体不仅仅自身发展，而且不断渗透到新的领域。现在是物联网，以后将是"万物联网"，如今是"手机一族"，将来就是"流量一族"。2017年6月7—9日在北京举办了"2017中国国际物联网博览会"。据工信部统计，我国个人移动互联网接入流量连月攀升。2017年6月，人均移动互联网流量达到1591M，同比增长了125%。如果再加上Wifi，这个数字再翻几番。

一、移动互联网的发展

美国思科公司日前公布的一份报告预测，2021年，全球每部智能

① 郑印乐．英国开放大学发展研究[D]．保定：河北大学，2006.

手机平均月流量将增加到 14.9G。① 这体现了我国物联网方面和移动互联网方面取得的成绩。这为开放与远程教育媒体增添了活力。现在一些高校限制学生上课带手机，这是不符合潮流的。现在，手机不仅仅是通信工具，也已经成为学习必备工具。我们考虑的是如何利用手机进行教学，而不是禁止手机进行教学。

如今我国通信技术已经居于世界先进地位，尤其是在智能手机方面更是如此。从而为我国开放与远程教育的发展奠定了坚实的物质基础。市场调查机构 Counterpoint 发布数据称，2017 年第二季度，中国市场手机出货量前四位分别是华为、OPPO、Vivo、小米占据了手机市场的 69% 的份额。再次显示了国产手机的实力。第一位的华为占据了 20.2% 市场份额。国外品牌的苹果和三星分别以 8.2% 和 3% 的份额名列中国市场的第五和第六。② 智能手机的发展，在一定程度上标志着我国开放与远程教育的水平。我国在教育媒体上，不仅在国内而且在国外都居于先进的地位。这大大地拓宽了开放教育的广度和远程教育的深度。

交互式网络电视（IPTV）、宽频、移动手机电视，这些已经成为新新媒体的设备。手机互动激活课堂，这包括扫码签到、随机提问、匿名投票、课堂测验、表现计分等。通过学习分析反推教学改进，这包括分析成绩分布、行为记录、课程热度、难点聚类、进度控制和分层教学等。

2016 年我们通过问卷进行的调查和统计数据进一步显示，大学生群体在日常生活中每天都要分配一定的时间来使用新媒体，其中每天平均上网时长在 5 小时以上的人数达到 49.12%，2～5 小时之间的达到 43.86%，即每天平均在网时长超过 2 小时的学生总人数达到 92.98%，2 小时以内的占 7.02%，几乎不上网的为 0.00%（见图 5－1）。这是一组让人十分担忧的数据，有接近半数的大学生每天在网时间高达 5 小时以上。这个数字今后恐怕还要翻升。

---

① “机”不离手，是“获”还是“惑”？[N]. 燕赵都市报，2017－08－11.

② Q2 中国智能手机市场出货量同比增长 3%[N]. 燕赵都市报，2017－07－27.

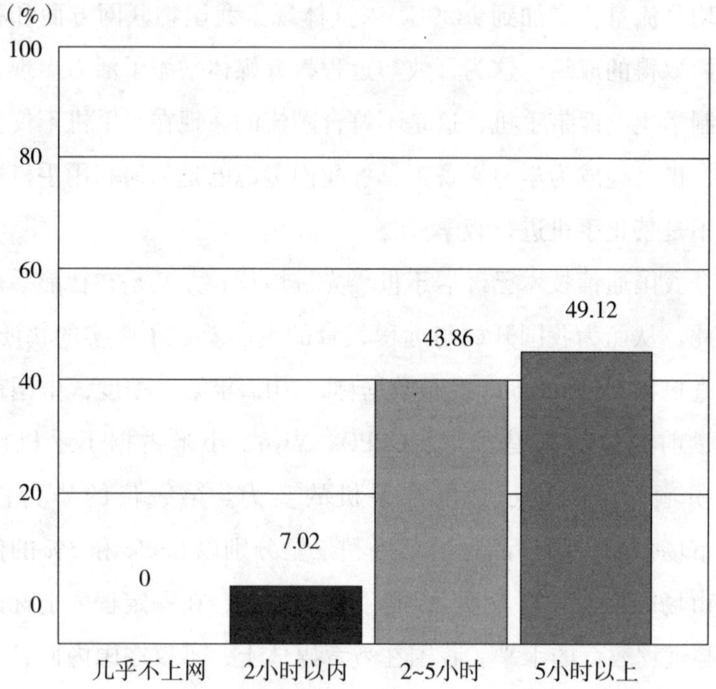

图 5－1　大学生使用新媒体时间

在后续的访谈中，笔者向被访谈者详细询问了在网时间高达 5 小时以上的原因。有两名大四学生表示，上网查资料，撰写毕业论文是他们上网时间长的主要原因；一名大三学生表示，临近毕业有许多资格证要考，通过网络观看学习视频是他上网时间长的主要原因。此外，还分别有两名大一和大二的同学向笔者介绍到，追网络剧和玩网络游戏是他们上网时间较长的主要原因。笔者分析，刚刚从高中时代进入大学校园的他们还没有深刻体会到毕业的压力和就业形势的严峻，因此与两位大三、大四同学相比，他们利用网络的主要精力没有放在学习上。然而，有大四的受访同学谈到，往往越是临近毕业越是遗憾，后悔当年没有充分利用好自己的大学生活。这就要求高校教育工作者们，加强对于大学生的正确引导，促使他们早日开始规划自己的未来，为将来的就业打下坚实的基础。

二、微信及公众号的发明

微信（Wechat）是2011年1月21日由腾讯公司推出的一款免费即时通信工具。它出现以后功能逐渐增多，也越来越广泛运用到开放与远程教育中。它已经极大地改进了我国高等教育的面貌，同时更加直接地影响了开放与远程教育的进程。

（一）微信功能发展的历程

微信在每一年当中新增功能的频率非常大，也就是说它会在一年的短短时间内频繁发布带有新功能的版本，而从表格中用户数量的数据来看，它的这种创造力显然收到了可观的效果。着眼它的功能方面，我们不难发现其给用户带来的便利性越来越大，但是，同时我们也应该注意到它的功能特点其实和同时代的陌陌、米聊等社交软件相差无几，却在用户当中更受欢迎。究其原因可以概括为："操作简单、功能强大的板块创建了一个新的沟通场景"，正是这样的优越性才使得微信在短短时间内赶超其他社交平台。不仅如此，根据中国知网的检索，以"微信"为主题的文献从2011年的46条到2015年已有11964条，2016年达到14172，可见它在教学方面的研究价值与日俱增。

表5-6　微信功能及用户情况

年份	新增功能	用户数量
2011	即时通信、分享照片、更换头像、对手机通讯录的读取、多人会话、语音对讲、二维码	超过5000万
2012	类似Path和Instagram的相册功能、推出多种语言支持（更名为：Wechat）、视频聊天、朋友圈评论回复	破2亿
2013	实时对讲和多人实时语音聊天、表情商店、扫一扫、微信支付、语音识别、订阅号和服务号	破4亿
2014	搜索功能的增强（搜索公众号、公众号文章）、扫二维码面对面收钱、微信小视频、微信卡包	破5亿
2015	微信运动、表情开放平台、群里视频聊天、电脑版微信、图书馆查询	破6亿

（二）微信在开放学习中的发展

开放学习不仅仅是成人非正规教育的形式，也是正规高校学习的形式。它一经出现和发明，就很快运用到移动学习中和开放学习中。这种通信技术之所以迅速得到广大用户包括全部大学生的喜爱，就是因为它的功能强大，符合中国人的学习习惯，而且技术上不断更新和改进。事实上，如今微信正在取代 QQ 的教学功能。

目前，微信公众平台的各项功能已经被普遍应用并受到大量好评。它满足了人们的情感需求，提供人们更加宽泛的实时资讯、学习资源，极大充实了用户的生活和学习需要，所以它的用户群体中，无论是年龄结构还是职业结构相较于 QQ 等聊天软件都是非常丰富的，而微信发展至今，虽然历经时间非常短暂，但是其在移动学习的应用方面也越来越完善，已经成为一个研究热点，“微信的出现给在网络环境下的成人教育提供了一个崭新的移动学习平台和应用的创新空间，微信作为一个全新的网络工具，已经在学生中广泛应用”①。具体而言，如“微信在大学生英语移动学习中作用”就是一个很典型的例子：大学阶段的英语课程遵循听、说、读、写、译等多位一体的理念，而微信的视屏录制和语音短信可以提供锻炼听力、口语的机会；群组的建立可以使师生进行互动交流；朋友圈和公众平台可以让学习者获取资料，也便于找到相同兴趣爱好者，共同学习……因此，基于微信公众平台的移动学习实现方式总结有以下三种：基于即时通信功能的交互移动学习；基于连接/浏览的移动学习；在线信息、资源下载的移动学习。② 这也是目前网络大范围覆盖的情况下得以普遍使用的方式。

微信公众号在图书馆管理方面的应用越来越多，主要是因为这个途径简化了很多查询的烦琐步骤。以某 985 高校图书馆微信公众号平台为

---

① 李蓉．运用微信建立移动学习新模式的探索与实践［J］．开放教育研究，2016（1）：9－13.

② 刘孟娟．微信公众平台在移动学习中的运用研究［J］．电脑知识与技术，2015（5）：139－140.

例，平台开通之前，学生查询学校的自己想借阅的馆藏，借阅历史，期限以及座位查询等，都必须亲自去图书馆的专用电脑登录自己的账号进行查询，平台开通之后只需将自己的账号绑定，随时随地都可以查询自己想要知道的信息，大大提高了效率，节省了时间。与校园服务平台类似，图书馆平台的界面设置也有很多的菜单选项，不同之处在于拓展业务，图书馆平台的拓展业务一般是各种个性化服务，比如在检索结果中列出附近图书馆的馆藏，提供委托借阅到馆提醒、到期体系等提醒服务，创建微社区供用户讨论交流图书内容等。

三、网络直播的影响

网络直播可以同时通过网络系统在不同的交流平台观看影片。影片主要分为实时直播游戏、电影、电视剧，或在线课堂等。在网络化和信息化迅猛发展的当今社会，越来越多的人不再受到时间和空间的限制，只要自己的电子产品终端可以连接网络，并在应用商店下载相关的APP，短短几分钟内完成个人信息的注册后就可以观看。网络直播吸取和延续了互联网的优势，利用视讯方式进行网上现场直播，可以将产品展示、相关会议、背景介绍、方案测评、网上调查、对话访谈、在线培训等内容现场发布到互联网上。

网络直播的风靡是移动互联网发展的一个结果。它的实时性和交互性更是被许多教育研究者青睐。网络直播在考研方面的影响值得关注。大家在常规的自主学习后，更希望有名师加以点拨。但受限于资源的分布，只有很小一部分学习者有机会让老师面授。以国内著名的考研政治主讲老师蒋中挺为例，他利用了网络 APP 软件“映客”在每晚的固定时段进行线上教学，不能在现场听他讲课的学习者只要下载 APP，就可以通过一个小小的屏幕身临其境般地听老师讲课。该软件提供的功能还有录播和点播，这样就更方便了那些未能及时观看课程的同学。只要连接无线 wifi，学习者的电子信息终端就成了在线教学的课堂，可以不受时间、地点和内容的局限，有选择性地观看自己落下的或者还不甚明白的课程。

以这样的网络直播为载体的在线教育平台丰富了学习者知识获取的方式，这其中的原因不仅有实用性和方便性，更重要的还在于明星效应的催化和发酵。在这些直播平台，明星的一举一动，如学习、工作甚至吃饭都可以被看到，在线粉丝数量的直线攀升更说明了明星效应带动下的网络直播正成为开放教育新的发展支点。

四、新媒体大学的建立

手机被称为第五媒体，随着新媒体的不断发展，微信、Wifi 技术的不断推广，以此作为载体的虚拟大学开始出现。这里介绍三种不同形式的新媒体大学。

（一）开放教育资源大学

据世界大学新闻网 2013 年 11 月 1 日报道，联合国教科文组织和英联邦学习共同体（COL）于当日合作成立了开放教育资源大学（OE-RU），面向全球学生提供学分制的免费在线学习课程，旨在推动高等教育革命，增加教育机会，共享知识，促进教育的可持续发展。这种新媒体大学是联合国教科文组织主导的一种新式开放大学。尽管这所大学成立的时间只有六年，但是这是世界上第一所全世界范围内的开放大学，将来必然有深远的影响。

（二）同侪对同侪的大学

挪威人斯坦·哈克拉夫（Stain Haklev），中文名字叫侯爽。现在为加拿大多伦多大学安大略省教育研究院博士生，2008 年，他和一帮朋友也创办了一所大学，名字叫 Peer to Peer University（P2PU），翻译成中文就是“同侪对同侪的大学”。它的口号是“为了每个人的学习，由每个人教授的学习，学习几乎你所有想要的东西”。它已经迅速成为计算机界关注的热门话题之一，《财富》杂志更将 P2P 列为影响 Internet 未来的四项科技之一。

同侪对同侪的大学（P2PU）既是互联网技术发展的一种产物，又是开放与远程教育的一种类型。这种开放不仅仅是学生不受限制，而且教师也不受限制。这种远程不仅仅是个人与个人之见的异地，而且也是国与国之见的异地。极大地扩展了开放的范围和远程的距离。

（三）家里蹲大学

我们常自嘲地说："我在家里蹲大学屋里系。"2001 年山东淄博 80 后青年孙迎超在网上创办了这所虚拟大学。现在，任何人只要能够连接互联网，都可以免费在线上"家里蹲大学"。这个号称"中国最大的教育视频网站"拥有 6 万多个免费的讲座视频，内容涉及大中小学各个学科。在网页首页菜单上，形象地罗列了"大学校门""视频课堂""广播""宿舍""班级""办公楼""公共课""自考""图书馆"和"百科"等栏目。孙迎超校长告诉记者，他和他的"家里蹲大学"的理想就是"让每一个中国人，都能在网上上大学"。目前，"家里蹲大学"已经聚集了 15 万人在线学习者。

这是一个真正有潜力的视频大学！目前运行良好，已经在北京注册了网站，网站的登记为（京 ICP 备 07001587 号）受到了广大学习者的欢迎。它是我国比较成功的虚拟大学，代表了我国开放与远程发展一个发展方向。但是，在知识产权方面还需要寻求一种更为稳妥的方式。

第四节　新媒体在开放与远程教育中的策略

开放大学是一所以学生独立自主学习为主、以收听收看广播电视节目为辅的远程教育机构。英国开放大学早期的教学方式主要是与 BBC 合作，BBC 会定时播放开放大学的教学节目，在当时 BBC 广播网络可以覆盖全英 95% 的人口。但随着开放大学的不断发展，课程人数的不断增多，再加上广播、网络的时间的限制，到 20 世纪 90 年代末，大多数课程转而使用录音录像带。

一、新媒体选择的策略

在教学中是否新媒体使用得越多越好，越新越好，也不尽然。我们必须依据数学内容、教学场境和学生特点来选择。

（一）依据教学目标

教学媒体或者新媒体的选择，不能只考虑新奇刺激，还必须考虑每个知识单元的具体教学目标。不同的教学科目，使用新媒体的频率也是不同的。不同的教学目标要采用不同的教学媒体。2014 年我国部分外语外贸类高校调查显示，40.55% 的学生认为新媒体在提供信息和满足学生好奇心方面的能力“非常高”。24.34% 的学生认为新媒体提高自学能力和学习效率方面的作用“非常高”[①]。从这个数字来看，新媒体在学生中用于教学的比例还比较低。这其中既有技术问题，也有认识问题。2018 年的一项调查现实，学生参与在线学习情况中，“参与论坛交互”的“非常不同意”的占 10.1%，而“非常同意”的仅仅占 1.5%。[②]说明一部分学生对于论坛交互持有抵触情绪。所以，我们对于课堂中采用新媒体要“谨言慎行”。

（二）依据教学内容

根据中国知网，1994—2016 年有关多媒体论文的统计发现，英语学科对多媒体研究成果最多，共有 2020 篇，占被调查综述 7479 篇的 40.4%；其次是语文，占 21.7%；再次是数学，占 14.2%；最后是化学 4.2%（见表 5－7）。

表 5－7　不同学科多媒体研究差异统计表

科目	英语	语文	数学	体育	信息技术	物理	化学	总数
篇数	3020	1621	1064	553	501	408	312	7479
百分比	40.4	21.7	14.2	7.4	6.6	5.5	4.2	100.0

① 刘振琍．新媒体时代与外语外贸类高校思想政治教育——现状、机遇、挑战与创新[M]．天津：天津教育出版社，2014：14.

② 方旭．国家精品在线课程认定的实证分析[J]．中国高教研究，2018(7)：94－99.

值得一提的是，高校应用多媒体辅助教学的科目除了表中涉及的科目之外，还有医学、生理学、天文学等。在分析过程中笔者发现，无论是中小学还是大学，期刊论文的内容部分是对具体某一学科的教学设计，例如针对高中物理某一课的多媒体教学设计；部分是对多媒体教学问题和对策的分析，例如大学英语多媒体教学中存在的问题和对策；还有是对学科教学系统的开发，例如大学英语口语教学系统的开发。

（三）依据学生特征

不同年龄阶段的学习者对事物的接受能力是不同的，选用新媒体的必须考虑他们的年龄特征。① 学生对多媒体教学课件制作内容与外观的评价和教学效果之间存在显著正相关。② 学生当中认为多媒体教学课堂互动性“不好”的占到了整体的23%；“还行”的占到了35%；“一般”的占到了37%，三者相加就占到了整体的90%以上。由于课堂的互动性严重不足，学生的参与度与课堂的气氛也都显现出了相同的选项趋势。③ 研究总体地说明了尽管多媒体教学已成大学教学常态化多年，但是总体教学效果还不是很令人满意。

（四）依据教学条件

教学中能否选择新媒体，还要看具体条件，要考虑资源状况、经济能力、师生技能、使用环境和管理水平等。进入21世纪，我国对于新媒体在教学中的运用十分重视。2001年，教育部在《关于加强高等学校本科教学工作提高教学质量的若干意见》中明确指出，国家重点建设的高等学校所开设的必修课程，使用多媒体授课的课时比例应达到30%以上，其他高等学校应达到15%以上。在此背景下，各高校及部分有条件的中小学纷纷兴建了大量的多媒体教室及多媒体网络教室。④

---

① 何克抗，等．教学系统设计[M].2版．北京：高等教育出版社，2016：188.

② 金燕．多媒体教学课件质量与教学效果的因素探讨[J]．电化教育研究，2007(5)：66－67.

③ 李政．高校多媒体教学现状调查研究[D]．兰州：西北师范大学，2013：41－42.

④ 张军．多媒体教学的回顾和思考[J]．电化教育研究，2004（10）：32－33.

二、新媒体设计的策略

2001 年，迈耶（Mayer）提出了多媒体制作的七原则理论，他是在 1993 年帕克（Park）和韩纳奋（Hannafin）提出的相关理论基础上完善的。这些原则对于我们开展开放与远程教育，提高教学质量，具有一定的参考价值。

一是，使用文字加图片，而不是单独使用文字的原则；二是把文字和视觉类信息放在一起的原则；三是同时呈现文字和图片的原则；四是排除无关的文字、图片和声音的原则；五是使用动画加讲解，而不是动画加子母的原则；六是动画、字幕加讲解的原则；七是为拥有较少知识并具有较高空间智能的学生提供视觉材料的原则。①

我们在使用多媒体课件 PPT 的时候，要注意增加关联负荷，减少内在负荷、减少外在负荷，适当地相关反馈。孔子曰：少则得，多则惑。教学课件呈现的信息过多会干扰学生的注意力，遗忘重要知识点的记忆。

三、新媒体综合的策略

1995 年，曾经在英国开放大学工作过的托尼·贝茨博士（Tony Bates）在《技术、开放学习与远程教育》一书中提出了媒体选择和组合行动纲领 ACTIONS。一经提出，立刻引起了世界的广泛关注。ACTIONS7 个英文关键词的首字母缩写：

（1）Access，可获得性。任何新媒体都首先要能够获得和使用，否则都是枉然。而可获得性不仅指老师，也包括学生。一般说来，可获得的终端是比较成熟的和商业化的技术产品，如上网本。

（2）Costs，成本。尽管有些新媒体产品可以获得，但是价格昂贵，

① J Michael Spector，等．教育传播与技术研究手册[M]．3 版．任友群，等主译．上海：华东师范大学出版社，2012：108.

不是一般人能够使用的。这种新媒体也是不可行，如 iPhone 和苹果手机。

（3）Teaching Functions，教学功能。之所以如今多媒体技术依然颇有市场，就是因为它的教学功能比较成熟，播放 PPT 效果良好。

（4）Interactivity and user-friendliness 交互性和友好用户。在媒体的选择上，一定要关注其交互性和界面友好。魔灯在线教学软件之所以难以推广，就是界面不友好，其主要原因是不符合中国人的阅读习惯。

（5）Organizational issues，组织问题。2008 年 MOOC 在加拿大诞生以后，虽然在中国掀起了一阵风潮，但是很快其问题也暴露了，那就是缺乏组织认证。

（6）Novelty，创新。任何新媒体都要不断完善和创新，技术在进步，新媒体也必须不断进步，否则这种媒体就会被淘汰。如今微信的功能正在取代和超越 QQ，微信朋友圈、缴费、转账、语音等很多功能，都是 QQ 所不具备的，因此不久的将来，可能 QQ 就会退出历史舞台。

（7）Speed，速度。任何时代的媒体都要求速度，即便是在先秦时期的烽火台，也是传播速度的产物。要想传播速度快，就要操作简便，携带方便。同声传译工具可以广泛应用，主要的原因在于“同声”，几乎没有翻译的时间间隔。

总之，在教师、专家和学生当中对新媒体教学效果总体评价满意度中，最高的是学生，其次是督导专家，最后是教师。教师在中外历次新媒体的采用中都是被动的、消极的，20 世纪 40—50 年代美国一项调查显示，大约 40% 的小学教师和 20% 的中学教师频繁使用影片。1986 年的调查显示，教师电影及类似媒体的使用率较为低下，20 世纪 90 年代有关使用计算机的调查同样存在这样的问题。① 电影、计算机在当时都

① J Michael Spector，等．教育传播与技术研究手册[M]．3 版．任友群，等主译．上海：华东师范大学出版社，2012：12.

属于新媒体。一方面，我们要采取措施鼓励教师积极参与和使用；另一方面，我们对于新媒体在教学中的作用也不能过分乐观。

思考题

1. 简要说明人类教学媒体的不同形式。
2. 简述我国新媒体技术发展的情况。
3. 结合实际谈谈我国最新教学媒体的进展。

第六章 开放与远程教育的教学论

在教育史上，第一个倡导教学论的是德国教育家拉特克（W. Ratke）。1612 年，他向法兰克福诸侯呈交的学校改革奏章中，自称是“教学论者”（Didacticus），称他的教学技术为“教学论”（Didactica）。[①] 关于开放与远程教学原则、教学方法和系统设计是教学论的核心，诸如 2004 年北京师范大学陈丽教授提出来的远程“教学交互层次塔”[②] 理论。首先是教学设计的基本概念和理论以及远程教学系统的开发。其次是开放与远程教育的实践教学环节,[③] 网络教学依然可以提高实践动手能力。再者就是开放与远程教学过程理论。这包括开放与远程教学论的逻辑起点问题，有的学者从远程教学论的角度，认为有两点：一是远程性，排除了面授；二是教学逼真的环境和氛围与传统不同。[④] 开放教育学包括了面授，既有远程性也有面授性。当代远程教育实质上既可以面授中运用远距离教学手段，也可以在时空分离状态下同步进行虚拟的“面对面”的交流。

第一节 开放与远程教学设计理论

由于在开放与远程教学过程中，教师与学生是分离的，甚至学生是

---

① 靖国平，邓银城．课程与教学论教程[M]．武汉：华中科技大学出版社，2012：9.

② 陈丽．远程学习中的教学交互原理与策略[J]．中国远程教育（综合版），2016（9）：5 -6 +13.

③ 刘仁坤，刘尔明．现代远程教学论稿[M]．哈尔滨：黑龙江人民出版社，2005：35 -66.

④ 陈乃林．远程教育教学论纲：逻辑起点及框架构建[J]．现代远程教育研究，2006（3）：5 -10 +71.

流动的，那么这种教学设计强调每个知识单元的完整性，注重主讲教师的可受性，偏重知识内容的实用性。故而，这种教学设计与普通高等教育面授课堂的教学设计有所不同。

一、开放与远程教学设计的特点

进入21世纪，智能手机已经成为教学的重要工具。无线互联网已经走进了生活，进入了课堂，融入了教学。开放与远程教学设计具有明显的时代特征和技术依赖。

（一）教学内容的普适性

如今的慕课、网易公开课、淘宝同学、可汗学院和沪江网校等这类的公开课网站和课型，一般都选择大众能够接受的话题，不太注重专业性，例如“动物密语”“你正在沉默中忍受抑郁症吗”和“幸福是什么”这类各种年龄阶段各个阶层都感兴趣的选题。尽管传统的课题也可以讲述这些内容，但是如果都讲这些普及性的知识，不讲专业性的理论，那么大学就成了电视台和文工团了。

教学艺术化，一部教学片子可以看作成一种电视节目。换言之，一节课实际上就是一种讲演；艺术教学化，将影视艺术的各种手段运用到教学中。教学片子中出现精美的画面、可爱的动物、玄妙的特技、标准的配音。毋庸置疑，传统课题同样需要教学艺术，同样需要艺术化的教学。一方面，各级各类学校不可能都选择美女教师或者帅哥老师。很多这样的人可能适合当演员，未必适合做老师；另一方面，作为义务教育和高等教育，要求学生学习一些必要的基础知识和专业知识，而有些知识是枯燥无味的，同时有些知识需要具有高深理论素养的教师从事教学。

（二）主讲教师的形象性

无论是“壹学车”的美女讲师，还是“百家讲坛”的于丹教授基本上是形象可人或者仪表堂堂的人物。这是开放与远程教育教学中一个重要因素，否则就会难以吸引观众。在开放与远程教育中，学员或者观众是流动的，不仅要内容吸引人，还要形象愉悦人。这是防止学生流失的一种有效措施，也是开放教育与传统教育的一个区别。

（三）师生关系的平等性

尽管我们在普通学校同样强调师生之间的平等，但是更多的是“尊重师长”，潜台词则是师生之间的等级性。在开放与远程教育中，由于学员的年龄、学识和社会地位可能还要高于主讲教师，那么就强调师生之间的平等。正像有的学者所说：“开放教学中的师生是精神世界相互开放的民主平等的主体间性关系。”① 质言之，就是师生之间要互相尊重。只有在平等的氛围中，学生才能感受到自身的价值，乐于接受对方的智识。在开放与远程教育中，摒弃了传统中小学阶段对学生的强迫训练，排除了老师居高临下的训导，代之以平等的交流。

（四）教学评价的发展性

传统的教学评价主张过程性评价和终结性评价，而对于开放与远程教育，重在学员的发展性评价。这种教学评价是即时的、发展性的，是镶嵌在教学情境过程中的。它的目的是对教学过程进行有效的监控，促使教学不断地向前生成。②通过系列的教学，学员在精神上受到了鼓舞，在工作方法上得到了改进，在生活质量上获得了提升，在健康益寿上有所补益，这就是发展，这就是开放教育的效果。

二、开放与远程教学设计的原则

关于教学设计的理论不断发展，而开放与远程教学设计理论与一般的教学设计理论有联系也有区别，联系是主要的。

（一）以学为中心的原则

在开放与远程教育中，学生的“学”是第一位的，至关重要的。建构主义认为，学习不是从外界吸收知识的过程，而是学习者建构知识的过程。对于成年人而言，学习者具有丰富的经验世界和基本定型的心

---

①② 姜超．开放教学研究[D]．上海：华东师范大学，2007：42，46.

理结构（包括知识、技能、态度、偏好等），要想提高教学效果和要想教学设计符合学生的需要，就必须强调以学为中心。

在教学设计过程中，我们一定要研究学生，研究不同年龄阶段学生的不同的学习偏好。当前我国网络技术比较成熟，通过“协同过滤”的技术手段，了解教育对象的上网习惯和学习工具。如果女生比较多应选用一些她们普遍喜欢的案例和色彩，如果对于男生较多的课堂应选择那些他们欣赏的阳刚的案例和坚硬的构架。

（二）“学教并重”的教学设计原则

教学设计，无论是普通教育，还是开程教育，都必须包括教师的教和学生的学。2016 年，这种理论是何克抗老师在第一版 2006 年《教学系统设计》教材基础上的发展和总结，是兼取“以教为主”和“以学为主”的教学系统设计两者优点的基础上提出来的。它又是主导 - 主体教学系统过程理论在开放与远程教学中的反映。在开放教育中，以教为主；在远程教育中，以学为主；在开放与远程教育中则是以学教并重。

何克抗先生还探讨了在教学设计理论发展自动化研究的进展。他的教学设计理论是国外奥苏贝尔的“学与教”理论和建构主义的“学与教”理论的中国化。他的理论是对我国开放与远程教育实践的提炼和总结。

（三）“媒体为重”的教学设计原则

当今时代无论是开放教育还是远程教育，都是借重媒体中介进行传播课程。随着无线互联网的深入，这种情况越加明显。在互联网 + 时代，计算机辅助教学已经成为传统教学媒体，在开放与远程教学设计中，必须充分考虑融媒体、自媒体和移动媒体。2014 年，全国普通高校均上网课程为 145. 5 门，比上年增长了 18. 7%，其中普通本科高校为 245. 9 门，比上年增长了 20. 3%。[1] 数据显示，普通本科高校上网课程

① 王富．中国教育装备行业蓝皮书（2016）[M]．北京：中国大百科全书出版社，2016：67.

增长的幅度大于高职高专教育。普通高校如此，远程成人高校更是如此。

无论是开放教育还是传统教育，教学就是教师和学生的交流。在第20届中国科协年会闭幕式上，发布了2018年60项重大技术难题，其中包括类脑计算、人机情感交互和动力电池技术等。① 2017年7月，国务院印发了《新一代人工智能发展规划》，提出利用智能技术加快人才培养模式改革，构建新型的教育体系，发展“人工智能教育”。这样，我国的开放与远程教育就会有更加广阔的发展空间，伴随着一些信息技术的发明创造，它们会更加便捷地深入到社区、企业乃至普通高校。

第二节　开放与远程教学系统的开发

我国开放与远程教育的教学课件呈爆发式增长。2017年，奥鹏教育平台累计用户近1000多万户，开发各种课件、网络课程共计29735个。这种快速的教学实践亟须我们不断总结我国的教学系统开发的理论。

一、教学系统开放的理论基础

基于建构主义、行为主义和认知主义理论，国外对于在校学习的数量进行了广泛的研究。哈萨克斯坦的伊斯木拉托瓦（G. S. Ismuratova）等人就在线学习的过程理论提出了新的见解，揭示了其规律性。②

在教师－学生－内容相互作用的传统教学过程理论之上增加了一个技术因素。在教师、学生、内容和技术四个要素的共同作用下，外加一种情景。这种情景可以是在真实场景中，也可以是在虚拟场景中，还可

① 黄蔚.2018年重大科学问题和工程技术难题发布[N]. 中国教育报，2018－06－02.

② Ismuratova, G S; Naurzbaev, B T; Yastrebova, I; Maykopova, G S. E－Learning Didactics and Teaching Scenarios [J] . International Journal of Economic Perspectives, 2017, 11(2): 712－722.

以是在开放的场景中。关于情景，有的学者称之为“场景”，更加强调了物理环境对于师生教学的重要性。国内学者曾经论述了“基于场域理论的远程教学过程”①，实际上阐述了教育生态学微观粒子理论对于远程教学的意义。这种开放与远程教育教学论可以称之为“立体三角教学论”（见图6－1）。

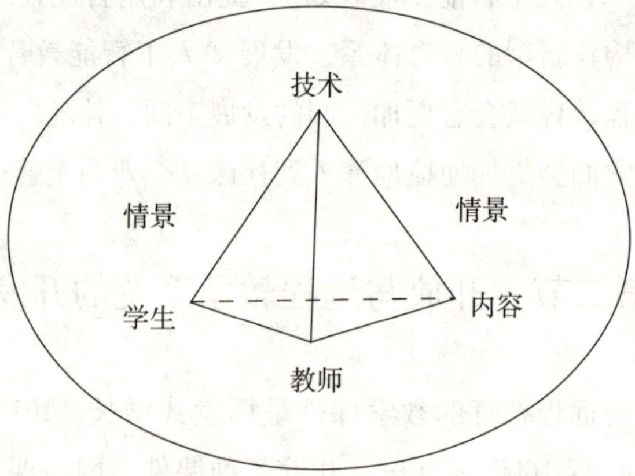

图6－1　情景·技术·师生立体三角教学论

现代、后现代教育技术都必须建立在传统教学论的基础上，因为教学是师生之间的互动，再完备的技术都无法替代这种交流。即便是开放与远程教育学也是如此。2009年，斯洛文尼亚学者温达·瑞堡哲（Venda Rebolj）曾经著文指出，网络教育学主要是教育学和教学论的问题，不能仅仅依靠信息技术和计算机科学来解决这些问题。② 十多年过去了，尽管信息技术和计算机科学都有了突飞猛进的发展，然而这些问题依旧存在。针对开放与远程教学论，依然是教育学问题，但是我们要必须依靠最新的信息技术手段。

---

① 赵建华，等．远程教育教学过程分析与实践创新研究［M］．石家庄：河北人民出版社，2014：64－77.

② Rebol j，Vanda；Organizacija，Kranj. E－education between Pedagogical and Didactic Theory and Practice 2009，42（1）：10－16.

二、教学系统开发的历史

经过多年的改革发展，教学系统开发受到了“艺术过程”“科学过程”“系统工程方法”“问题解决方法”等概念的作用和影响（见图6－2）。在教学系统开发与教学设计实践和理论研究发展中出现了各种不同的模式、理论和学派。下面主要介绍在我国教育技术界较有影响、对远程教育的教学系统开发与教学设计有较多借鉴价值的研究成果。

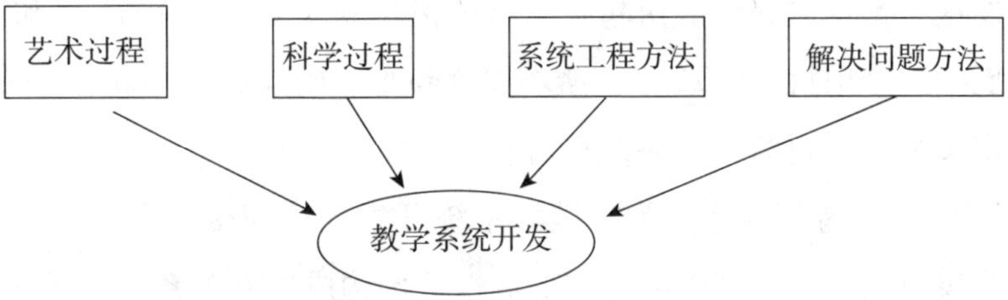

图6－2　教学系统历史变化

教学设计理论的历史发展。教学系统开发模式的三类说和四代说由乌美娜等提出。北京师范大学乌美娜老师在其《教学设计》一书中探讨过三种教学设计过程模式：①以课堂为中心的教学设计过程模式；②以产品为中心的教学设计过程模式；③以系统为中心的教学设计过程模式（见表6－1）。

表6－1　四代教学系统开发模式的比较

	第一代 ISD	第二代 ISD	第三代 ISD	第四代 ISD
时间	20 世纪 60 年代	20 世纪 80 年代	世纪之交	本世纪初
系统设计	线性循环	流程图	阶段内循环 阶段外线性	交互网络
评价方式	形成性	形成性 终结性	可行性、形成性 总结性、维护性	情境性、形成性 总结性
学习理论	行为主义	行为主义	认知主义	建构主义

续表

	第一代 ISD	第二代 ISD	第三代 ISD	第四代 ISD
教学设计过程	步骤到步骤	阶段到阶段	知识库	大数据
教学设计创作者	学科内容专家	教学系统开发人员	内容/系统专家	教师创作团队
创作活动	概念准确定义	操作性定义	专家定义	混合学习

依据美国教育部教育研究和改革办公室的“教学开发”文献，教学开发这一特定的提法最初起源于密歇根州立大学，在 1961 年和 1965 年开展的一个项目。2002 年葛斯塔夫森和布朗彻（Gustafson 和 Branch）将它定义为“改进教学的系统性过程”①。

1998 年，乌美娜等认为，教学系统开发模式演变历程表明，第一代模式仅由四项主要创作活动和形成性评价构成的简单系统，逐步发展成具有高度交互的复杂动态系统。第一代模式主要是学科内容专家用来完成以课堂为中心的教学设计过程；第二代和第三代模式主要用来完成以产品为中心或以系统为中心的教学设计过程；而第四代模式最复杂，但其适用范围和前景也最广阔。第四代模式的继续发展和广泛应用还有待于相应的辅助技术系统的开发。至今，四代模式仍在不同生态环境下发挥作用，然而随着现代信息技术的飞速发展，尤其是 Wifi 的广泛应用，四代教学系统开发模式内容发生了很大的变化。在教学设计领域和相关学科领域的推动下，教学系统开发和教学设计理论还会有进一步的发展。

我国的教学系统设计理论深受国际这方面的理论影响，主要是美国，还包括荷兰开放大学等的理论。在 20 世纪末，一些心理学家提出来“认知负载”（Cognitive load）理论，② 他们认为人类的认知能力是有

① J Michael Spector，等．教育传播与技术研究手册[M]．4 版．任友群，等主译．上海：华东师范大学出版社，2015：93.

② Sweller, John and Merrienboer, Jeroen J G van and Paas, Fred G W C. Cognitive Architecture and Instructional Design [J]. Educational Psychology Review, 1998, 10 (3): 251–296.

限度的，需要规定认知的边界。这个理论主要是基于认知建构主义的哲学。

三、教学系统开发的要素

我国教学设计专家乌美娜在其《教学设计》一书中探讨了各种教学设计模式，并总结得出教学系统开发与教学设计的共同的基本要素（见表6－2）和一般模式（见图6－3）。这个理论基本上代表了我国教育技术领域的教学系统开发理论的最高水平，十分切合我国教学实践。

表6－2　教学系统开发与教学设计的基本要素

序号	模式要素	模式中使用的术语
1	内容分析	内容详细说明，教学分析，任务分析
2	目标阐明	目标详细说明，陈述目标，确定目标
3	学生分析	教学对象分析，预测学生的初始能力
4	教师组成	教师的年龄、学历、经历、职称等
5	交互活动	师生互动生生交互，制定标准鼓励交互
6	教学媒体	教学资源选择，媒体决策，教学材料开发
7	教学评价	分析结果，评价，反馈分析，元评价

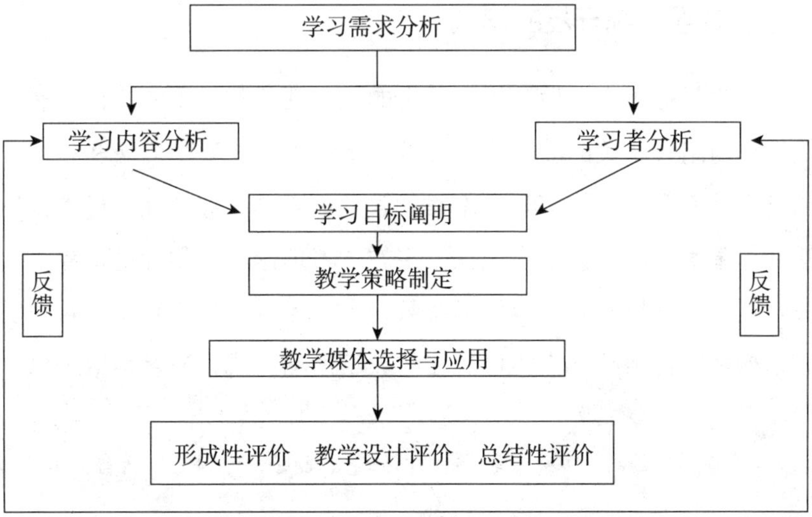

图6－3　教学系统开发与教学设计的一般模式

表6-2表明，笔者结合乌美娜教授教学系统开发与教学设计理论提出了教学模式的七要素理论，也就是说，开放与远程教育教学模式应当包括内容分析、学习目标、学生分析、教师组成、教学交互、教学媒体和教学评价等七个方面的要素。华东师范大学开放教育学院研究表明，慕课教学设计样式包括课程信息（教学大纲、评分标准）、学习内容、学习评价和交互活动等四个部分组成。[①] 显然，在开放与远程教育教学设计中，“交互活动”显得越发重要，应当作为一个要素。教学系统是一个开放系统，教学过程是一个动态过程，七大基本要素相互影响，这就要求我们教育工作者具体情况具体分析，创造性地开发适合当前教学环境的教学设计模式，灵活地开展教学设计工作。

现在美国教育传播与技术协会提出了一个教学设计的五核心要素理论，又称为ASSIE模式，即分析（Analyze）——设计(Design）——开发(Develop）——实施(Implement）和评估（Evaluation)。[②] 这个过程强调了修订的作用，每个要素之间都要反复地进行修订完善。我们认为，这个要素应当包括教学媒体，应当体现师生之间的交互作用。总之，乌美娜老师的七要素理论仍然具有很好的实践解释力。

四、教学系统开发的模式

在教学目标确定以后，根据已定的教学任务和学生的特征，有针对性地选择与组合相关的教学内容、教学组织形式、教学方法和技术，形成的具有效率意义的特定教学方案。教学策略具有综合性、可操作性和灵活性等基本特征。教学模式在一定的学习理论、教学理论指导下，为完成特定的教学目标和内容而围绕某一主题形成的，比较稳定且简明的教学结构理论框架及其具体可操作的教学活动方式，通常是两种以上方

① 刘名卓，祝智庭．MOOCs教学设计样式研究[J]．中国电化教育，2014(7)：19-24.

② J Michael Spector，等．教育传播与技术研究手册[M]．4版．任友群，等主译．上海：华东师范大学出版社，2015：96-100.

法策略的组合运用。

根据当前教育技术的发展状况，新媒体不断涌现，开放与远程教学系统开发具有新时代特点（见图6－4）。我们首先要进行教学分析、学习者分析以及环境的分析；其次确定教学目标；进而选择教学资源，与此同时选择教学媒体和教学方法；然后再进行实际教学，与此同时要通过计算机或者手机对学习者进行监控，在实施教学的过程中要进行师生之间和生生之间的互动；最后进行过程性和形成性的教学评价。这个过程实施完成之后要重新对教学进行分析，重新对学生和环境进行分析，改进教学进入下一个教学单元。

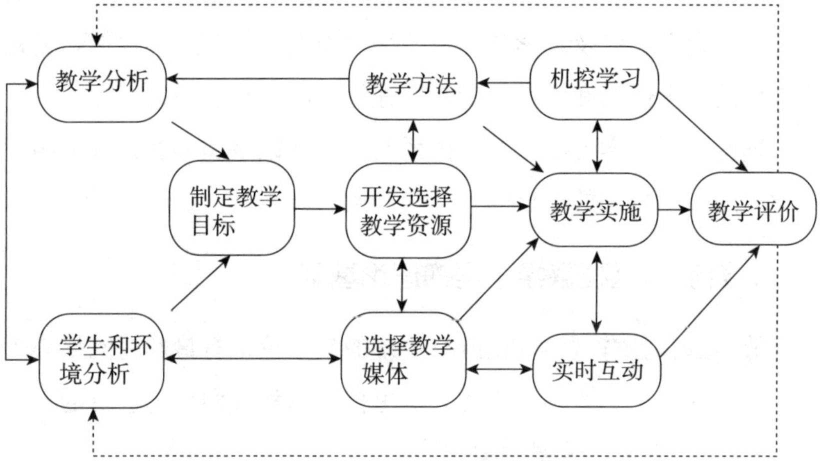

图6－4　开放与远程教学系统开发模型

无论是关于教学系统开发与教学设计的基础概念、基本要素和一般模式的探讨，还是有关各种教学系统开发与教学设计理论模型的分析研究，都对远程教育的教学系统开发和教学设计有着重要的借鉴意义。截至2016年在各个领域的企业，在线高等教育领域的企业平均营业收入最高，达到了2778万元，年增长幅度达到27%。[①] 远远领先学前教育、职业教育、语言学习和中小学教育等在线企业。鉴于远程教育是建立在

① 吕森林，邵银娟，等．2016—2017中国互联网教育行业蓝皮书［M］．北京：北京大学出版社，2017：114.

信息技术资源环境基础上的教与学，并且以学生为中心和以学生自主学习为主，所以，建立在建构主义学习理论基础上的、以学为中心的教学系统开发与教学设计理论和方法，以及正在探索发展中的各种理论、学派和模型均有更大的参考和应用价值。

第三节　开放与远程教学过程的理论

在开放与远程教育中，贡献最大的是对远程教育课程资源的教学设计和对远程教学及远程学习全过程的教学系统开发。对远程教育课程资源的教学设计开发包括对远程教育课程设置，多种媒体课程材料的设计、开发和发送，以及教学和学习环境的创设；而对远程教学和远程学习全过程的教学体系和开发包括对远程教育的教与学的过程和模式，特别是对远程学习的学习支持服务体系及其实施策略和方法，以及相应的教与学双向通信机制的综合的设计和开发。

一、开放与远程教学过程的理论基础

开放与远程教育教学理论既有传统的教学论也有最新的网络心理学理论，还有建构主义哲学理论等。这里梳理两种我们认为重要的理论：

（一）远程教育学微观理论

2003 年 12 月 9 日，北京师范大学何克抗教授在南京召开的全球华人计算机教育应用第七届大会上介绍了“Blended Learning”的理念之后，这个概念开始在国内教育技术领域传播。何克抗教授指出：“所谓 Blended Learning 就是要把传统学习方式的优势和网络化学习的优势结合起来，也就是说，既要发挥教师引导、启发、监控教学过程的主导作用，又要充分体现学生作为学习过程主体的主动性、积极性与创造性。”① 目前国际教育技术界的共识是，只有将这二者结合起来，使二

① 何克抗．从 Blending Learning 看教育技术理论的新发展（上）［J］．电化教育研究，2004（3）：3－8.

者优势互补，才能获得最佳的学习效果。何克抗教授率先将计算机领域的混合学习理论引入远程教育领域，是世界上最早提出混合学习的教育家之一。

在表 6-3 所列理论中，对远程教育的教学系统开发与教学设计及远程教学和远程学习的实践活动产生了较大影响。2015 年 10 月，奥鹏教育移动学习“同学”APP 全面实现了 PC、手机 iPad 学习同步更新，实际使用人数超过了 42 万人。这充分说明我国混合学习在基础设施上有了举世瞩目的发展。

表 6-3　远程教育各种学派的微观理论

代表人物	理论学派	主要内容
穆　尔	远程教与学的三种基本相互作用	学生与学习内容、学生与教师、学生与学生
霍姆伯格	远程教育两大功能要素	课程设计开发发送和学习支持服务
基　更	虚拟教学 移动学习	面授教学—远程教学—虚拟教学远程学习—电子学习—移动学习
魏德迈	独立学习	交互距离和学生自治的二维模式
何克抗	混合学习	移动互联网与面授教育相结合

（二）媒体记忆理论

随着智能手机的不断发展，它们业已成为一个手持电脑，可以看视频、可以改论文，可以发文件。这样，阅读和观看文字和视频资料，制作和设计教学课件，就需要考虑网络心理学或手机心理学。

（1）信息加工理论。① 教学设计者主要关心记忆的功能。如果不考虑媒体的形态，相关信息必须能够引起学习者的注意，并最好易于合并到长时间记忆中的形式，保存在工作记忆中。如果考虑媒体的形态，我们就必须要筛选和淘汰垃圾信息和无用信息，这在学习中也十分重要。

① J. Michael Spector，等．教育传播与技术研究手册［M］. 3 版．任友群，等主译．上海：华东师范大学出版社，2012：105-107.

由于移动互联网的互动和即时特点，网上的信息是无限的。那么，一方面学习者就需要从海量信息中找到自己有用的信息；另一方面就需要在大量吸睛信息中坚持自己的学习目的。

（2）双重编码理论。1971年，帕维（Pavio）提出记忆具有独立的言语子系统和视觉子系统，1986年又进行扩展和完善。视觉编码和言语编码之间的连接可以强化记忆。

（3）认知负荷理论。这个理论依赖于信息加工模型的核心组建（短时记忆、工作记忆和长时记忆），但是工作记忆具有局限性。按照认知符合理论的观点，教学材料应该以理论上最理想的认知符合的方式来创建。认知负荷过高过低都不利于学习者的获得知识和学习兴趣。认知负荷有三种，即内在符合、外在负荷和相关负荷。

（4）视听记忆模型，又称“巴德雷记忆模型”。2000年巴德雷（Baddeley）试图在帕维（Pavio）双重编码理论基础上进行发展，从而提出了这个模型。工作记忆由一个中枢执行功能。这个中枢执行功能涉及注意力的集中、转移和分散。在这个模型中，包括视觉略图簿（视觉和空间记忆）、语音循环路（听觉记忆）和情景缓冲器三部分。情景缓冲器是视觉略图簿和语音环路的交接区域，负责整合信息（见图6－5）。

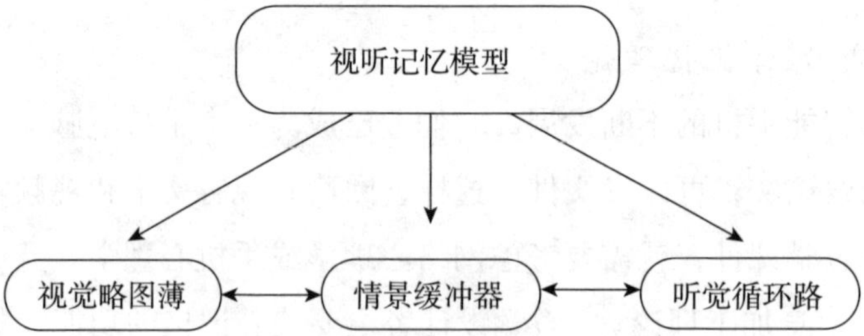

图6－5　视听记忆模型示意图

二、开放与远程教学过程的主要特征

综述国内外相关的实践经验和理论研究成果，可以得出开放与远程教育教学过程有以下四个主要特征。

（一）教学要素的扩展和重组

从传统教育到远程教育，教学要素有了扩展。一种观点是从三要素变成了四要素；另一种观点是教学三要素中的教材变成了资源，即形成了远程教育的新的教学四要素。更重要的是，在远程教育中，教与学过程中教学基本要素的地位和功能及其相互关系和交互作用有了新的特点，发生了重组。即从传统教育的教师主导、课堂教学和标准教材的旧三中心制转变成学生自学、在线学习和系统开发的新三中心制。

首先，传统教育以校园课堂教学为主题，而远程教育通常强调以学生为中心，强调学生自治。通过大量的观察表明，但凡开放与远程学习好的学生，多是比较自律和自治的学生。其次，传统教育以校园课堂教学为主体，而开放与远程教育则以学生自主学习为主体，在线学习移动学习，碎片式学习。即传统教育侧重教；而远程教育侧重学。传统教学在固定的场所，而开程教学则在移动的场合。传统教学在实验室或者练习本进行训练，而开程教学则可以利用手机进行反复练习。例如火山抖音视频一个教授机械节目，螺母和螺栓不能很舒畅地拧上，用锤子敲打几下螺母后，立即顺畅了。这种教学十分直观，记忆深刻，对于关键技能的掌握起到了很好的作用。最后，在传统教育中，通常是教师个人准备教案、编写讲义或由院校制定标准教科书；而在远程教育中，则是由学科内容专家和教育技术人员共同组成创作组设计、开发、发送多种媒体的学习材料和其他教育资源环境。

远程教育教学系统开发与教学设计体现在教学要素扩展和重组上的这些特点，是与当代教育及心理学科中以认知主体为本、以学生为中心、注重在创设的情景中认知主体的意义，建构和协作学习的建构主义学习理论，以及教育技术中对教学系统开发与教学设计中，新一代以学为中心的理论模型的探索发展是一致的。

（二）教学资源的发送形式

国内外开放与远程教育的实践经验和理论研究都已证明，新媒体的运用是其教学资源发放方式最显著特征。一旦新的信息技术出现，诸如微信、Wifi 和网络直播甚至抖音，那么教学资源发送方式就会紧接着更新，而且比其他教育类型表现更积极，运用更及时。根据 2018 年 2 月 15 日《今晚报》最新的调查显示，当问及“您觉得网络在线教育学习的优点有哪些?”多选题，排在第一位的是“不受地域位置限制”占 26.92%；其次是“可自由选择学习时间”，占 19.23%。从一个侧面反映了教学资源发送形式的即时性、移动性和多样性。

（三）教学方式的创新

远程教育的教学系统开发和教学设计是在教与学的行为活动处于失控相对分离的情境下进行的，必须走与传统校园教育不同的远程教与学的创新模式。其中，实现学生自治及自主学习与包括双向交互在内的各类学习支持服务的适当均衡，是远程教育教学系统开发与教学设计的关键。事实上，远程教育发展历史上的函授教育、广播电视教育、基于现代电子信息通信技术的计算机多媒体和网络教育等都是对开程教与学模式的探索创新。这既是远程教育教学系统开发与教学设计的难点和突破点，也是热点和亮点。在我国部分广播电视大学试行了新的教学方式：

首先，在教的过程中，OAO 是采用 PPT、CIA 等先进教学手段完成教学任务，提高教学效果。其次，在学的过程中，学校建立 E – campus 系统，为学生进行资源信息浏览、下载与学习提供了平台，还能促进师生、学生之间的在线交流互动。再次，对于练而言，借助互联网与在线教学系统，学生对所学知识进行练习巩固。例如，虚拟驾驶练习有助于提高学车学员的操作技能。最后，弱化传统考试模式，采用在线测试替代纸质答卷。① 当今我国开放与远程教学方式相对比较灵活和先进，不仅实现了在线的教与学，而且还可以进行在线的练与考。

（四）评价标准的推陈

移动互联网的多样性为我们进行开放学习提供了巨大的机遇。在开

① 辛丽辉. 当代开放教学模式下成人教学管理模式改革与实践研究[J]. 中国培训，2016（24）：76.

放教育中，学习环境对于学生的学习效果具有很大影响。因此，开放与远程教育必须注重学习环境的评价，例如可获得资源的学生数量就是评价学习环境的一个指标。①

2018 年 2 月 15 日，《今晚报》的“今晚调查”在网上做了一项调查。当问及“您对网络在线教育状况满意吗?”14119 人表示“满意”，占被调查总数的 60%；另外有 9129 人表示“不满意”，仅占被调查总数的 39%。也就是说，一多半的人群对于在线教育是“满意”的，说明它们的质量是值得肯定的。网络教育就应当用网络来评判，而不是用传统的评价标准来衡量。现代信息技术和计算机技术发展迅速，人们已经开始使用电脑监控的方式检查和督促学习者。尽管这种方式过于“机械”，但是确实能够起到保证学习时间的效果。

思考题

1. 简述远程教育教学设计和教学系统开发的主要特征。
2. 应用案例说明远程教育课程设置的创新和特点。
3. 远程教育各种学派的微观理论及其主要内容。
4. 结合实例论述视觉记忆模型的内容。

① Fasihuddin, Heba; Skinner, Geoff; Athauda, Rukshan. Towards adaptive open learning environments: Evaluating the precision of identifying learning styles by tracking learners' behaviours[J]. Education and Information Technologies; New York, 2017, 22 (3): 807 - 825.

第七章　开放与远程教育的课程论

关于开放与远程教育课程设置和资源开发，重点论述远程教育的课程设置及其创新和灵活性等特点。开放与远程教育的实践和理论都表明，它们基本功能之一是课程资源的开发，其核心是以多种媒体课程材料为主要组成的教育资源。

第一节　开放与远程教育的课程设置

开放教育和远程教育的课程设置与传统的课程设置既有联系又有区别。就联系而言，开放教育与远程教育的课程设置是在传统的基础上发展而来的，基本延续了学科知识体系；就区别而言，开放教育与远程教育的课程设置是充分借助新媒体和信息技术手段对不同基础、不同需要的学习者开设具有普遍意义的系列学习内容和灵活的时间安排。而传统的课程设置更多考虑知识的衔接和不同阶段学生的心理特点来推出的写教学内容和固定的时间安排。不难看出，开放教育与远程教育课程设置具有普适性、创新性、灵活性和虚拟性等四大特点。

一、开放教育的课程设置

从传统意义上讲，课程设置需要考虑学习内容和时间安排。在新媒体背景下，只是学习内容的推送，学习时间学生自行安排。习近平总书记说过："中国开放的大门不会关上。"① 同理，我国开放教育的课程设

① 习近平．习近平谈治国理政（第一卷）[M]．北京：外文出版社，2018：114.

置也不会一成不变，必将不断更新。2014 年，国家开放大学和 15 所地方广播电视大学共同建设了终身学习公共服务平台，建成了 200T 的数字化学习资源，550 万人注册学习，5 亿的访问人次。这极大地扩大了开放教育的课程覆盖面，[①] 增强了开放大学的社会影响。

（一）免费开放教育的课程设置

世界上没有免费的午餐。所谓免费的开放教育课程，无非对于受众而言是免费的，而实际的开发成本则是由政府或者某些社会组织承担而已。1936 年 7 月，我国就已经进行了开放教育。1937 年，教育部组织的电影教育巡回施教区共配置 135 种电影（见表 7－1），其中比例最大的是“生产技能”，共有 34 部，占总片数的 25.2%；其次是所谓“发扬民族意识”，共有 32 部，占总片数的 23.7%；再次是“地理风光”，共有 25 部，占总片数的 18.5%。可以看出，即便是当时抗日战争时期我国的开放教育的目标也是多种多样的，不仅包含了抗日到底的民族意识教育，还有科学知识和生活常识等。

表 7－1　民国时期教电影教育片目分类

影片主题	数量	比例（%）
发扬民族意识	32	23.7
生产技能	34	25.2
地理风光	25	18.5
科学知识	11	8.2
生活常识	16	11.9
教学辅导	17	12.6
总　计	135	100

从 1936 年到现在 80 多年过去了，我国已经经历了翻天覆地的变化，成为世界第二大经济体，但是开放与远程教育的对象和目标依然是

① 《中国教育年鉴》编辑部．中国教育年鉴 2015[Z]．北京：人民教育出版社，2015：290.

多样的，没有发生根本性的变化。所不同的只是名称的变化，网易公开课有一种“赏课”，实际上就是地理风光和动物世界的介绍。

普通本科高校已经深切融入了开放教育，采用开放教育形式授课。截至2019年5月，天津外国语大学已经批准建设17门慕课，包括《世界跨文化交流》《英语语言学》和《影视制作课程群》等，实现了天津市校际间慕课共享。到2025年，该校将运用在线课程达到1000门。

（二）盈利模式开放教育的课程设置

在开放教育的发展历史上，除了一些小型的函授学校属于商业性的盈利模式机构，大多数远程教学院校和系统都是非营利性的。然而，随着在线教育的普及和发展，盈利模式的开放教育机构在中国有了很大的发展。优课在线董事长张凡认为：对开放面向学校学生和社会学习者的课程，按每门课程或者每学分收取一定的学分，或者叫作课程共享费用，[①] 是实现MOOC实现商业运行的有效途径。但是从运行的效果来看，并不理想。

由于技术的进步，开放与远程教育在线课程的收费比例在逐步提升，收费的范围在逐步扩大。新华社2018年2月的一则新闻报道标题为“课外班花掉全家一年收入，补课老师年收入200多万元，家长陪课连奶茶都舍不得喝”。足见当今在线教育的巨大市场。2018年3月，一项针对209名被调查者的天津市在线教育市场调查显示，盈利模式的在线教育课程设置，最大的优势在于“学习时间灵活”，共有149人，占被调查总数209人的71.29%；其次是“不受时空限制”，共有132人，占被调查总数的63.16%；再次是“可选择科目多”，共有119人选择，占被调查总数的56.94%（见表7-2），这些课程除了基础教育的课程，还有高等教育，有针对小升初的，也有面向高考的，还有涉及考研的，应有尽有。可以说，什么课程有培训市场，就开设什么课程。市场是开设课程的依据和向导。

---

① 李清泉，黎军，等．从MOOC到UOOC——地方高校在线教育联盟实践与探索[M]．北京：清华大学出版社，2017：260.

表 7－2　网民对在线教育课程设置情况

选　项	人　数	比例（%）
学习时间灵活	149	71.29
不受时空限制	132	63.16
可选择科目多	119	56.94
学费相对较低	61	28.85
学习相对轻松	50	23.92
师生互动方便	40	19.23
其　他	9	4.32

随着无线互联网的兴起以及人工智能教育的入场，教育网站和网络院校（网校）乃至虚拟大学如雨后春笋大量建立起来，其中相当大一个比例的网站、网校和教育公司盈利性的商业机构。预计 2019 年，中国在线教育市场规模将突破 3800 亿元人民币。①

二、开放与远程教育课程设置的特点

开放与远程教学系统在学科专业课程设置上通常表现出比传统教育更多的多样性、灵活性和智能性。这主要体现在以下几个方面：

（一）教育对象和教育目标的多样化

当今开放与远程教育的目标已经不再局限于所谓的学历教育和学校教育，已经衍射到社会的方方面面，已经拓展到社会教育的领域。

从教育对象而言，不仅仅是在校大学生或者是适龄的青少年学子抑或是在职的中青年的员工，而是延伸到在岗的知识分子甚至大学教授，而是覆盖到已经退休的老年人。比如高晓松的《晓说》栏目就是一个典型的案例，这是一个收费的节目，知识性很强，它的教育对象不只是知识的普及，还包括专业知识的传播。也就是说一些高学历的人员也有收看这个节目的必要性。高晓松的《晓说》有一档栏目题目是“我国

① “影子教育”自成体系[N]. 燕赵都市报，2018－02－08.

最早的PS竟是康有为与光绪皇帝的‘合照’”。这里面不仅对于PS技术的文献追溯有一定的学术价值，而且他还介绍了军机处的一些官职的知识。这些知识不仅仅普及知识，而且还是专业知识。因为高晓松到哈佛大学任教，有机会接触一些国内学者很难看到的一些珍贵资料。因此，他的有些栏目对于一些专业学者来讲也是必要的。

从教育目标而言，不仅仅是提高人们的文化素养提升业务能力，而且还具有那些闲暇教育、健康教育和调节人际关系的作用。毋庸讳言，传统的课堂教学也具有这些价值和作用，但是由于传统教育的教学对象是青少年，所谓的闲暇教育、养生教育和娱乐教育并非是学校教育的主要内容，甚至是抵触和排斥的。韩愈说：“业精于勤荒于嬉，而毁于随。”对于青少年学生而言，要鼓励奋斗、进取和吃苦，但是对于那些事业有成年岁已高的中老年人而言，这些显然是不适合的。对于那些身体大不如以前的中老年学员而言，应当劝谕他们如何保持事业平稳、怎样进行健康饮食和奈何琴棋书画。这对于那些年青时代苦苦奋斗无暇顾及的知识和技能，正是需要他们了解和知晓。恰恰一些事业有成经济条件较好的中老年人，才有能力进行付费的开放与远程教育。因此，与传统教育相比，开放与远程教育的目标因其固有的特点，更加多样性，多层次、多水平。

（二）教学计划和教学时间个性化

远程教育院校通常努力实现个别化、个性化的教学计划，即根据学生个人的实际需要和现有基础，制订适应个别化学习的个性化专业教学计划。早在1996年赛伦纳·马丁（Surena F. Matin）就开始探讨初级的机器人课程，这可以说是人工智能教育的前驱。目前国外的人工智能课程已经发展到了从设计完整的人工智能机器人课程到让复杂的机器人工程课程，增加人工智能资料。① 也就是说通过人工智能机器人来帮助每

① Martin, F Ideal and Real Systems: A Study Notions of Control in Undergraduates Who Design Robots [A]. In Constructionism in Practice: Designing, Thinking, and Learning in a Digital World [C]. ed. Y. Kafai and M. Resnick. Mahwah, NJ: Lawrence Erlbaum Associates. 1996.

个学员制订独特的教学计划，并实时跟踪学习进度，不时地提醒学员进行相关的学习。为了保证教材适合开放大学中学生的特点，开放大学成立了专门的课程小组来设计和制作多媒体课程（见图7－1）。

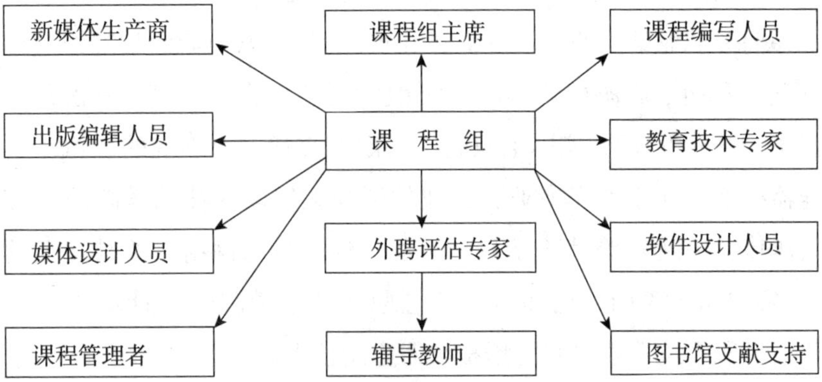

图7－1　英国开放大学课程组成分布图

（三）课程设置与设计的弹性化

由于开放与远程教育既有学历教育，也有非学历教育，而且后者更为主要。当今欧美一些国家正在探讨正规教育与非正规教育的认证问题。可以说，开放与远程教育，对于我国而言市场化比传统高校更为明显。如果课程设置与设计得不到市场的认可，招生就会出现问题。正如国家开放大学一位老师著文所言："因为对于网络教育而言，我们的用户就是学习者，我们必须以学习者为中心，为他们提供全方位的服务。"① 尽管传统高校的课程设置也需要根据用人市场进行不断调整，但是它们具有相对的稳定性，要根据教学计划进行教学，不能随意进行调整。因此，这种市场化招生的情况必然要求课程设置与设计要不断调整，不断对接市场需要，也就是要弹性化。

开放与远程教育的课程设置必须考虑受众的喜爱程度，同时也要兼

① 李杰．"互联网＋"开放大学招生管理模式的探索［J］．天津电大学报，2018（2）：1－3.

顾课程设计的可接受程度。笔者遴选2018年教育部公布的801门在线开放课程中，111门专科课程里国家开放大学被选中一门《Android智能手机编程》的课程。如表7-3所示，笔者按照从多到少的顺序进行了排列。选上最多专业领域是经济、管理商业和贸易，共有17门，比如天津商务职业学院的《国际商务礼仪》、江苏城市职业学院的《经济学基础》和南京旅游职业学院的《前厅服务与管理》等。其次是机械与汽车，共有14门，实际上只有1门南京交通职业学院的《汽车自动变速器维修》属于汽车专业，其他的诸如无锡职业技术学院的《液压与气压传动控制》等都属于机械专业。计算机与网络专业被选上的课程很多，共有13门，比如常州信息职业技术学院的《计算机应用》、常州信息职业技术学院的《虚拟仪器应用技术》等。

表7-3　教育部2018年在线开放课程分类

序　号	专业领域	数　量	比例（%）
1	经管商贸	17	15.3
2	机械汽车	14	12.6
3	计算机与网络	13	11.7
4	电工电子通信	10	9.0
5	动漫与艺术	8	7.2
6	医学与健康	7	6.3
7	语言学	6	5.4
8	建筑工程	6	5.4
9	教育心理	6	5.4
10	农林畜牧业	4	3.6
11	服装与食品	4	3.6
12	其他	16	14.4
合　计		111	100

一般说来，应当选择一些诸如艺术欣赏、健康保健、文学作品之类喜闻乐见的课程，事实上却选择了很多《人体解剖与组织学》《高等数学（一）》《冷冲模设计》等之类很高冷的专业课程。这主要原因在于

校本课程，而非兴趣课程，是根据高职高专和开放大学自身所开设的课程而确定的，而这些主要是面对高职高专在校生的。我们认为在线开放课程遴选的标准应当以观众为中心，而不是以作者为中心。因为无论是普及性的开放教育还是学历性的开放大学，学员的流失率都非常高。荷兰开放大学8年后毕业率仅为2.5%。① 这样下去，很难收到真正开放教育资源的效果。课程开发了，学生逃跑了。

（四）内容的人性化与选课的智能化

对于市场化十分依赖的开放远程教育课程，在选科制度上必须做到人性化。因为面对的对象是人，面对的社会还是人。作为免费的课程，主要是弘扬社会主义核心价值观，提高全民族的文化素质。网易公开课的“精品课程”有6类课程，分别是“个人提升”“职业”“经济”“人文”“生活”和“亲子”。这6类课程中带“人”字的有2个，占到了1/3，加上“亲子”，共有3个占到了50%。

2017年3月5日，“政府工作报告”中首次提及“人工智能”。随即引爆了这个热点，迅速成为一个新的经济增长点，并且很快渗透到了开放教育领域。2018年，我国人工智能市场达到了205.3亿元，增长了52.1%。随着人工智能的深入和发展，选课制度越来越智能化，不再是手工操作，而是通过人脸识别、自然语言和大数据分析等手段自主调整和信息登录。不仅如此，人工智能还会根据学生的已有成绩、偏好、兴趣、经济等推荐选修课程。我们无法断言，人工智能机器人教师会取代现在的教师，但是我们可以肯定会部分替代教师的某些烦琐的重复的工作。作为与教育技术联系最紧密的教育类型，开放教育中如何使人工智能机器人教师更加有效地指导和教会学员相关知识，学员如何适应和利用人工智能机器人教师的优势，这些是当今和今后开放教育教学论亟须研究的课题。

---

① 刘志芳．世界开放大学发展战略比较研究［J］．中国远程教育，2018（4）：15－21.

第二节 开放与远程教育的课程开发

关于课程的开发和教学设计，国外学者进行了广泛而深入的研究，形成了比较成熟的理论体系。C. M. 赖格卢特（C. M. Reigeluth）曾经归纳出六大原则：一是适应性原则；二是技术先进性；三是建构主义；四是最低限度教学；五是情感学习；六是整体改变。①

一、开发模式与组织机构

无论是远程教育还是开放教育，都是比较新的教育类型。既然如此，其课程开放的模式自然与传统教育有所区别。在某种意义上讲，就是将传统的纸质课程转化成音像模式，再注入最新的师生交流方式。

（一）课程的开发模式

课程开发的创作模式随课程材料的原始资源状况不同而不同，大致可以分为改造、新建和革新三种类型。

1. 改造模式

在课程开发的最初阶段可以从系统（院校）外的现有课程资源中借用到某些基本合用的特定课程材料，同时需要进行必要的转化、增补和加工、改造。改造模式课程开发的创作主要由两个阶段组成：选择和改造。

关于课件的选择，一般分为四个方面：一是从相关的精品课网站下载，譬如国家级精品课。对于这种课件往往普适性较强，但针对性较弱，需要结合所教学生的实际情况进行裁剪。二是从网上下载，这种课程的 PPT 很多，良莠不齐，侧重点不同，最好下载 2 ~ 3 个相同课程的版本，然后再合成与加工。对于这种课件不是照搬，而是截取，好的张

① T. 胡森，T N. 波斯尔斯韦特．教育大百科全书（课程 · 教育技术）[M]．重庆：西南师范大学出版社，2006：637 – 638.

页可以借用，但是一定要慎选和少量，否则就会给学生造成似曾相识燕归来的感觉。即便是很好的图片或者页面，也要进行技术加工，不宜带着当时的痕迹。即把有关的图复制到绘图软件中进行修改，然后再放回所要讲的 PPT 页码当中。三是通过同事转发的课件。这类课件教学对象基本相同，但是每个教师的特点、经历和知识结构不同，也具有一定的参考价值。四是发动优秀学生制作相关课件。闻道有先后，术业有专攻。教学相长，教的过程就是学的过程，学的过程也是教的过程。根据自己的观察和了解，找 1 ~ 2 名制作技术上乘和学习较好的同学，设计和制作某个章节的 PPT 课件，并给予一定的平时成绩的奖励。事实证明，有的同学的课件十分精美，细节相当考究，画面动态流畅，配乐清新自然，更加接近学生的审美，从而做到教学的美。

2. 新建模式

一体化创作设计方案。对同一课程的多种媒体课程材料中的印刷材料、视听材料、计算机课件、网络课页、实践教学环节、作业和考试等由同一组学科专家和课程开发人员实行同期创作和综合一体化设计。创新，是课件的灵魂。我们需要将最新的数据和资料及时吸收到课件当中去，例如美国的 ERIC 网站可以免费下载像“Open Praxis”期刊最新的论文，将国外的相关理论和观点加进教学内容当中。作为一体化设计，对于非教育技术专业出身的教师而言，制作技术可能相对生疏，可以将相关的音视频资料、文字资料、课件、PDF 文件等融汇到一个文件包中，在课堂教学中按照教学顺序展示给学生。

3. 更新模式

更新模式往往适用于同一所学院或者同一名任课教师某一门课程设计。对于开放与远程教育而言，更新模式是常用的模式。因为教育技术一日千里，技术不断进步，几乎每年都有一定的革新，例如智能手机的功能。更新的内容有以下几个方面：

第一，更新名称。无论开设什么课程，都必须反映最新的技术进展，这样，这种课程才有时代感，例如《汉语知识与教学技巧》。爱课程网站上这些课程名称比较时髦，而非专业化，比如四川大学提供的本科课程《eye 我所爱——呵护你的眼》、西南交通大学提供的本科课程《走进心理学》和青岛职业技术学院的专科课程《看美剧，学口语》等。它们多少有些哗众取宠吸引眼球的做法。与其说是一门课程，不如说是一档电视节目。从表 7-4 可以看出，从 9~13 的 5 门课程才是新建，其余 10 门课程为沿用。也就是说，国家开放大学 2017 年新建的“国际汉语教育方向”的汉语言文学专业1/3必修课程为新建，必修课程为沿用。当然汉语言文学是传统专业，国家开放大学 2017 年新上的工商企业管理（邮政市场营销方向）专业（专科），其共开设了 11 门必修课，其中“邮政业务与管理”和“邮政大客户开发与管理”等 5 门为新建课程，占总必修课的 45.5%。

表 7-4　国开汉语言文学(国际汉语教育方向)专业(本科)统设必修课程

序号	必修课程	学分	开设学期	资源	考试	教师
1	国家开放大学学习指南	1	1	沿用	沿用	
2	计算机应用基础（本）	4	1	沿用	沿用	
3	英语Ⅱ（1）	3	1	沿用	沿用	
4	英语Ⅱ（2）	3	2	沿用	沿用	
5	现代汉语专题	4	1	沿用	沿用	
6	古代汉语专题	4	2	沿用	沿用	
7	中国现代文学专题	3	2	沿用	沿用	
8	中国当代文学专题	3	2	沿用	沿用	
9	国际汉语教学概论	2	1	新建	新试卷	
10	第二语言习得	2	3	新建	新试卷	
11	汉语作为第二语言课堂教学方法	3	3	新建	新试卷	
12	汉语知识与教学技巧	2	3	新建	新试卷	
13	跨文化交际与中国文化教学	2	4	新建	新试卷	
14	教育学	4	2	沿用	沿用	
15	语言学概论（本）	3	3	沿用	沿用	

第二，更新方式。我们远程教育以前采用网上教学方式，或者采用

Moodle模式，在网上提供一定的资料然后进行讨论。如今需要借助使用了QQ或者微信授课，尤其是微信圈，可以采用语音的形式，更加方便。还有的PPT版本老化，不宜保存。需要重新在新版的模板上设计课件，然后把旧的内容倒到新的模板上。关于到课点名的方式，可以采用扫二维码的方式，了解学生出勤情况。也可以采用雨课堂APP的方式点名。

第三，更新观点。2018年2月22日消息，教育部部长陈宝生要求全面修订96种教育部马克思主义理论研究和建设工程（简称马工程）重点教材。开放与远程教育影响面更广，教材内容要贯穿习近平新时代中国特色社会主义理论，做成筑魂工程、追梦工程和政治工程。① 随着学生需求的不同，伴随着技术的进步，有些内容就需要删减，例如《教育技术学研究方法》课程中，“第十三章SPSS的应用”，如今Excel制表功能日益强大，知识可视化比较方便，而SPSS尽管也进行了改进，仍然数据输入比较烦琐，表格美观存在一定的问题。我们就需要根据科研实际的需要，对教学内容的比重进行适当调整。同时，对于上网公开的精品课课件，也需要与时俱进不断更新。

（二）课程开发的组织机构

作为市场经济的国家，纵观我国开放与远程教育的课程开发的组织模式，我们可以大致分为以下三个层面：

1. 国家组织层面

为了适应改革开放的潮流和要求，也为了彰显我国在开放教育领域的国家形象，教育部遴选部分优秀的公开课。这些既有国内的高校的课程，也有国外知名高校的课程。这种组织模式重点在于遴选和制定规则，诸如近年来教育部组织的国家精品在线开放课程，有力地推动了这项工作的开展。2017年12月教育部办公厅公布了认定的国家精品在线开放课程，共有468门本科课程和22门专科课程，共计488门。② 而

① 晋浩天．九十六种马工程重点教材将全面修订[N]．光明日报，2018-02-23.

② 方旭．国家精品在线课程认定的实证分析[J]．中国高教研究，2018（7）：94-99.

2018 年则达到了 801 门几乎翻了一番。这种模式属于国家组织，是中国特色。

2. 学校组织层面

学校层面的组织模式，主要是指部分高校，尤其是 985 高校，将部分比较成熟的优质课程制作成 MOOC 或者 SPOC 的形式，向社会免费开放，进而提升国民文化素质。也有部分教师个人利用录播系统，自己录制一门或者几门课程推送到网上。

事实证明，越是知名高校，推出的在线开放课程越多，越受欢迎。以 2018 年教育部公布的国家精品在线开放课程为例，[①] 第一位是清华大学，共有 40 门课程入选，占当年所有本科课程 690 门的 5.8%。第二位的是北京大学，共有 30 门课程上榜，占当年所有本科课程的 4.3%。

3. 公司组织层面

这种模式是指我国某些商业公司利用其先进的技术设备，联系部分高校开发一些市场需要的课程，其目的在于向高校推荐和介绍其设备和理念，从而达到盈利的目的，譬如超星公司开发的“雨课程”系统，教师可以利用这个软件自己制作一些网络课程，从而增加师生之间的交互提高学生的学习兴趣。

事实上，在我国单纯公司模式是不存在的，它们必然是与学校、知名学者、媒体人等教学资源的合作才能将这类课程做大做强，比如爱课程（中国大学 MOOC）就是一个例子。尽管这是一个教育部官方的网络课程平台，但是借助了高等教育出版社和网易公司等公司进行运作和发布。

二、开放教育的课程设计

如今我国网络资源十分丰富，包括各种各样的开发与远程学习材

---

① 李澈. 801 门高校课程入选国家精品在线开放课[N]. 中国教育报，2019－01－23（1）.

料。既有音视频资源，也有 PPT 课件，还有 word 文档，更有读秀、电子书等相关书籍。不同的课程，设计理念有所不同。

（一）在线课程分类

在网络课程开始之初，1998 年，金伯格（Ginsburg）等人将网络课程分为三代，这种分类至今仍然具有现实意义。我们结合当前最新信息技术，把它们分为以下三代：

第一代是在 20 世纪和 21 世纪之交通过网页给学习者提供教学材料，以及有关教育网站的链接。这种课程是单向的，是网站针对学习者的，当时的技术还不能进行反馈。

第二代是 2001 麻省理工学院开放课件运动开始到 2012 年美国慕课元年。这要求学习者通过电子邮件、电子公告栏、网上交谈室、网上练习进行异步双向交流。当时这种课程可以通过 Moodle 的形式进行。

第三代是 2012 年微信发明以后至今通过智能手机中的微信朋友圈进行发放文字课程和视频资源，同时可以在朋友圈内进行一对一和一对多的在线讨论和交流。

今后随着华为 5G 智能手机的技术发明和广泛应用，手机传播速度更快，容量更大，智能手机将会取代笔记本电脑，成为兼具通讯和学习于一体的学习终端工具。这样在线课程将会进入一个更新的时代。

（二）教学 APP 设计

教学 APP 是当今世界远程开放教育最新的课程模式，具有移动学习的特点。但是据 2017 年的统计，在线英语学习产品，88% 的是 PC 网站提供，手机 APP 仅占 9%，其他只有 3%，包括微信 1% 和多媒体光盘软件 2%。① 这个开发过程包括五个环节：研发、测试、发布、评估和用户反馈（见图 7－2）。当然在研发过程中，我们还要兼顾其他利益相关方，例如法律专家，防止侵犯知识产权引起不必要的法律纠纷和诉讼。

---

① 吕森林，邵银娟，等. 2016—2017 中国互联网教育行业蓝皮书[M]. 北京：北京大学出版社，2017：203.

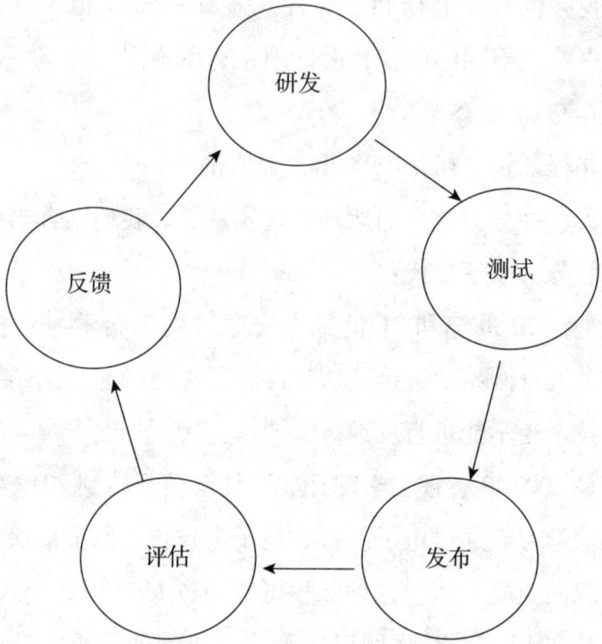

图 7－2　教学 APP 开发环节

在设计教学 APP 过程中，我们要注意以下几个方面的问题：①简便易行，包括容易使用和容易处理。②定位明确，用户常见的动作，应当易于找到和触摸。这里要运用“经验法则”，要考虑用户在手持移动终端时候可以舒服地触及屏幕的某些区域。③即时反馈，最好的方式是移动设备的幕后为用户提供看得见和听得见的反馈。另外还有巧妙运用图表和常规导航，也要考虑用户界面隐喻，比如用电话号码本图标来表示电话号码簿等。

（三）网络视频教材

开放性和灵活性：扩大规模、随时随地自主学习，尤其在移动互联网背景下，手机辅助学习正在逐步代替计算机辅助学习。2004 年，学习共同体（COL）发布了《LMS 评估工具的用户指南》,[①] 其中在二级

① 赵国栋．大学数字化校园与数字化学习纪实研究[M]．北京：北京大学出版社，2012：91－92.

指标中有“开放性”这一项，它具体是指开源软件。要求源代码的开放程度比较高，易于修改或者添加自定义模块。

开拓性与共享性：资源开拓和链接全球优质资源；让自己拥有知识产权的资源全球共享。根据国际开放与远程教育协会（ICDE）提供的资料显示：目前，非洲虚拟大学（AVU）已经发布了1335种开放教育资源，其中包括234本开放教材，83种录像和945种学习材料。截至2018年7月，它拥有1623种英语、法语和葡萄牙语的资源。由此可见，非洲虚拟大学在开放与远程教育课程方面有了新的进展，值得世界各国关注。

思考题

1. 简述远程教育课程开发的全过程。
2. 简述教学APP的开发过程。
3. 结合最新的成果，谈谈在线课程的分类。

第八章　开放与远程教育的服务论

教育是一种事业也是一种服务业，开放与远程教育的本质特征就是服务。一是学习支持服务总论，概论、核心、组织模式和基础设施建设；二是远程学生学习支持服务分论，信息、资源、人员、设施等服务系统以及实践性教学环节和作业、检测、考试。

第一节　学生学习支持服务的总论

开放与远程教育的高辍学率是一个不容回避的问题，也是开展学生支持服务的主要原因。一般说来，我国远程教育机构的辍学率达到50%左右。① 美国现代实用主义教育家杜威提出了儿童中心主义，这为学生为中心理论奠定了基础。远程教育也需要以学生为中心。

一、学生学习支持服务的概念

为了支持发展中国家开放与远程教育的发展，联合国成立了一个国际软件技术研究所。1992 年 7 月，由葡萄牙政府和中国政府等筹集了 300 多万美元在澳门建立。这个机构包括行政及研究人员，来访的专家、科研项目负责人和学生。其主要目标是开发和推广先进软件产品，更新大学软件科学的课程。

（一）学习支持服务概念的由来

"学习支持服务"（Learning Support Services）概念最早是国外提出来的。1978 年英国开放大学中心主任西沃特在德国哈根函授大学发表

① 李莹，等．远程开放教育辍学研究［M］．上海：复旦大学出版社，2014.

了论著《远程学习系统对学生的持续关注》，第一次提出了学生学习支持服务的概念和理论。这个支持服务做法是英国开放大学成功的秘诀之一，是开放与远程教育规律的精准的总结和概括。我国对于这种远程辅助教育十分重视，有的文献又称为“支助服务”。2018 年 6 月底，根据中国知网的“主题”统计“学习支持服务”，共有 3405 条，而“学习支助服务”只有 77 条。可见，我国比较常用“学习支持服务”概念。

（二）我国开放与远程教育的服务观

无论是开放教育，抑或远程教育，都是教育的范畴，都要坚持党的教育方针。我们要树立开放与远程教育的“四个服务”。

第一，为人民服务。人民是一个十分宽泛的概念。绝大多数拥护社会主义制度的家长和学生都属于人民。开放与远程教育不仅仅要为在职的成年人服务，也要为即将走向工作岗位的青年人服务，还要为即将或者刚刚步入学校大门的少儿服务，仍要为退休在家的老年人服务。因此，开放与远程教育是全纳教育、是终身教育、是全程教育。

第二，为我党治国理政服务。习主席告诫我们：“要警惕借‘普世价值’抹黑我们党、我国社会主义制度和文化传统的行为，大力培育和弘扬社会主义核心价值体系和核心价值观。”[①] 我们要不断坚持党管大学的思想，加强大学各级党组织的领导，培养社会主义事业的接班人。

第三，为中国特色社会主义制度服务。我国开放大学的要把立德树人作为根本任务，要弘扬社会主义核心价值观。无论是开放大学，还是在线培训机构，其教学内容都必须服务我国社会主义制度。

第四，为社会主义现代化建设服务。我们要通过开放与远程教育进一步提高国民素质，提高我国劳动生产力，从“中国制造”迈向“中国智造”。开放教育，我们不仅要对国内开放，还有面向“一带一路”国家开放。

---

① 中共中央宣传部．习近平总书记系列重要讲话读本［M］．北京：学习出版社，人民出版社，2016：76.

（三）学生学习支持服务的界定

师生之间的人际面授活动。优质和充足的师资是进行学生支持服务的根本。当前我国开放大学师资队伍得到了广泛的改善，专职教师数量和质量都有了较大幅度的提高。根据国家开放大学公布的资料显示，国家开放大学办学体系金融学专业专职教师概况如下：截至 2016 年春，金融学专业教师总数为 1538 人，其中在编教师 937 人，兼职教师 601 人。在编教师中高级职称 421 人，占比 45%。总部具有专业背景的教师 10 人，其中，正高级职称 2 人、副高级职称 6 人、讲师 2 人，具有行业经历的 2 人。

英国开放大学的研究发现，在一年之中，如果给一个学生三次有效的回应或者学习支持方面的帮助，学生的保持率每年将上升 5% ~7%。为了提升教师对学生支持服务的质量，英国开放大学还专门开发了电子学生反馈系统，帮助教师了解学生对教学的意见，改进自己教学中的不足。

（四）人际交互和双向通信交流

所谓教学就是师生之间的交流。传统教育业注重人际交互和双向交流。毕竟传统教育是面对面的，这种交流是自然的、常规的。然而，开放与远程教育天然是师生之间和生生的分离，这种人际交互和双向通信就比较困难。

尽管当代信息技术条件下，虚拟人际交往比较频繁和便捷，但是学习问题、交流问题和个人问题依然是开放与远程教育的“瓶颈”。远程学习者辍学分析的早期理论模型由肯尼迪和鲍威尔（Kennedy & Powell）在 1976 年提出，两位学者构建了二维的描述性模型，即学习者的个人特征以及所处环境与辍学相关，其中个人特征包括教育背景、学习动机等；环境包括健康情况、财政状况和职业变换以及家庭关系等。

二、学习支持服务脑科学基础

先秦时期的《学记》认为：亲其师，则信其道。我们古代教育家只是揭示了这种情绪对于学习的影响现象，并未对其发生的机理进行探讨。现代心理学家对这个问题进行了科学的论证。人体对于压力的反应包括儿茶酚胺和皮质醇的分泌，正如神经科学研究所示，这些激素含量的升高通过影响学习和记忆来调节认知。① 动机和情感在学习和绩效中发挥着极其重要的作用。当学生有较高的焦虑的时候，他们的绩效就会不理想。②师生情感在教学过程中发挥着向心力和离心力的作用。好的师生关系促进学生的学习；差的师生关系则抑制学生的学习。因此，我们开放与远程教育学的支持服务需要从两个方面构建：

第一，就是要经常与学生联系，建立师生之间的感情和生生之间的感情，从而帮助学生克服学习困难，完成学业。在远程学习中，香港一位学员说："我好像是一个人独自旅行在漫无边际的海边。"监狱中的学习者说："我在 16 岁那年，误入歧途，陷入法网，锒铛入狱。这本来是一个极大的打击，但最悲痛的是得不到亲人的谅解，先是朋友，后是亲人，相继和我断绝关系""公开大学的师生令我感到人间仍有温暖。"

第二，构建人机情感。机器也是有情感的，我们善待它们，它们就会良好地工作；反之，就会出现一些故障或者死机。我们要建立一种和谐的人机关系，从而促进远程教育学生教学质量的提高。2011 年湖南省设立了"基于 Web3D 技术支持的网络远程教育虚拟实验平台"。这个系统重在教师与学生的情感交流，鼓励学生积极参与学习和讨论，培养学生分析问题的能力。

三、以服务为中心的指导思想

从以教师为中心到以学生为中心。赫尔巴特为代表的传统教育学认为是教师、课堂和教材三中心。以杜威为代表的现代教育学认为学生、活动和工场为中心，被称为"新三心"。作为国内最大的远程教育学生支持服务公司，奥鹏教育秉承"以用户为中心，关注用户体验"的宗

①② J Michael Spector，等．教育传播与技术研究手册[M].4 版．任友群，等主译．上海：华东师范大学出版社，2015：73，79.

旨，将学生为中心作为教育公司经营的理念。

开放与远程教育的出版服务。1982 年 10 月，当时的中央广播电视大学成立中央广播电视大学出版社。2018 年 1 月，正式更名为国家开放大学出版社。该社为我国开放与远程教育的教材出版和发行做出了很大的贡献。至今该社出书近 2000 种，年发行码洋 4.2 亿元，固定资产达 6 亿元。这家出版社今天已经是中国大学出版社十强之一。这在一定程度上反映了我国开放大学出版社在国内的超前发展情况，也反映了他们为远程教育服务的情况。

我们必须注意到，开放远程教育也面临一些问题。开放远程教育由于其依托的是现代科技，学习过程不受时空的影响，得到广大在职人员的喜爱。可是远程学生却因为知识基础、社会经历以及年龄等方面存在的巨大差异，尽管学生数量不断加大，可是流失现象以及沉淀现象却不断加剧。① 我们认为这种现象不是个别情况，在西部地区尤其严重。因为那里的设施相对落后，学员的经济条件较差，而现在教育技术设备要求较高，反而阻碍了他们继续学习。

第二节　学生学习支持服务的分论

就像产学结合是职业教育的特色一样，学生学习支持服务则是开放与远程教育的特色。从远程教育到开放教育，服务的比重越来越大，服务的特色越来越明显。开放与远程教育就是教师服务学生的教育。

一、远程学习的组织模式

远程教育的组织形式有集体组织模式，也就是传统的班级组织虚拟化。也有个人学习和班组学习，也就是自主学习、在家学习、移动学

① 陈雪梅，柯繁．远程开放教育学习者流失现象和沉淀现象的分析[J]．继续教育研究，2017（3）：77－79.

习。这种形式是远程教育的主要形式。

20 世纪 70 年代中期成立的加拿大多伦多开放学院，通过远程课程进行学习，每周六举办一次研讨会，与导师见面。① 远程学习没有组织机构，无法保障学生的学习时间。无论是开放教育，还是远程教育，都需要一定的面授时间。这是保证教学质量的重要环节。

我国开放大学的学生支持服务采用市场机制。2001 年 12 月 30 日教育部正式批准当时的中央广播电视大学“现代远程教育校外教学支助服务体系试点项目”立项，采用市场机制。2003 年 3 月教育部高教司《关于同意申请注册“北京奥鹏远程教育中心点”的批复》，奥鹏中心正式成立。“奥鹏”就是英文 Open 的译音，从这个机构设立之初，就彰显了开放远程教育的发展理念。截至 2016 年，奥鹏教育已经开设 1840 家远程教育学习中心，累计拥有 130 多万名学生用户，覆盖 27 个省市自治区。

二、信息基础设施建设

国外学者注意传统教学方式在远程教育中的运用研究。2016 年，爱尔兰一个学者针对沙特阿拉伯进行了一项黑板系统在远程学习中的应用研究。研究结果显示，黑板被视为一个积极的影响，特别是互联网的连接困难的地方和国度。② 总之，我们在强调慕课学习重视无线互联网的同时，还需要兼顾落后地区远程教育的实施。

2016 年，美国的一项研究表明，在各种考试中，军事院校的学生的学习成绩明显低于同等居民学生。③ 美国海军研究生院应该在远程教

---

① 王建军，葛为民，褚献华．英、美、加远距离开放教育［M］．杭州：浙江大学出版社，1999：268.

② Suad Alaofi. How Do Teachers and Students Perceive The Utility of Blackboard as a Distance Learning Platform?（Case Study from Taibah University，Saudi Arabia）［D］. Dublin Institute of Technology，2016.

③ James N Fodor. Distance learning：the impact of not being a resident student ［D］. Naval Postgraduate School，2016.

育设施方面具有一流的水平，但是学生的学习成绩差强人意。我们不能过分强调信息基础设施的建设，还必须关注学生之间的交流。

三、学生学习支持服务的内容

学生学习支持服务是开放与远程教育区别于其他类型教育的特殊矛盾，是保障教育质量的重要手段。具体内容有以下几个方面：

（一）信息服务

澳大利亚开放大学专门为残疾人提供学习支持服务，其中包括五种不同的教材，即布雷尔文（Braille）、电子（音视频）课本、黛西格式教材（Daisy format）、大字印刷教材和文献传输服务。西澳大利亚大学等12所与开放大学合作的高校都设立了诸如“公正与残疾部”的部门及其联系方式。

中国人民大学网络学院十分重视学生支持服务，非常重视《学生手册》的编写工作。在办学过程中不断对内容进行更新和完善，到2006年，已经有11个版本。[①] 这得到了广大学生的普遍好评，这是他们注重学生服务的一个方面。

（二）资源服务

如今开放与远程教育机构的优劣，其中一个标准就是要有充足的网络学习资源。也就是要有三中心：资源中心、服务中心和学习中心。

1. 资源中心

中国人民大学网络学院将纸质教材和光盘教材统筹考虑，向所有选课学生免费发放光盘教材。他们开发了“光盘版课程自动更新系统”，保证学生能够免费更新课程内容。尽管我们现在已经很少使用光盘了，但是他们这种服务理念值得发扬和坚持。在教材配送方面，学生可以根据需要，在任何时间和任何地点从网上预订任何一门课程的教材。

① 郭文革．中国网络教育政策变迁——从现代远程教育试点到MOOC[M]．北京：北京大学出版社，2014：138－139.

2018年4月，教育部出台了《高校人工智能创新行动计划》，今后我国开放与远程教育的更加现代化更加信息化更加智能化。新一代人工智能在移动互联网、大数据、超级计算、传感网和脑科学等新领域新技术方面会有新的创新和突破。人工智能教师在资源中心服务方面会有大有作为，可以为师生定制一些课题的资料。

2. 服务中心

建立必要的机构，是落实学生支持服务的制度保障。2000年10月，人大网络学院成立咨询部，2001年4月，启用了呼叫中心坐席系统。2000年12月和2001年3月分别开通了“杨老师信箱”和“杨老师论坛”，以电子邮件和论坛的形式进行答疑互动。2003年，启动短信平台，向学生提供手机免费短信服务，[①] 及时告知相关教学信息。早在2004年，美国人工智能协会春季专题讨论会就研讨了“人工智能和机器人教育的获得与掌控”问题。[②] 从2010年开始至今的最近7年，人工智能协会年会上每年都要举办人工智能教育专题讨论会。[③] 我们相信，不远的将来，就可以采用人工智能机器人与远程教育的学生进行交流。不仅如此，而且可能未来的开放教育更加依赖人工智能，像我们今天依赖电脑一样。在医学领域，比利时的安特卫普大学附属医院的医学博士曾经指出，医生做手术时候对机器非常依赖，甚至离开机器不能手术的地步。[④] 那还仅仅是人工操纵的机器，假如人工智能自己控制，可能就会更加依赖了。2005年美国的一本书《奇点临近》曾经预言人工智能将超越人类智能，成为未来技术的变化。医学是如此，医学面向人类，教育也是面向人类，也将是如此。

---

① 郭文革．中国网络教育政策变迁——从现代远程教育试点到MOOC[M]．北京：北京大学出版社，2014：139.

② Zachary Dodds，Lloyd Greenwald，Ayanna Howard，Sheila Tejada，Jerry Weinberg. Components，Curriculum，and Community：Robots and Robotics in Undergraduate AI Educa－tion[J]. AI Magazine 2006，27（1）：11－22.

③ M Wollowski，T Neller，J Boerkoel. Artificial Intelligence Education[J]. AI Magazine，2017，（2）：5－6.

④ 当人工智能所向无敌[N]．教育文摘周报，2018－07－11.

如今教育机器人已经初具规模，利用意念进行脑机交互在技术上也有了新的突破。根据《2016年全球教育机器人发展白皮书》测算，全球教育机器人市场规模到2020年将达到111亿美元。[①] 今后我国和世界教育机器人正在改进和提升机器人的情感特点和仿生技术，尽可能地将机器人“打扮”成实体人。

3. 学习中心

我国的开放与远程教育机构十分重视学习中心的建设。国家开放大学包括1个总部，44个分部，1000多所地市级学习中心、3000多个教学点，6万多个教学班，覆盖全国城乡的开放与远程教育办学网络。设有6个学科学院和直属学院、继续教育学院以及八一学院、总参学院、空军学院、西藏学院、残疾人学院。专设中国电视师范学院、中国燎原广播电视学校和中央广播电视中等专业学校。开设了开放教育本科专业26个、专科64个，教育部“一村一名大学生计划”专业19个。开放教育在校生366.73万人，其中本科生105.78万人。

2002年10月12日开始建立的奥鹏远程教育中心，2003年2月24日，在人民大会堂举行全国首批奥鹏远程学习中心授牌仪式。截至2007年年底，它在全国已经设立了1352个奥鹏学习中心。[②]

（三）人员服务

英国开放大学教学运行体制覆盖了教学的全过程，直接教学机构得到教学辅助机构的支持，学生服务系统则通过庞大细致的地方网络给予每一名学生全方位的学习支持。[③] 其完善的教学服务体系为实现高质量的远程学习提供了保障。

英国开放大学1971年正式开学授课时注册学生19581人。2009年，学生服务中心每年约接待6.8万新学员和11.5万老学员；接听125万

---

① 曾海军，徐晶晶．教育机器人：智慧学习环境的关键点[N]．中国教育报，2018-06-09.

② 郭文革．中国网络教育政策变迁——从现代远程教育试点到MOOC[M]．北京：北京大学出版社，2014：101-102.

③ 韦润芳．英国开放大学再认识：教学篇[J]．中国远程教育，2009（10）：16-18.

次电话；发送58万封电子邮件；接受24万次注册（其中38%是在线的）；开设有500多门课程和200多个资格认证；组织12.5万次考试；进行8.7万次结业评估；颁发3.3万个资格证书。①

（四）设施服务

为了便于全国各地学生的管理和学习，开放大学在英国设立了13个地区中心，方便给学生提供教学辅导和咨询服务，这些地区中心还下设了地方学习中心，学生可根据自身情况选择到学习中心参加面授辅导。

未来开放与远程教育的人员服务将会引入人工智能机器人进行服务。这方面国外已经开始研究并进行了初步的实验。尼可·辛涛（Nicole Sintov）等人已经开始将真实世界的问题教给人工智能机器人，使其回答各种各样的人群。2016年有关人工智能教学和实践的调查显示，学生希望通过人工智能机器人来回答真实世界的问题。② 那么，我们可以将这种技术运用到开放与远程教育实践中去，尤其是有关常规性的诸如招生的资格和要求的一些问题，借助智能机器人来回答。

（五）实践性教学环节

教育与生产劳动相结合是马克思主义教育基本理论，是世界各级各类教育规律，开放与远程教育也不例外。

综合实践环节是对学生阶段课程学习和总体学习结果的检查和总结，是学生在校学习期间需要完成的实践性环节，是培养学生理论联系实际和锻炼学生独立工作能力的有效手段，把课堂传授的知识与以实践能力、实际经验为主的生产、实践有机结合，从本质上解决学校教育与社会需求脱节的问题，增强学生的社会竞争能力。

国家开放大学软件工程（Java技术方向）本科专业教学计划设置有必修课、选修课和综合实践（见表8－1）。

---

① 张竹丽. 2010年英国开放大学的现状及启示[J]. 飞天，2011（8）：28－31.

② M Wollowski，T Neller，J Boerkoel. Artificial Intelligence Education［J］. AI Magazine，2017（2）：5－6.

表 8－1　软件工程（Java 技术方向）本科专业课程设置

序　号	课程类别	课程数量	总学分	最低学分
1	必修课	15 门	48	48
2	选修课	14 门	53	13
3	综合实践	2 门	18	10
合　计		31 门	119	71

从表 8－1 可以看出，综合实践课程共有 2 门，占总课程门数 31 门的 6.5%；18 学分，占总学分 119 分的 15.1%。从学分比例来看，比重并非很高，高职院校这部分课程一般占到 30%。由于开放大学学生基本上是在职学习，本身就在实践中，因而这些课程比例低具有一定的客观因素。

（六）作业、检测和考试

开放大学十分注重教学质量，建立了严格的质量保证体系，从教师选聘考核、学生作业评改、考试的组织及评卷等各个方面均有严格的质量保证体系。在我国开放大学中，“统一考试评价”是显著特点。如今江苏开放大学正在探索智能在线考试系统，特别设计了防作弊手段。这种做法将有利于减轻学员负担。开放大学教学体系是一种“教学运行体制和教学决策体制并立”的双轨模式。

思考题

1. 举例说明学习支持服务的脑科学基础。
2. 学习支持服务的概念最早是谁提出来的？
3. 国外学习支持服务的理论主要有哪些？
4. 开放与远程教育的学习支持服务主要内容是什么？

第九章　开放与远程教育的管理论

中华人民共和国成立以后，我国开放与远程教育的管理模式从中央到地方，从行政到法制，从中等到高等初步形成了一套比较完备的体系。开放与远程教育管理具有宏观、中观和微观三个层面，包括三代信息技术与三代远程教育理论，还涉及开放与远程教育的区域规划以及开放大学政策路径。

第一节　开放与远程教育的代际理论

2015 年 7 月 1 日，国务院下发《关于积极推进“互联网 +”行动的指导意见》（国发〔2015〕40 号），大力发展开放教育的规模和水平。2015 年 11 月 9 日，第二次全国教育信息化工作会议召开，当时的国务院副总理刘延东在会上强调：“十三五”期间，要大力推进教育信息化，运用现代信息技术，让农村、边远贫困和民族地区的孩子们共享优质教育资源。由此可见，我国高度重视信息技术的发展，在很多方面引领了世界。

一、三代信息技术与三代远程教育理论

1985 年，加拿大学者伽里森（D. Randy Garrison）率先提出了“三代信息技术与三代远程教育”的说法。20 世纪 90 年代丹麦学者尼珀（Nipper）、英国的贝茨（Bantes）和我国丁兴富教授等人不断完善。1989 年丹麦尼珀论文《第三代远程学习和计算机会议》中发展了这个概念（见表 9 - 1）。尼珀认为：

第一代信息技术，19 世纪中期以印刷技术和邮件通信为主，对应

的是第一代函授教育（Correspondence）。

第二代信息技术，20世纪初以大众媒体和视听技术为主，对应的是第二代多媒体教学的开放远程教育。

第三代信息技术，20世纪50年代以电子通信技术为主，以计算机多媒体和互联网为主要代表，对应第三代网络远程教育。

这个理论划分的优点是以信息技术的不同和教育类型的不同为线索，缺点是缺乏年代感，时代的划分比较模糊。最主要的是对于21世纪新媒体的技术和开放教育的理论和实践没有涉及。

表9-1　三代信息技术与三代远程教育

分期	起始年代	远程教育	信息技术	主要媒体
第一代	19世纪中期	函授教育	传统印刷术、邮政和早期视听技术	印刷教材、照相机、电话、幻灯机、电唱机、投影仪、录音机、电影和收音机
第二代	20世纪中叶	多媒体教学的开放远程教育	单项传输为主的电子信息通信技术	大众媒体、个人媒体、闭路电视
第三代	20世纪末叶	网络远程教育	双向交互的电子信息通信技术	远程电子通信、移动通信、计算机多媒体、计算机网络、知识媒体、虚拟现实

二、五代信息技术与五代远程教育

远程教育被澳大利亚南昆士兰大学校长、远程教育学专家詹姆斯·泰勒（James Taylor）划分为五代。第一代基于印刷技术的函授教育模式；第二代多媒体模式，印刷、录音带、录像带；第三代基于音频远程会议系统的远程学习模式；第四代，基于由交互性网络多媒体的灵活学习模式；第五代智能灵活学习模式，信息技术主要包括校园网、在线交互等。

由于在第四代的时候，基于因特网的万维网技术在很大的程度上被远程教育工作者所利用，网上的各种资源、数据库方便了学习者的学习。而第五代的突破点就在于它有了自动课件生成系统、自动回复系统和自动业务系统，这些能够大大降低可变成本。目前南昆士兰大学已经在第五代远程教育有了一定的规模。学生们在网络上提出问题，系统可以根据关键词，精准找出答案，而且会有一个老师进行核对，并将这些互动活动归纳整理、分门别类存储在数据库里，在以后的教学辅导中加以利用。第五代远程教育的运用在规模效益和成本效益方面有显著的效果。①

1989 年，詹姆斯·泰勒将加拿大学者伽里森的三代远程教育和三代信息技术论扩充到五代，现在的澳大利亚远程高等教育已经是在第四代到第五代的过渡期。伊萨姆·考斯巴（Essam Kosba）在文章中具体详细介绍了 TADV 结构并阐述了反馈信息对于老师以及学生的重要性，老师通过学生的反馈信息可了解学生的学习进度，有助于更好地教学。②

2001 年，澳大利亚的远程教育专家詹姆斯·泰勒提出了五代信息技术与五代远程教育之说，这是对三代信息技术与三代远程教育的发展，得到了世界远程教育界的广泛认可。

南昆士兰大学拥有一批优秀的远程教育专家。2009 年，泰勒教授被任命为澳洲的总司会员，他“在高等教育服务，尤其是在开放式学习的领域、在线和远程教育，充当了一个学者、研究人员和管理员”。同年，泰勒教授获得了澳大利亚高等教育质量奖“关于完善开放，距

① Professor James C Taylor. Distance Education：the fifth generation. 19th ICDE WORLD CONFERENCE ON OPEN LEARNING and DISTANCE EDUCATION，Vienna，June 20 – 24，1999.

② Essam Kosba，Vania Dimitrova，Roger Boyle. Adaptive feedback generation to support teachers in web – based distance education[J]. User Model User – Adap Inter，2007，(17)：379 – 413.

离和灵活的教育声誉和质量的国家和国际影响”，由澳大利亚大学质量机构（AUQA）为其颁发。他于1999年被授予了国际理事会远程开放教育（ICDE）卓越职业个人奖，并且在2002—2005年担任ICDE主席。泰勒教授是OER基金会员，负责管理维基教育网站，他目前的主要项目是建立开放教育资源的大学。他同时也是澳大利亚最大的私人远程教育提供教育和培训顾问委员会的成员。

詹姆斯·泰勒的这个理论是21世纪初世界开放与远程教育的高度概括和总结。然而，2005年以后，我国信息技术开始领先世界，尤其是以华为为代表的智能手机在国外颇有市场。移动互联网初步取代了互联网，2014年《中国教育年鉴》的总结说明，我国生均计算机数在下降，智能手机接收邮件和修改WPS文档的功能正在逐步部分取代笔记本电脑和台式电脑。因此，我们也提出了不同于泰勒的“五代信息技术与五代开程教育”理论（见表9－2）。

表9－2　泰勒的五代信息技术与五代远程教育理论

时期	第一代	第二代	第三代	第四代	第五代
类型	函授型（Correspondence Model）	多媒体型（Multi－media Model）	远程学习型（Telelearning Model）	灵活学习型（Flexible Learning Model）	智能灵活学习型（Intelligent Flexible Learning Model）
信息技术	印刷技术	印刷、音像磁带、基于计算机的学习（如CML、CAL、IMM等）和具有交互性的图像（软盘和磁带）	音频远程会议系统和视频会议系统。电话图形通信、广播和电视/收音机	有交互性的网上多媒体（IMM）和基于因特网获取万维网（WWW）资源计算机协调通信（CMC）	有交互性的网上多媒体，基于因特网获取万维网（WWW）资源、运用自动恢复系统的计算机协调通信和通过校园网端口处理行政事务和使用资源

三、五代信息技术与五代开放和远程教育

笔者根据三代信息技术和三代远程教育理论以及泰勒的五代信息技术与五代远程教育提法，结合中国开放教育与远程教育实践，我们同样划分为五代，但是具体的分法与以上有所不同。第一代信息技术与第一代远程教育。随着邮政技术的出现，1840 年英国艾萨克·皮特曼为代表的函授教育。第二代信息技术与第二代远程教育。随着无线电技术的发展，1908 年美国试听教材出版，标志着试听教育的开始。第三代信息技术与第三代远程教育。1969 年，美国发明了几台计算机的联网，代表了互联网的出现，随之同时英国开放大学创办，远程教育进入了开放教育的时代。第四代信息技术与第四代远程教育，1994 年我国建立了第一个网站，标志着网络教育的广泛运用和在中国的发端。2001 年美国开放课件运动肇始，推动了开放教育的发展。2008 年慕课的出现，进一步扩大了在线教育的规模。第五代信息技术与第五代远程教育。2010 年以后，随后智能手机 4G 技术的推广应用，微信、微信公众号、手机电视技术的普及，移动学习、泛在学习、混合学习和智能学习方式开始出现，提示着开放教育的扩张（见表 9－3）。

表 9－3　五代信息技术与五代开程教育

年代	年份	远程教育	信息技术	主要媒体
第一代	1840—1908	函授教育	印刷技术、邮政	教材、电话、照相机、电影、幻灯机、
第二代	1908—1969	视听教育	无线电技术 电视技术	留声机、收音机、电视
第三代	1969—1994	多媒体教育 开放大学	计算机技术	计算机 闭路电视
第四代	1994—2010	网络教育 虚拟大学	网络技术	电子学习 电子邮件
第五代	2010 年以后	移动学习 混合学习 智能学习	移动互联网 App Wifi 5G 技术	智能手机 iPad 人工智能机器人

第二节　开放与远程教育的区域规划

无论是开放还是远程教育，都是基于地广人稀的地理环境，但是我们必须注意到像台湾和香港这样人口稠密的地区，开放与远程教育依然发达。远程教育主要是基于地理，开放教育主要是基于人口。随着远程教育逐步向开放教育过渡，那么开放与远程教育区域发展规划显得更加迫切。这里，我们主要探讨国内开放与远程教育区域发展规划。

一、开放与远程教育的区域发展规划

1935 年，胡焕庸（1901—1998）根据 1920 年的人口统计，从黑龙江省的黑河到云南省的腾冲画了一条直线，这条线叫作“胡焕庸线”。也就是说，这条线以东的地区，是适合人类居住的地方，人口密度较大，约占全国总人口的 96%；这条线以西，不太适合人类居住，人口密度较稀，约占全国总人口的 4%。根据 2000 年我国人口统计，这条线基本保持不变，“胡焕庸线”以东人口占 94.2%，以西占 5.8%，80 年误差不到 2%。我们远程教育业可以根据这条线，进行教育规划，重点发展人口较多的地区，也就是这条线以东地区，适当发展人口稀少的地区，也就是这条线以西地区。天津市位于人口密度最大的地区，也就是每平方公里 600 人以上，因此，天津广播电视大学下一步应当更名为天津开放大学。

2005 年 1 月，教育部“最新公布的 31 所网上大学名单”出炉（见表 9 -4）。从表 9 -4 来看西部地区只有 4 所，即西安交通大学、重庆大学、兰州大学和四川大学。北京有 12 所占了近全国的一半。

表9-4 国家教育部最新公布的31所网上大学名单

序号	学校名称	地区
1	清华网络学堂	北部省份13所
2	北京大学	
3	北京师范大学	
4	中国人民大学	
5	北方交通大学	
6	北京外国语大学	
7	北京语言文化大学	
8	北京邮电大学	
9	北京中医药大学	
10	中央广播电视大学（国家开放大学）	
11	北京广播学院（中国传媒大学）	
12	北京理工大学	
13	天津大学	
14	东北大学	东部省份11所
15	东北农业大学	
16	山东大学	
17	复旦大学	
18	上海交通大学	
19	同济大学	
20	中山大学	
21	华南理工大学	
22	浙江大学	
23	东南大学	
24	无锡轻工学院（无锡轻工大学）	
25	华中科技大学	中部省份3所
26	华中师范大学	
27	湖南大学	
28	西安交通大学	西部省份4所
29	重庆大学	
30	兰州大学	
31	四川大学	

注：30所地方院校、1所中央广播电视大学，共计31所。

二、开放与远程教育的专业发展规划

根据国家开放大学公布的资料（见表9－5），深圳广播电视大学下属的深圳市开放职业技术学校，从2008—2014年学前教育专业招生人数基本上在一直攀升。当前大学扩招，中职学校生存危机的背景下，能够有这样好的招生情况，一方面说明他们办学质量较好，符合社会需要；另一方面也说明发达地区，开放与远程教育具有区域优势，人口众多，招生潜在生源巨大。

表9－5　深圳市开放职业技术学校学前教育中职专业招生情况

年　份	招生人数	在校生人数
2008	34	34
2009	38	72
2010	44	116
2011	50	132
2012	44	138
2013	60	154
2014	53	157

第三节　今后我国开放大学的政策路径

我国开放大学究竟今后怎么办？现在是一个悬而未决的问题，我们是不是还要继续转型开放大学？还是维持6所的现状？我国的一些学者正在积极探讨这方面的问题。

一、开放大学的制度建设

湖南广播电视大学黄新斌的《远程教育的多向度研究》[1]对开放大

学基本法建设问题进行了深入的研究，他提出的问题现在依然存在。世界上很多国家的开放大学都设立相应的法律，例如 1972 年韩国根据《总统令 6106 号》，确立了国家远程教育机构的地位。他希望起草一部《开放大学基本法》，从而进行有关开放大学内外系统的制度的制定，例如学校名称、校址、校训、校徽、校歌、校旗、印章、规模、学科门类和教学形式等。①

关于国家开放大学与地方开放大学的关系问题，尤其是与未更名的广播电视大学之间的关系，亟待解决和确立。目前通行的一种办法就是称为“分院”，例如天津广播电视大学，称为国家开放大学天津分院。尽管在业务上，各地的开放大学和广播电视大学与国家开放大学存在着隶属关系、上下级的关系，但是行政上特别是财政上则是分属各省、直辖市、自治区。有的学者认为，“作为开放大学前身的电大是一个从中央到地方的统筹规划、分级办学、分工合作，由中央电大、省级电大、地级电大、县级电大构成的覆盖全国的远程办学系统，多年来积累了丰富的系统办学、服务管理的经验，形成了独特的系统优势，应当继承并用好这笔财富”②。笔者认为，如今形势已经发生了变化，已经不再是一个系统，需要重新考虑办学模式。基本的走向是加强各地独立办学的权限，发挥当地自主办学的积极性和创造性，弱化统一的规则，强调地方的分权。主要原因有两个：一是名称上不统一，有的叫作开放大学，有的叫作某某广播电视大学；二是如果名称了改为国家开放大学某某分院，这降低了其他省市广播电视大学的身份，毕竟广东开放大学并不叫国家开放大学广东分院。主要是执行上受到地方广播电视大学的抵触。

基于目前的形势和情况，建议其他没有改制的广播电视大学统统改为某某开放大学，例如天津开放大学等。理由是：①“广播电视大学”名称已经不适应当前世界信息技术的发展需要了，广播很少听了，电视

①② 黄新斌. 远程教育的多向度研究［M］. 长沙：湖南大学出版社，2012：118，120.

很少看了，更不用说用于教学了。这种通信技术基本上已经过时了。②我国开放大学与广播电视大学交叉使用，从长远来看，不利于他们自身的均衡发展，有失教育公平。有的广播电视大学办学实力和社会声望可能还超过已经更名的开放大学，主要是从地域角度考虑的。③一个体系，两种名称，管理混乱，理念不一，不利于内部管理和资源的整合。

二、完善学分的银行系统

2017 年 1 月 10 日国务院下发的《国家教育事业发展“十三五”规划》要求：“完善学习成果认证制度，通过部分地区率先探索、以点带面的方式，推进国家学分银行建设，为每一位学习者提供能够记录、存储自己的学习经历和成果的个人学习账号，对学习者的各类学习成果进行统一的认证与核算，使其在各个阶段通过各种途径获得的学分可以得到积累或转换。被认定的学分，可累计作为获取学历证书、职业资格证书或培训证书的凭证。”

国家开放大学在学分银行认证方面实行双证融通课程培训制度。社会成员到经过学分银行或第三方认证的培训机构学习双证融通课程，通过考核成绩合格，达到资格颁发要求即可获取职业资格证书或岗位技能培训证书，并将其学习成果存入学分银行，待有学历教育需求时，即可持由学分银行出具的学习成果认证证明到国家开放大学申请免修免考。

2013 年 3 月 14 日，教育部印发了《2013 年教育信息化工作要点》，加快推进“三通两平台”为核心的信息化建设。所谓“三通”也就是“宽带网络校校通”“优质资源班班通”和“网络学习空间人人通”；所谓“两平台”就是“教育资源公共服务平台”和“教育管理公共服务平台”①。

三、开放大学的层次升级

开放大学的办学层次是办好开放大学的顶层制度设计，是开放大学

---

①《中国教育年鉴编辑部》编辑部．中国教育年鉴 2014[Z]．北京：人民教育出版社，2015：1053.

发展的关键所在。从外部说，无论是英国开放大学还是南昆士兰大学抑或是马来西亚开放大学，他们都有博士教育层次，马来西亚宏愿开放大学设立了工商管理博士、土木工程博士和企业公关学博士。最近浏览国家开放大学网站，居然学士学位授予单位还挂上了校园网新闻。这种办学层次，且不说我国的开放大学很难与全俄函授财经学院这种具有博士授权单位的远程高等学校交流，就是与那些小国的开放大学很难对等交流。南非的远程教育值得关注，在 2009 年以前，南非通过远程教育获得的文凭或者学位在总体中的比例，毕业文凭占 41%，学士学位占 20%、硕士学位占 12%，博士学位占 9%。[①] 南非是非洲最发达的国家和地区之一，远程教育方面代表了非洲的最高发展水平。从内部说，只有本科层次（有的省级电大还不具备）教育水平，在师资上科研上很难吸引和留住人才，很难办出世界一流的开放大学水平。何况我国的一些省级电大还面临着招生难的困境。在某种意义上讲，开放大学不上层次，不单单是发展问题，还面临生存问题。

四、开放教育的自我控制

开放教育的微观管理事实就是学员的自我控制，这是确保学习质量的一个重要方面。2015 年 8 月 25 日，西安音乐学院等人对 300 名该校学生进行了一项调查，结果显示：关于网络学习的缺点的问题，65.96% 的被调查者认为“没有更强的自控力”，38.3% 的被调查者认为“信息来源不真实”；25.53% 的被调查者认为网络学习的“信息内容太多”。值得关注的是 63.83% 的被调查者认为网络最大的干扰来自“推送新闻”[②]。笔者也深有同感，会耽误很多时间。有人可能认为成人的自制力会好一些，其实大学生本身已经就是成人，自制力的高低主要

---

① 叶步伟，等．南非远程教育发展述评[A]．陈琳．信息化时代：教育技术应用与创新[C]．北京：电子工业出版社，2009：544.

② 林亮亮．“互联网＋”时代下大学生网络远程学习动机分析研究[A]．傅钢善，等．2015 年教育信息化发展研究[C]．西安：西安交通大学出版社，2015：229－233.

取决于个人。因此，成年学员也要适当控制上网时间，还是要加强面授教育，尽管远程教育技术已经十分发达。

自我控制能力是开放教育与远程教育的第一重要的个人心理特征。自我控制的方面就是缩短浏览网页的时间，抵御无效信息的干扰。这对于那些自控力很差的监狱犯人是一种考验。以上的这个调查中，作者还谈到："大学生利用网络进行学习的概率微乎其微"，他们使用网络的目的在于"快速完成作业"。笔者认为作者论及的是学习较好的学生，反映了学习成绩优异者的一种心态。我们现在很少有关成人教育学生利用网络学习的情况，基本上与大学生相似。

思考题

1. 三代信息技术与三代远程教育的内容。
2. 五代信息技术与五代远程教育的理论。
3. 开放与远程教育区域发展规划的主要观点是什么？
4. 今后开放大学的发展方向是什么？

第十章 开放与远程教育的质量论

按照中共中央的要求，“十三五”时期我国教育改革发展的重要任务是，深化教育领域综合改革，着力提高教育质量，促进教育公平。质量是企业的生命，也是开放与远程教育的生命。没有一定的教育质量，学生就得不到社会的认可，也就失去了生源市场。十九大报告中指出：“努力让每个孩子都能享有公平而有质量的教育。”开放与远程教育的质量同样十分重要，没有质量就没有市场，就无法发展。

第一节 开放与远程教育的质量观创新

伴随着计算机技术的发展，在线控制学习的技术不断发明。过程控制在开放与远程教育中得到了广泛的运用。北京开放大学殷丙山等人翻译的《国际教育信息化发展 2017 地平线报告（高等教育版）》指出：“在线和混合课程中，人们可以通过数据看到学生的行为如何对其学习进步和特定的学习收获产生影响。”通过大数据来监控学习者的学习时间投入现在正是和将来也是开放与远程教育质量保障的重要举措。

一、利用大数据监控学生学习过程

学习分析（LA）是促进此类评价的基础。学习分析对学习者及相关背景的数据进行收集、分析和报告，从而理解和优化学习和发生学习的环境。学习分析作为一种评价方法，能够从根本上改进学生的学习状况，这种方法在各院校中不断发展。数据挖掘软件捕获丰富的数据，能够使学习者和教师都掌控学习，能够生成个性化的反馈，确保学生持续进步。随着数据分析领域日趋成熟，重点已经转移，从数据积累发展到整合多个数据源和课程数据，精准地观察学生的参与情况。①

天津外国语大学杨丽娜教授等人的研究表明，在慕课学习平台中，学生参与度下的行为参与、情感参与以及认知参与和学生成绩的三个维度呈中度相关。② 从这项研究成果来看，现在的技术已经可以测量学生的行文参与、情感参与和认知参与。众所周知，教学就是师生之间的交流。只有远程教育的学生持续的关注网络平台，并且不断地与老师和同学进行交流，这样教学质量才能得到保障。

如今计算机辅助教学已经开发了很多新的软件，可以进行多模态数据和社会网络分析，从而了解学生对课程的理解程度和时间分配。也就是说，从课程实施转向课程管理，支持自适应学习技术，提供专业的数据分析和可视化工具，加强教学设计和学生学习痕迹管理。

这是当前国外和我国开放与远程教育学质量保障创新体系的进展，通过大数据挖掘引导和控制学生的学习行为，加强学习的形成性评价，从而提高开放与远程教学质量。最近，谷歌眼镜（Google Glass）已经成为近十年来最新的可穿戴技术，也是一种移动技术。这种技术，老师可通过检测学生的眼神，来评估学生是否集中了注意力，也可以评估老师自己的注意力。故而，天津广播电视大学在规划和组织网上教学工作中，强调网上教学“真要求”、网上活动“真行动”和网上资源“建为用”③。

二、继续优化传统评估的手段和标准

开放与远程教育是一种混合学习，既有传统的面授，也有通过远程手段进行的网络学习，还有借助移动终端面向人人的开放学习。关于混

---

① Adams Becker, S. , Cummins, M. , Davis, A. , Freeman, A. , Hall Giesinger, C. , and Ananthanarayanan, V. NMC Horizon Report: 2017 Higher Education Edition. Austin, Texas: The New Media Consortium. 2017.

② 杨丽娜，等. MOOC 平台对学习者学业成绩影响实证研究[J]. 天津电大学报，2017 (1): 16 - 22.

③ 刘智刚. 开放大学教学质量内涵建设的问题与对策探析——以天津广播电视大学为例[J]. 天津电大学报，2017 (1): 1 - 6 + 64.

合学习的效果，国外进行了深入的研究。澳大利亚纽卡斯尔大学的两位学者米切尔·图尔和道格拉斯·埃帕萨拉姆（J. Mitchell O' Toole & Douglas J. Absalom）对混合学习成果输出做了详细的研究，他们对72名参与实验的学生进行了分析，通过一个中学的语言交叉课程和测试发现，不一定越多使用教学技术工具就对提升学校效果越有利，单纯使用技术工具的学习效果相对较低，而结合面授与信息技术工具的方式则可取得较高的成果。换言之，混合学习比单纯的移动学习效果好。

无论是开放与远程教育，还是普通教育，其根本目的在于促进社会发展，为人民服务，为社会和个人增进福祉。达到教育目的的程度是评价某种教育类型质量的根本标准。河北老年大学学员刘景合，2012年退休后不甘寂寞圆梦大学，通过四年的学习，写了500多篇千字文，其中在国家级和省市级媒体发表文章近300篇。① 即便是在岗的新闻记者，这亦可谓多产作者。他从电脑的基础知识学起，现在已经通了微信，申请了QQ还设立了邮箱。这对于一个花甲之年的耄耋老人确实不易，这充分体现了开放与远程教育的作用和质量。虽然个体不能代表整体，但是在一定程度上说明，毕业生的业绩依然是评价一所开放与远程学校的重要内容。

三、特殊人群服务的评价与改进

由于开放大学具有远距离的特点，可以针对特殊人群进行一定的文化教育，提高他们的知识水平和生存能力。我国香港公开大学承当部分监狱服刑人员的教育服务，叫作“送教进监狱”② 活动，并收到了良好的效果。1980年，我国高等自学考试设立之时，北京监狱管理局就开始为犯人设立特殊的高等自学考试特殊考场。这既有远程教育也有开放教育，充分体现了其人人、时时、处处和面面接受教育的特点。

---

① 刘景合．我是花甲“读书郎”[N]．燕赵都市报，2017－07－17.

② 海伦·法利，等．数字化高等教育进监狱[J]．张永胜，等译．中国远程教育，2016（7）：26－36.

我国台湾空中大学在犯人改造方面发挥了“空中教育”的作用，值得大陆开放大学关注。其面授点中有 8 所矫正机构。从 1997 年至 2003 年年底中的所有出狱人共 170 名，具备相当条件但未接受空大教育的假释出狱人各约 170 名，作为问卷调查研究对象，并进行比较分析两组出狱人之生活适应差异情形。研究发现，接受过空中大学矫正教育之出狱人大都肯定此一矫正计划之实施成效。①

我国开放大学在特殊教育方面已经引起了重视，并取得了一些成绩。2008 年秋季，重庆涪陵电大开始在监狱中招收学生，首批毕业生 46 人，获得大专毕业证。使这批特殊的人群能够自食其力，改邪归正，成为对社会有用的人。

当然，这并非开放与远程教育评估的必要条件，而是充分条件，属于办学的特色项目。这给那些无法通过正常渠道接受高等教育的人群，提供一种通道，确保教育机会均等。

第二节　开放与远程教育的质量体系

在开放教育与远程教育质量评价方面，应当终结性评价是第一位的，过程评价是第二位的。根据英国和澳大利亚等国开放大学的经验，降低毕业率是保证质量的重要举措。当前，随着计算机技术的发展，过程评价日趋完善和细致，我们认为应当强调人本主义教育，避免机械式的学习。

一、终结评价

（一）严格的考试制度

要想保持必要的质量观念，无论是名牌大学还是开放大学，都必须保持一定不毕业率。1949 年前我国一些教会大学之所以社会声誉较好，也与他们低毕业率有关。以英国开放大学为例，其毕业率为 22%，澳大利亚开

① 丁荣轰．我国犯罪矫正机构实施空中大学矫正教育对出狱人生活适应之研究[J]. 犯罪学期刊，2006，9（1）：73－112.

放大学课程完成率为25%。换句话说，只有1/5的学生实际上最终毕业拿到学位。相比于英国全日制普通高校82%的毕业率而言，英国开放大学的毕业率只是全日制普通院校的1/4多一些。世界上其他远程开放教育院校的情况也许更糟，印度的安姆贝德卡大学（Dr. Ambedkar University）学生毕业率只有14%，南非的南非大学（University of South Africa）只有6%，加拿大的阿萨巴斯卡大学（Athabasca University）只有5.3%，美国的凤凰城大学（University of Phoenix）只有5%，当然这只是部分例子，还有很多远程开放大学没有公布他们的毕业率，笔者怀疑数字可能更低。英国开放大学对辍学问题的研究绝大部分是通过问卷调查的方法探求学生辍学的原因。但是这种方法是有局限性的，而且学生所给出的辍学原因似乎又是院校爱莫能助的，比如由于疾病、工作需要、家庭问题而辍学等，这就会让开放远程教育院校产生一种高辍学率无法避免的错觉。①

在注重扩张的同时，英国开放大学也不断完善其教学制度，确保其教学质量。并对学生的学习过程进行连续评估，建立了完备的学生成绩考核体系。英国开放大学实行学分制，学生自由选择课程，学习年限没有限制，成绩考试合格就可获得相应的学分，修满学分即可获得相应的学位证书。由表10－1可看出，学习年限为1年获得学士学位的比例最低，不到0.5%。学习年限为6年的比例最高，达到了21.87%。这体现出开放大学相比传统大学较低的毕业率制度（见表10－1）。

表10－1　2003—2006年四年获得学士学位人数与学习年限

学习年限	2003年	2004年	2005年	2006年	总计	比例（%）
1年	49	57	42	48	196	0.50
2年	431	466	429	358	1684	4.28
3年	439	615	565	523	2142	5.12

① 刘永权，李莹．破解远程开放教育高辍学率的难题——访英国开放大学奥蒙德·辛普森教授[J]．开放教育研究，2012（5）：4－10.

续表

学习年限	2003 年	2004 年	2005 年	2006 年	总计	比例（%）
4 年	940	1007	1084	1011	4042	10.27
5 年	982	1730	1350	1499	5561	14.14
6 年	1954	2271	2359	1922	8506	21.87
7 年	1084	1397	1081	1291	4853	12.34
8 年	745	934	674	597	2950	7.50
9 年	582	749	439	387	2157	5.48
10 年	342	521	378	289	1530	3.89
11 年	249	447	269	217	1182	3.01
12 年	164	302	189	161	816	2.07
>12 年	662	1511	907	660	3740	9.51
总计	8603	12007	9766	8963	39339	100

为了清楚地说明，英国开放大学获得学士学位所花费的时间年限，我们特意制作了一个 2003—2006 年四年获得学士学位人数与学习年限示意图（见图 10－1）。

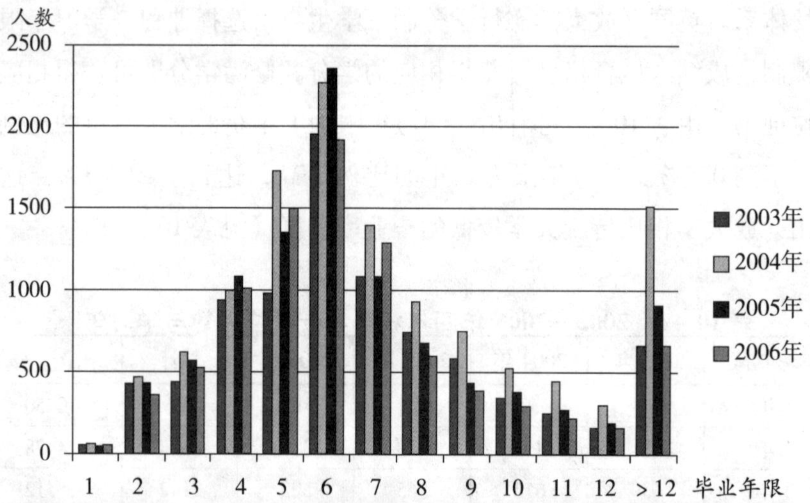

图 10－1　2003—2006 年四年获得学士学位人数与学习年限示意图

从图 10－1 中可以看出，2004 级获得学士学位的人数普遍比其他的年份偏高，主要因为这届学生总数明显居多，共有 12007 人，比 2003

级多了将近一半。最低的入学年份是 2006 年，这可能与作者统计的时间有关，一般是 2007 年统计，这样 2006 级学生还大部分没有修完课程。

从图 10 - 2 可以看出，2003—2006 年四年中 6 年获得学士学位的人数最多；其次是 5 年时间，占总数的 14. 14%；再次是 7 年时间，占总数的 12. 34%，最后就是 12 年以上的，占总数的 9. 51%。

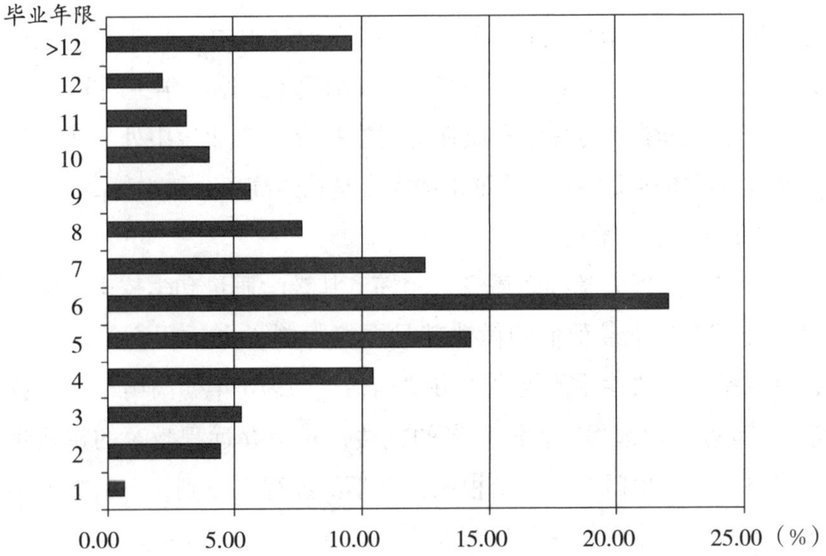

图 10 - 2　2003—2006 年四年获得学士学位学习年限人数比例

但是我们也必须看到，我国一些学者的愿望是希望开放大学降低辍学率，提高毕业率。毋庸置疑，这种初衷是好的，是可以理解的。网上就有“国家开放大学零门槛入学，通过率 99%”的宣传广告，也可能这个广告是虚假的，但是实际上成了反广告。从宏观开放与远程教育质量的角度，既然入学门槛较低，那么出门门槛再低，其结果只能是自取灭亡。实质上，这就是我国广播电视大学系统毕业生社会声誉较低的一个重要原因。同时更是英国开放大学成功的秘诀所在。因此，我认为要想办好开放大学，不是试图去降低辍学率，而是要试图保持一定的辍学率。这才是开放大学的成功之道。而这个辍学率多少为宜呢？我们在这方面可以向英国开放大学看齐，毕业率保持在当年入学人数总数的22%~30%之间，这个数字是比较合适的。

我国高等自学考试总体质量高于一般的普通本专科高校。2016年下半年，本人指导天津市某高校自考本科毕业论文，分配给我8名学生，其中2名学生由于种种原因放弃，真正撰写论文并坚持到答辩的只有6人，占总数的75%。答辩成绩获得良等级以上才有资格获得学士学位。有的学生很努力，论文写得也很好，但是只有1人获得学位，只占进入撰写论文环节学生的12.5%。在答辩过程中，并非答辩老师有很大的权力，评阅环节和答辩环节，管理部门不鼓励给学生高分。因此，能够拿到学位的学生的总体素质在普通本科高校毕业生中处于中上等水平。高自考的本科文凭和学位证书的含金量总体高于一般本科高校。

（二）提高入学门槛

德国哈根函授大学办学质量也较好，其教学质量和学校声誉在德国所有高校50%以上。他们的做法就是严格限制举办远程高等教育的资质，也就是通过法律手段提高入市“门槛”。1976年德国颁布《远程教育法》，重点保护远程教育消费者的权益，对举办远程教育的机构进行严格资格审查。也就是说，哈根函授大学的课程需要到位于科隆的国家指导组织——国家函授课程处（National Agency for Correspondence Courses）申请，正式批准后才可进行教学。尽管这种方式比较烦琐，不利于课程内容的更新，但是有效地防止了“劣币驱逐良币”的现象。这防止设立很多远程教育机构恶性竞争，抢夺生源，造成教育质量下降。这是当前我国远程教育亟须要解决的问题。不是举办远程教育的机构太少，而是太多，鱼目混珠，泥沙俱下。

基于我国目前开放大学生源不足的情况，传统的本科高校不宜再举办远程教育性的教育，应当撤销部分网络学院。对于举办慕课等培训机构和公司也要适当进行评估和审查，缺乏必备条件的，应当予以取缔。

二、过程评价

从表10-2可以看出，如今开放教育质量检测的重点是“生均周资源点击量”和“生均帖”的数量。这两个项目分别占了25%，共计占了总分的50%。关于“生均周资源点击量”这个指标的高低不仅取决于学生的学习主动性，还取决于教育资源的数量和更新的频率。我们认为生均发帖率和生均贴这个比值有些过大，因为发帖过多可能会引起发帖内容的偏差，在当前我国加强意识形态的大形势下，强调学生的发帖率不合时宜。同时“学生发帖率”和“生均贴”观测内容重复，应当取消前者项目。

表10－2　天津电大系统开放教育网上学习情况统计表

统计值	学生登录率	生均周登录次数	生均周在线时长（分钟）	生均周资源点击量（次）	学生发帖率	生均帖
加权值	10分	10分	15分	25分	15分	25分

为了更好地加强学生过程监控，提高学生利用网络资源的效率，提高学习质量，笔者拟订了如下《开放教育在线学习质量监控指标体系》（见表10－3）。主要对以上天津电大系统开放教育网上学习情况统计表做了一些微调：①去掉了“学生发帖率”这个项目，增加了“IP常用地址点击率”这个项目。因为登录网页，需要输入学号和密码，增加了学习的障碍，很大程度上为点击而点击。有些网络资源是公开的，不一定非要登录，例如“2016年春季学期开设课程网上教学（研）活动计划安排表”就是匿名的，出于隐私的考虑。这些也是正常教学活动，也应当计入学生的过程评价。②权重的分配问题。首先，降低了“生均贴”的比重，从原来的25%调整到20%。例如武清分校，其生均贴50.57%，是各个分校的单项分数最高者，其排名第三。而其他的项目都比第四第五低。这样就会不客观。其次，增加了“生均周在线时长（分钟）”的比重，从原来的15%提高到20%。例如静海分校生均周在线时长为115.93分钟，排名第三，结果由于生均贴较低，被排名到第八名。学生主要是学习，而不是交流。最后，我们要利用重复记录检测技术降低平台的虚假数据。

表 10－3 开放教育在线学习质量监控指标体系

统计值	学生 登录率	生均周 登录次数	生均周 在线时长 （分钟）	生均周 资源点击量 （次）	IP 常用 地址点击率	生均帖
加权值	10 分	10 分	20 分	25 分	15 分	20 分

我们在调查中发现，一些学生放着录像同时干其他的事情，根本没有看录像。所以，过程评价有时候可能时候虚假的，不能过分强调大数据的权重。应当注重优异学生的奖励和减免学费以及打通上升的渠道。澳大利亚开放大学主要是本科生和研究生教育，而我国开放大学主要是专科层次的培养，这不利于开放大学的发展，也不符合当前我国高等教育大众化的形势。

第三节 开放与远程教育的评估实践

国内外开放与远程教育都十分重视评估工作，这是教育活动的必要环节，是保证其顺利发展的必要手段。美国著名教育传播学家威尔伯·施拉姆（Wibur Schramm）在 20 世纪 70 年代发表了专著《大媒体，小媒体》中考察了德国、肯尼亚、墨西哥、澳大利亚、日本、英国、美国和波兰等国各种层次的远程教育，认为："这些给人印象十分深刻的例证表明，周密构思并有相应的媒体有力支持的远程教学方法是十分成功的。"①

一、国家开放大学的评估实践

中央电大自 1986 年开始进行各种各样的评估活动，产生了积极的影响。中央电大的高等学历证书被称为"国际学历绿卡"。其办学质量得到了社会的认可。1986 年，"全国电大毕业生跟踪调查"作为世界银

① 丁兴富. 远程教育学[M]. 2 版. 北京：北京师范大学出版社，2009：217.

行贷款电大项目立项，1987年10月基本结束，总共调查了32.19万人，调查总体是电大八二、八三和八五届毕业生。1987年6月到1988年3月进行的“广播电视大学在校生负担与学习方式的调查”。抽样调查了六省一市，四个专业，300名学生。① 我国电大在办学过程中比较注重质量保证。

（一）聘请名师名家

聘请全国一流的专家教授担任主讲教授并编写教材。华罗庚、杨振宁等一大批著名专家、学者都曾担任或正担任中央电大的教师。苏州市吴县原是全国百强县中的佼佼者，有2000多家合独资企业，年产值达1300亿元。1990—1995年间，全县7个常委中，先后有5人是电大毕业生，29个乡镇领导中，21个取得了电大培训合格证书。② 是否聘请名师是考察开放与远程教育质量的一个重要指标，也是保证教学质量的重要保障。

2017年，国家开放大学国际汉语专业本科师资队伍建设实行“三级结构，五类人才”模式，大大地提高了教学质量。所谓三级结构即专家团队、专职教师、兼职教师。第一梯队——专家团队，主要提供纲领性、指导性意见，把握专业建设及发展的宏观方向及内容，保证学科建设的科学性和有效性；第二梯队——专职教师，主要负责专业培养及教学内容的设计与实施；《天津日报》曾经采访一位钟姓家长，他为高一新生的儿子选了在线辅导课程，他说：“很多老师都是北京、上海、成都和重庆的当地名师或教研员，水平很高。”③ 第三梯队——兼职教师，主要负责教学实践或实训的指导工作，以及部分专业教学内容的补充及教学示范等工作。所谓五类人才，即顾问教师、主讲教师、主持教师、巡讲教师、答疑教师。从教学分工来看，本专业师资系统包括上述

① 吴畏．中国教育管理精览［Z］．北京：警官教育出版社，1998：639.

② 上海开放大学开放教育国际研究院课题组翁朱华，王一兵．中国特色开放大学体系的建立和发展研究报告［J］．开放教育研究，2014（6）：10－22.

③ 张雯婧．在线教育教育的是与非［N］．天津日报，2017－08－12.

五类人才，分别负责专业建设及课程内容的指导、讲授、辅导/答疑等工作，同时结合远程教育的特色，专业将充分利用“线上 + 线下”混合模式进行教学，多样分工，全方位训练专业学习者。

（二）重视教学过程的管理

电大的统设必修课程，采取了“五统一”：在全国电大系统统一课程标准、统一教学大纲、统一教材，并实行全国统一考试和统一的评分标准。上海开放大学设立了“优秀面授示范课获奖名单”的奖励，鼓励教师上好面授课程。同时，设立了“在线课程数字资源获奖项目”，奖励那些在在线课程建设方面成绩优异的教师。

开放教育和远程教育并非仅仅面向成人教育非正规教育，同样面向大学教育正规教育。浙江大学国际教育学院以“两主五性”的理念对待课堂教学。所谓“两主”，即教师主导，学生主体。所谓“五性”，即课题要具备互动性、灵活性、多样性、先进性和舒适性。但是，无论是传统的课堂教学还是虚拟的课堂教学抑或是早期电视大学主讲的课题教学，我们都要听到“遥远的掌声”，这才是真正的教学质量。

（三）从制度上严格规范考试

电大严格按照“五统一”方式进行教学管理，保证了教学、考试、阅卷过程的规范，培养了大批合格的应用型毕业生，得到社会的认可。[①] 2007 年，有关中国人民大学网络学院调查的硕士论文称：专升本的“辍学率远大于教育机构可以接受的程度”。2001—2006 年，中国人民大学网络学院平均辍学率为 10. 92%，其中 8. 5% 属于自动淘汰。[②] 实际上，这也是保证教学质量的一项重要举措。没有一定的辍学率，怎样教学质量监督都是枉然。2013 年 9 月 13 日，国家开放大学质量保证委员会成立，从总部、分部、相关高校、行业协会以及相关政府机构遴选产生了委员。这个组织的建立，客观上加强了我国开放大学的教学质量。

---

① 沈建华，万海燕．开放教育学习指南概要[M]．南昌：江西高校出版社，2011.

② 王璟．中国人民大学现代远程教育学习者辍学因素研究[D]．北京：北京师范大学，2007.

完整的开放与远程教学评价应当包括三个方面：教师、学生和管理员。具体地说应当包括五个项目，即网络传输系统、教学系统、交互系统、教师学生支持系统和评价系统。为了更好地说明教学评价的一级指标，笔者借鉴了《网络课程评价（认证）标准》。[①] 一级指标包括：教学设计、教学内容、可用性、技术性、信息呈现和文档资料六个系统。每个一级指标下面又设立了二级指标和三级指标，并有分值和备注说明。

（四）广大毕业生得到社会认可

许多毕业生成为所在单位生产、管理、技术第一线的骨干，被称为“用得上、留得住、干得好、信得过”的人才。1985 年邢台广播电视大学一位男毕业生，1998 年考上了宁夏大学硕士研究生，后来毕业到邢台市委党校当老师。这位毕业生属于当时电大毕业生中的一般学生，基本代表了邢台广播电视大学毕业生的质量。上海开放大学的教学质量得到了业内业外、上海市政府甚至国际上的普遍认可，1998 年，连续获得联合国亚太经社理事会人力资源开发银奖，2007 年，获得联合国教科文组织教育技术应用一等奖，2009 年，获得世界远程教育理事会办学成就奖。[②] 2017 年 5 月 14 日，上海开放大学徐汇分校毕业生聋人电影导演郑小三指导《单身情歌》，在英国获得了聋人电影节“最佳艺术短片奖”。这是我国聋人首次在国际上获奖。这很好地说明了我国开放大学的教育质量。

（五）开放教育资源世界先进

我国开放教育资源世界领先。加拿大的阿莎·坎瓦尔（英联邦学习共同体主席，教授）、桑佳亚·米斯拉（英联邦学习共同体，教授）认为：“中国一直是开放教育资源的领导者。”[③] 尽管外国人在中国的杂志上发表溢美之词，未必客观真实，但是百度的各种各样教学 PPT 就

① 李方．课程与教学论[M]．2 版．南京：南京大学出版社，2016：228－232.

② 上海开放大学开放教育国际研究院课题组翁朱华，王一兵．中国特色开放大学体系的建立和发展研究报告[J]．开放教育研究，2014（6）：10－22.

③ 王一兵，陈丽，阿莎·坎瓦尔，等．开放大学的改革与发展：反思与展望[J]．开放教育研究，2016，22（2）：4－16.

足以说明一定的问题。2011 年到 2013 年，国家开放大学校长杨志坚被选为国际开放与远程教育协会（ICDE）六个执委之一。2005—2007 年，张尧学被选为亚洲开放大学协会轮值主席。从一个侧面说明我国开放大学在亚洲的影响。

根据国外魏雷（Wiley D. A.）2006 年的统计，[①] 世界上共有 2600 多门高校开放课程，其中中国共有 450 门占世界第二（见表 10－4）。现今中国网络公开课发展很快，2011 年到 11 月 9 日的爱课程网、中国网络电视台和网易推出了首批 20 门中国大学视频公开课，到 2013 年 5 月 13 日，已经推出了 266 门。[②]

表 10－4 世界大学开放课程一览表

排序	国家	数目	比例（%）
1	美国	1700	63.6
2	中国	450	16.8
3	日本	350	13.1
4	法国	175	6.5
总计		2675	100

如今我国慕课发展非常迅速，网络公开课程数量翻了几番。单 2012—2015 年，我国就建立了至少 14 个慕课平台，其中中国大学 MOOC 推出的课程就有 767 门。

二、国外远程教育的评估实践

国外对于教育评估历史悠久。19 世纪下半叶，西方国家在实验心理学数理统计学的基础上，用检查和考核的手段对个体在智能上的差异进行定量研究，即探索对学生学力的客观化、标准化测量，为教育测量理

① J Michael Spector，等．教育传播与技术研究手册[M]．3 版．任友群，等主译．上海：华东师范大学出版社，2012：393.

② 唐景莉．共享课程：突破时空和身份限制[N]．中国教育报，2013－06－27.

论奠定了基础。1904 年，“测量之父”美国心理学家桑代克指出：凡是事物都有数量，凡是数量都可以测量。美国的“八年研究”（1933—1941 年）中，泰勒主导了“追踪研究与评价委员会”，针对教育测量的不足，提出了“教育评价”（Teaching evaluation）这个概念，对美国的教育评价进行了深入的研究。国外开放与远程教育的评价同样搞得有声有色。

（一）国际开放教育评估实践

2015 年，ICDE 发布首个《全球在线、开放教育质量模型评估报告》。这个报告是国际上最新的有关开放教育评估的理论总结。该研究团队根据调查结果从不同角度给出了 11 个建议，其中包括：

- 保障优质在线学习的基本原则；
- 传统教育机构质量保障；
- 建立移动学习体系质量标准；
- 解决分类和非传统供应商的问题；
- 知识建构和共享；
- 均衡不同专家和利益者之间对知识资源的态度等。

通过以上的 6 条核心建议，我们可以看出，“传统教育机构质量保障”居于第二位。就是说，无论是远程教育还是开放教育，我们都不能完全抛弃传统教育质量的标准。毕竟传统教育的质量标准经过了几百年的锤炼和积累，反映了教育结果的综合评价。

2004 年，英联邦的学习共同体（COL）发布了《LMS 评估工具的用户指南》，共分为一级指标、二级指标和三级指标。一级指标分为“综合指标”和“具体特性指标”两项。“综合指标”二级指标分为总拥有成本、维护及其便捷性、可用性、易用性及用户文档等 13 项；“具体特性指标”的二级指标分为管理、安全、访问、课程设计、改造和整合以及效率工具共计 9 项。[①]

① 赵国栋．大学数字化校园与数字化学习纪实研究[M]．北京：北京大学出版社，2012：91 - 92.

1996 年，南非教育部的远程教育和教育技术中心开始着手建立远程教育质量保障框架，提出了一个“南非远程教育质量标准框架”的议案（A Distance Education Quality Standards Framework for South Africa），1998 年形成了《南非远程教育质量标准政策（草案）》。该草案共有 13 条质量标准，政策和计划、学习者、项目开发、课程设计、课程材料、评价、学生服务、人类资源策略、行政和管理、建立合作关系、质量保障和信息传播等。① 这个质量框架得到国际社会的广泛认可，影响很大。但是这个质量标准并未提供相应的权重，并非排在前面的就是最重要的。相应的，印尼开放大学的质量保证体系则提供了一定的权重。

1984 年在印度尼西亚首都雅加达成立的印尼开放大学（Universitas Terbuka），2015 年在校生 30 万人，是世界巨型大学之一。2012 年，该校就建立了一系列的质量保证体系。其中这项工作主要负责人是该校的奥札特·达罗加特博士（Ojat Darojat）。自 2017 年开始，他被 ICDE 聘请为亚洲地区质量保证网络焦点人物。这反映了国际上肯定了印尼开放大学在质量保障方面所做出的成绩。

在政策工具方面列举了 10 条，最佳实践细则共有 120 项。其中最多的实践细则是 21 条，即教学管理；其次则是 18 条，即学习支持服务（见表 10 –5）。

表 10 –5　印尼开放大学质量保障政策工具

序号	质量领域	最佳实践细则
1	政策规划	7
2	人力资源聘用与发展	9
3	教学管理	21
4	学生	10
5	项目设计与开发	6
6	课程设计与开发	14

① 陈琳．信息化时代：教育技术应用与创新［C］．北京：电子工业出版社，2009：544 –547.

续表

序号	质量领域	最佳实践细则
7	学习支持服务	18
8	学生学习评价	15
9	学习媒体	7
10	科研与团体服务	13

资料来源：Ojat Darojat. How Are the Results of Quality Assurance Programs Used to Inform Practices at a Distance Higher Education? [J]. Turkish Online Journal of Distance Education，2018，19（1）：75－88.

从表10－5来看，印度尼西亚开放大学质量保障体系来看，“项目设计与开发”表现最差，只有6个细则。至于“学习媒体”和“政策规划”也表现平平。这既与英国开放大学的做法有相近的地方，也有与之不同的地方。印度尼西亚处于东亚，对于我国开放大学的教学质量保证更具有借鉴意义。也就是说，开放大学的质量保障不一定非要强调教学媒体的投入与购置，缺乏严格的教学管理和必要的学习支持服务，也难以保证教学质量。

（二）英国开放大学评估实践

英国开放大学十分成功，一个重要原因就是社会声誉较高，也就是社会评价很高。这与它十分重视教学质量评估有直接的关系。英国开放大学十分重视教学质量并有着完善的质量保证体系。我国远程教育界应高度重视课程教学质量监督和控制。要建立一支高素质、相对稳定的专兼职教师队伍，充实远程教育的人力资源库；严格课程教学过程的管理，强化教学方案的设计和实施方案的落实；加强课程教学质量内外部监督与评估，政府与教育主管部门要建立宏观调控与评估机制，办学实体内部要设置质量评审机构来健全监督评审制度，多管齐下，以保证远程教育的质量。①

① 毛丽萍．远程教育课程建设的范例——英国开放大学的成功经验[J]．中国成人教育，2007（10）：24－27.

连续多年的评估结果表明，2002 年英国 98 所大学中有一小组常青藤大学，他们大多数学科教学都是“优秀”级。英国开放大学在这组常青藤大学中名列第 10 位。根据《星期日时报》2003 年英国大学排行榜，开放大学已经从 2002 年的第 10 位上升到第 5 位，赶上并超过了英国著名的牛津大学（位列第六）、帝国大学（第七）伦敦大学学院（University College London，第八）。

自 1997 年正式招生以来，已经招收了 200 多万名学生，其中研究生 30 万人。其科研实力和教学质量在英国排前十名。在英联邦政府举行的学生满意度调查中，开放大学在英格兰与威尔士地区取得 2005 年度与 2006 年度榜首，2007 年度第二。

英国开放大学副校长丹尼尔曾经在 1997 年马来西亚吉隆坡召开的亚洲开放大学协会第 11 届年会开幕式主题报告“巨型大学、模拟大学和知识媒体：我们能否同时拥有质量和数量?”中论述了高等教育质量的四项标准①：

（1）建校历史或创办年代。越是古老的大学被认为质量越好。如今这条原则正在受到挑战，世界上建校时间很短的开放大学，教育质量颇受好评，例如 1996 年成立的加泰罗尼亚开放大学，获得了 ICDE 的奖励，受到国际远程教育界的重视。

（2）高度排斥性、选择性的入学政策。对入学学生筛选越严格的大学被认为质量越好。

（3）教学中人际交流。那些能为师生之间和学生之间提供较多的校园课堂面授人际交流的大学被认为质量较好。

（4）拥有的教育资源。具有各类教育资源（诸如经费、人员和基础设施——建筑、图书馆、实验室和计算机网络等）越多的大学被认为质量越好。

总之，无论是英国开放大学，还是印尼的开放大学抑或国际开放与

① 丁兴富．远程教育学［M］．北京：北京师范大学出版社，2009：218.

远程教育协会，都十分重视开放与远程教育的质量。可以说这是其生存和发展的基础，没有了这个质量基础，开放与远程教育的大厦很难稳固，甚至是倾覆。国外的学者对于网络教育寄予莫大的希望，而这希望很大程度上建立在质量的基础之上。他们认为这是网络教育的“重要目标”① 和根本任务。我国开放与远程教育要想得到很好的发展，就必须重视教学质量，而要重视教学质量，就必须注重师资队伍的建设和教学服务的推广。否则，无论是开放大学还是远程教育机构都很难生存下去，更不要说发展了。

三、适度的教育评估实践

《广播电视大学开放教育教学评估督导工作规范》开宗明义：“教学评估对学校教学及教学管理现状做出客观真实的评价；教学督导对学校教学及教学管理的重点问题进行督查并给出整改指导。教学评估和督导为管理者的决策和改进工作提供信息和建议，推进教学改革和教学质量的提高。”我们也需要考虑评估成本及其对正常教学的冲击。美国“高等教育编年史”一项最近的研究显示，授课教授通常需要花费100多个小时去准备自己的课程，然后每周还需要花8～10个小时上课，这无形地增加了教师在正常校园教学之外的责任和负担。② 尽管评估具有诊断功能和改进功能，但是这种活动要适度，也就是说，不是评估越多越好，越细越好，而是适度为好。

正如袁振国先生在《当代教育学》这本书中所说，评估也具有消极作用，③ 尤其是有的评估主体的主客观原因，造成了评估结果的不公平，不仅会给评估客体带来不利影响，而且也会打击教师的工作积极性，进而降低教学质量。

---

① Rebolj，Vanda；Organizacija，Kranj. E－education between Pedagogical and Didactic Theory and Practice 2009，42（1）：10－16.

② 孙立会．开放教育基本特征的变迁——兼议 MOOC 之本源性问题[J]．远程教育杂志，2014（2）：30－38.

③ 袁振国．当代教育学[M]. 4版．北京：教育科学出版社，2010：223.

第四节　开放与远程教育大学的排名

目前世界上有将近100所开放大学或远程教育机构。国际上对高等学校进行了很多综合排名，但是目前还没有发现专门针对开放与远程教育机构进行排名。本书根据现有资料粗略地进行了一个排名，这也是一种评估。

一、国际开放与远程教育机构的排名

根据在校生规模、办学历史、科研实力、毕业生评价和社会声誉等五个方面的指标，我们对国外开放与远程教育机构进行了排名。首先，在国际远程高等教育机构的评价中，教育层次是一个指标，具有博士学位授权单位的高校，相对排名靠前。其次，在校生规模是排名的一个重要指标，世界巨型大学适当排名靠前。再次成立的时间早晚还是一个观测点，一般认为建校时间长的远程教育机构，相对教学质量较高，否则就被淘汰了。另外考虑到各大洲的平衡问题，例如南非大学就是如此。最后，考虑到国家和地区之间的平衡，一个国家即便有好几所开放大学都很著名，相对较弱的学校也要滞后。

表10－6　国际部分开放与远程教育大学排名

序号	学校名称	国别/地区	备　注
1	英国开放大学	英　国	1969年成立
2	美国凤凰城大学	美　国	1976年阿波罗集团创办
3	南昆士兰大学	澳大利亚	1967年成立
4	澳大利亚开放大学	澳大利亚	1993年虚拟大学
5	日本放送大学	日　本	1981年成立
6	国家开放大学	中　国	1979年成立
7	英迪拉·甘地国立开放大学	印　度	1985年创办
8	哈根函授大学	德　国	1974年成立
9	法国国家远程教育中心	巴　黎	1939年成立
10	国家远程教育大学	西班牙	1972年成立

续表

序号	学校名称	国别/地区	备 注
11	上海开放大学	中 国	1978 年
12	莫斯科国立开放大学	俄罗斯	1932 年
13	俄罗斯国立函授农业大学	俄罗斯	1930 年成立
14	韩国国立开放大学	韩 国	1982 年建立
15	马来西亚开放大学	马拉西亚	私立，虚拟大学
16	阿萨巴斯卡大学	加拿大	1973 年开始招生
17	加拿大虚拟大学	加拿大	虚拟大学
18	加拿大电视大学	加拿大	1972 年成立
19	安纳托鲁大学（Anadolu）	土耳其	1982 年建立双重院系
20	以色列开放大学	以色列	1974 年建立
21	荷兰开放大学	荷 兰	1985 年成立
22	南非大学	南 非	1873 年创立双重院系
23	全俄函授财经学院	俄罗斯	1930 年成立，博士
24	台湾空中大学	中 国	1986 年 2 月开始招生
25	香港公开大学	中 国	1989 年成立
26	开放教育资源大学（OERu）	联合国教科文组织	2013 年 11 月 1 日成立
27	苏可泰开放大学	泰 国	1978 年建立
28	帕亚莫努尔大学	伊 朗	1987 年建立
29	特布卡大学(University of Terbuka)	印度尼西亚	1984 年建立
30	孟加拉开放大学（Bangladesh Open University）	孟加拉	1992 年立法建立
31	加泰罗尼亚开放大学（UOC）	西班牙	1995 年成立
32	宏愿开放大学 Wawasan Open University	马来西亚	2006 年成立，私立，博士
33	欧亚开放学院	俄罗斯	1998 年成立
34	阿拉玛·依肯巴尔开放大学（AIOU）	巴基斯坦	1974 年亚洲最早的开放大学
35	斯里兰卡开放大学	斯里兰卡	1980 年创立
36	博茨瓦纳开放大学	博茨瓦纳	
37	赞比亚开放大学	赞比亚	
38	利比亚开放大学	利比亚	

续表

序号	学校名称	国别/地区	备 注
39	乌干达开放大学	乌干达	
40	阿拉伯开放大学	科威特	2001 年几个阿拉伯国家合作建立
41	希腊开放大学	希 腊	
42	塞浦路斯开放大学	塞浦路斯	
43	胡志明开放大学	越 南	
44	巴基斯坦开放大学	巴基斯坦	1991 年创立
45	伊朗帕亚莫·努尔大学	伊 朗	1987 年创立
46	河内开放大学	越 南	1993 年创立
47	安德拉邦立开放大学	印 度	1982 年创立

亚洲的开放大学在世界上除了英国、澳大利亚和加拿大以外，具有举足轻重的地位，近年来发展规模很快，也颇有巨型大学的特色。截至 2017 年，英迪拉·甘地国立开放大学自称是世界上最大的开放大学，拥有 300 万学生，21 个分校，67 个地区中心，2667 个学习中心，29 个海外合作院校。① 土耳其的安纳托鲁大学（Anadolu）在国际上比较出名，美国认为世界巨型大学“规模最大的可能是土耳其的安纳托鲁大学，它拥有来自德国和塞浦路斯的约 50 万名学生”②。以色列开放大学排名靠前的主要原因是 2016 年 Scimago 科研排名，毫无疑问英国开放大学位以第 508 位居世界开放大学第一，其次则是以色列开放大学位居 587 位。它主要是论文的数量和质量比较高。

在西班牙，1996 年成立的加泰罗尼亚开放大学是一所公立的，完

① Noronha, Rahul. Indira Gandhi National Open University: World's largest university open to all: Indira Gandhi National Open University (IGNOU) had modest beginnings but it can now perhaps claim credit for being the world's largest university with its enrolment numbers[N]. India Today; New Delhi, 2017-08-21.

② J Michael Spector，等．教育传播与技术研究手册[M]．3 版．任友群，等主译．上海：华东师范大学出版社，2012. 22.

全在校的大学，到2004年为止拥有学生2.5万人。在国际上多次获奖，2001年获得“虚拟和远程杰出大学奖”等多个国际性大奖。这所开放大学基本因袭英国开放大学的办学模式，受到了国际远程教育界的普遍认可。

二、中国开放与远程教育机构的排名

根据在校生规模、办学历史、科研实力、毕业生评价和社会声誉等五个方面的指标，科研实力主要是根据中国知网和SpringerLink数据库发表的论文，我们对国内开放与远程教育机构进行了排名。中国知网上，根据第一作者的被引频次和下载频次进行初步排名。各个省的电大分校均归于总校，例如益阳广播电视大学的业绩归为湖南广播电视大学。四川广播电视大学和河南广播电视大学排名靠前的理由是这两所学校在校生人数很多，10万人以上，属于巨型大学。表10－7中“＋”为加分项。一般认为，毕业率过高过易的，教学质量可能存在问题（见表10－7）。

表10－7　中国开放大学排名

序　号	学校名称	地　点	备　注
1	国家开放大学	北　京	
2	上海开放大学	上　海	教学质量＋
3	台湾空中大学	台　湾	分部较多
4	香港公开大学	香　港	师资队伍＋
5	北京开放大学	北　京	
6	江苏开放大学	南　京	
7	四川广播电视大学	成　都	下载频次＋
8	广东开放大学	广　州	
9	河南广播电视大学	郑　州	在校生人数多
10	天津广播电视大学	天　津	举办国际会议＋
11	云南开放大学	昆　明	国际办学合作
12	湖南广播电视大学	长　沙	被引频次＋
13	江西广播电视大学	南　昌	下载频次＋

续表

序 号	学校名称	地 点	备 注
14	浙江广播电视大学	杭 州	
15	重庆广播电视大学	重 庆	
16	黑龙江广播电视大学	哈尔滨	下载频次 +
17	陕西广播电视大学	西 安	论文篇数 +
18	河北广播电视大学	石家庄	
19	山西广播电视大学	太 原	
20	山东广播电视大学	济 南	

2017 年 8 月中旬，根据中国知网，输入作者单位，对除了 6 所开放大学的其他广播电视大学进行排名。以第一作者身份发表的论文篇数最多的是陕西广播电视大学，共发表 2931 篇（见表 10－8）。

表 10－8 中国部分广播电视大学论文篇数排名

序 号	学校名称	数量（篇）	备 注
1	陕西广播电视大学	2931	
2	浙江广播电视大学	2631	
3	湖南广播电视大学	2365	
4	河南广播电视大学	2059	
5	重庆广播电视大学	1737	
6	河北广播电视大学	1624	
7	天津广播电视大学	1483	
8	山东广播电视大学	1308	
9	黑龙江广播电视大学	1275	
10	山西广播电视大学	1223	
11	四川广播电视大学	1089	
12	江西广播电视大学	991	

被引频次和下载频次是反映论文质量的指标，基本反映了该单位科研水平的重要指标。第一作者单篇论文被引频次最多的是湖南广播电视大学（第一名是中央广播电视大学），333 次（见表 10－9）。湖南广播

电视大学的杨秋芬和陈跃新撰写的《Ontology 方法学综述》，发表在《计算机应用研究》，2002 年第 4 期。去掉一些选项后，这篇论文被引频次最高。

表 10 –9　中国部分广播电视大学论文被引频次排名

序　号	学校名称	数量（次）	备　注
1	湖南广播电视大学	333	
2	浙江广播电视大学	256	
3	四川广播电视大学	163	
4	江西广播电视大学	162	
5	山东广播电视大学	97	
6	重庆广播电视大学	92	
7	天津广播电视大学	81	
8	河南广播电视大学	57	
9	黑龙江广播电视大学	53	
10	山西广播电视大学	49	
11	河北广播电视大学	48	
12	陕西广播电视大学	43	

为了更加直观，我们又根据表 10 –9 的数据做出了图 10 –3。在制作过程中，学校的名称和被引频次的单位都做了简化处理。

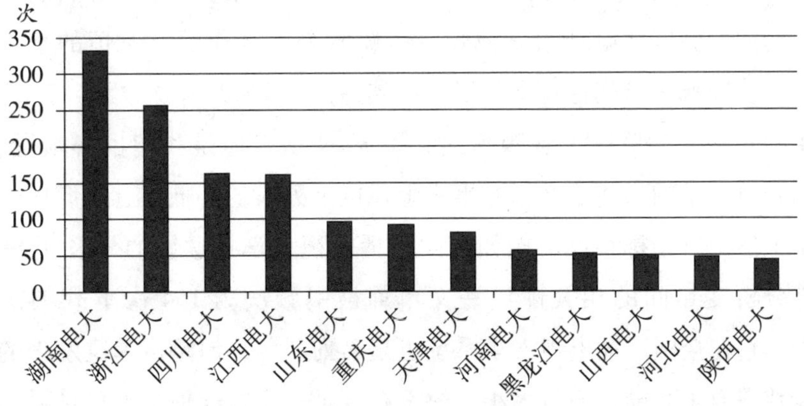

图 10 –3　中国部分电大论文被引频次排名

我国部分广播电视大学中，下载频次最多的是江西广播电视大学的25986次，杨宝珍撰写的《企业市场营销战略创新》，发表在《企业经济》，2011年第5期。这项下载排名包含了开放大学在内我国所有广播电视大学系统的高校（见表10－10）。

表10－10　中国部分广播电视大学论文下载频次排名

序　号	学校名称	数量（次）	备　注
1	江西广播电视大学	25986	
2	四川广播电视大学	8941	
3	黑龙江广播电视大学	7106	
4	湖南广播电视大学	4885	
5	浙江广播电视大学	4662	
6	山西广播电视大学	4104	
7	重庆广播电视大学	2679	
8	河北广播电视大学	2482	
9	山东广播电视大学	2248	
10	陕西广播电视大学	2143	
11	河南广播电视大学	1870	
12	天津广播电视大学	1680	

当然单纯从广播电视大学下载频次来看，可能不止如此，其他广播电视大学单篇论文的下载频次可能更高，为了统计方便，我们制作上表。例如安徽广播电视大学池州分校鲍涛等人合作的《永恒的彗星之光——谈安娜·卡列尼娜文学形象的塑造》（《池州师专学报》2007年第4期）一文，单篇下载频率达到了3764次。但是我们也必须说明，有的开放大学的科研论文指数事实上比以上列表的还低。有的广播电视大学虽然个别指标很高，例如兵团广播电视大学孙逸敏的《利用SPSS软件分析变量间的相关性》一文单篇被引频次为154次下载频次为7550。它在全国广播电视大学系统也是名列前茅，但是该单位发表的论文篇数只有198篇，数量太小，故没有收录。所以这种排名只是科研的一个方面，也不是很全面，仅供参考。

思考题

1. 如何进行开放与远程教育评估创新？
2. 我国电大教育评估的经验是什么？
3. 谈谈英国开放大学教育评估的成绩和做法。
4. 如何看待我国远程教育在国际上的地位？
5. 请你设计一个开放与远程教学评价指标体系。

第十一章　开放与远程教育的经济论

教育经济学形成于20世纪五六十年代，其基本标志是美国经济学家雅各布·明瑟（Jacob Mincer）、西奥多·舒尔茨（Thodore W. Schults）的人力资本理论。开放与远程教育的经济学是教育经济学的下属分支，是教育经济学在开放教育与远程教育领域的运用和发展。

第一节　开放与远程教育的经济学概述

在前面的一章，我们谈论了教育与经济关系，社会经济作为支撑开放与远程教育的经济基础。教育通过再生产劳动力和科学技术的发展来推动经济的增长。开放与远程教育主要是面对成人，当然也可以包括基础教育乃至学前教育。所以，这种教育并非通过再生产劳动力来推动经济的发展，而是通过提高劳动生产力来促进经济的提升。北京开放大学殷丙山等人翻译的《国际教育信息化发展2017地平线报告（高等教育版）》提出，在线学习可以通过高速互联网接入，而开放教育资源的使用可以为学生节省成本。①

一、国外开放与远程教育的经济学理论

国外关于教育经济的成本—效益计算，又称投入—产出比，可以用公示表示为CER = C/E；投入产出比等于投入除以产出，当投入（C）

① Adams Becker, S., Cummins, M., Davis, A., Freeman, A., Hall Giesinger, C., and Ananthanarayanan, V. NMC Horizon Report: 2017 Higher Education Edition. Austin, Texas: The New Media Consortium. 2017.

一定的时候，产出（E）数值越大，投入产出（CER）比就越大，经济效益就越好；反之，当产出一定的时候，投入越大，投入产出比就越小，经济效益就越差。到了20世纪90年代，教育市场的选择归入了经济收益的范畴。

（一）舒尔茨的人力资本理论

20世纪60年代，美国西奥多·W·舒尔茨的人力资本理论是世界教育经济学一个重要的理论，它是在否定凯恩斯主义的基础上提出来的，之后它又受到了学术界的批评，加里·贝克尔（G. S. Becker）、丹尼森（E. F. Denison）等人后期对此进行了发展，至今在世界教育经济学界仍然占据着一定的地位。

1960年12月，舒尔茨在美国经济协会的年会上作了题为《人力资本投资》的报告，明确提出人力资本是当今时代促进国民经济增长的主要原因，认为“人口质量和知识投资在很大程度上决定了人类未来的前景”。人力资本是对人的投资而形成的，体现在人身上的知识、技能、经历、经验和熟练程度等，在货币形态上表现为提高人口质量、提高劳动者时间价值的各项开支。人力资本也是一种生产要素资本，是经济增长的重要源泉。

美国1929—1957年国民收入增长总额为1520亿美元。除由于物质资本投资和劳动力数量增长产生的增长外，由于教育投资实现的经济效益（纯收益）495亿美元占同期经济增长的710亿美元的70%。这个理论影响很大，成为教育先行观的重要理论依据。

丹尼森增长因素分析法。将影响经济增长的因素归结为就业人数及其年龄和性别、工人的工时数、就业人员的教育程度、知识进展等七类。他得出的结论是：美国1929—1957年间国民收入年均增长率（2.93%）中，教育的经济效益占38%。以后，受到科斯为代表的新制度经济学的抨击，他们认为产权、交易成本对于经济效益有直接的关系。

（二）新制度经济学理论

新制度经济学（The New Institutional Economics）这个概念最早是

由威廉姆森提出来的。就是利用正统经济理论去分析制度的构成和运行，并去发现这些制度在经济体系运行中的地位和作用。[①] 在诺斯看来，所谓制度是一种社会博弈规则，是人们所创造的用以限制人们相互交往的行为规范的框架。什么是好的制度？用制度经济学的话讲，好的制度就是交易成本低的制度。制度、交易成本、产权、国家理论等是新制度经济学的核心概念。

约拉姆·巴泽尔把交易成本定义为与转让、获取和保护产权有关的成本。[②] 在开放与远程教育的领域中，所谓的交易成本就是开放与远程教育机构转让和学员获取知识产权以及保护机构授予和学员获得的证书的有关费用。具体地说，开放教育资源、师生之间的相互作用、相互交流、课程的制作与发送和学生支持服务都是师生之间或者学校与学员之间交易的对象。为了降低开放与远程教育机构和学员的成本并提高收益，他们就需要降低转让、获取和维护毕业证书结业证书声誉的成本。2008 年以后慕课之所以风靡世界横扫九州，其原因在于免费发放教育资源和免费获得知识产权，教育机构与学员之间的交易成本几乎归零。这个制度带来的问题是毕业证书的声誉保护的成本并没有归零，因为很多单位并不承认这些证书，实际上教育机构与用人单位之间的交易成本无限大，几乎很难交易。在这种背景下，就出现私慕课又称“小规模私人在线课程”（SPOC），目的在于提高毕业证书的声誉。

交易费用是经济制度运行的费用，它包括：①信息费用和排他性费用；②设计公共政策并执行的费用[③]。如前所述，慕课证书效用较低，社会认可度偏低，用制度经济学理论分析，则是“设计公共政策并执行的费用”很高非常高，甚至无法执行。要想降低开远教育机构与用人单位之间的交易费用，就需要适当提高排他性费用，也就是必须要提

① 卢现祥．西方新制度经济学[M]．北京：中国发展出版社，2003：33.

② 巴泽尔．产权的经济分析[M]．费方域，段毅才，译．上海人民出版社，1997：3.

③ 卢现祥．西方新制度经济学[M]．北京：中国发展出版社，2003：5.

高“生产”的成本。为什么北大清华毕业生就业相对容易，因为他们的排他性费用很高，入门门槛很高，师资水平很高，也就是生成成本很高。

关于“交易”的种类，康芒斯认为有三种：一是买卖的交易，即平等人之间的交换关系；二是管理的交易，即上下之间的交换关系；三是限额交易，即政府与个人之间的关系。关于限额交易问题，开放教育的一个问题就是无法做到限额交易，这样等于提高了交易成本。

（三）丹尼尔“铁三角”理论

英国开放大学副校长约翰·丹尼尔爵士（John Daniel）的杰出贡献之一，他揭示了入门门槛、教学质量和费用之间的相互制约的关系（见图11－1）。2011年，他基于在英国开放大学工作和管理的经验提出了最著名的理论，开放大学的“铁三角”理论，或者也被称为“丹尼尔三角论”[①]。就是说当入门门槛这条线较短的时候，其他质量和费用的线也会较短，费用降低了，质量下降了。当质量提升的时候，入门门槛就会提高，费用也会提高；当费用提高的时候，入门门槛就会提高，相应地质量也会上升，反之亦然。

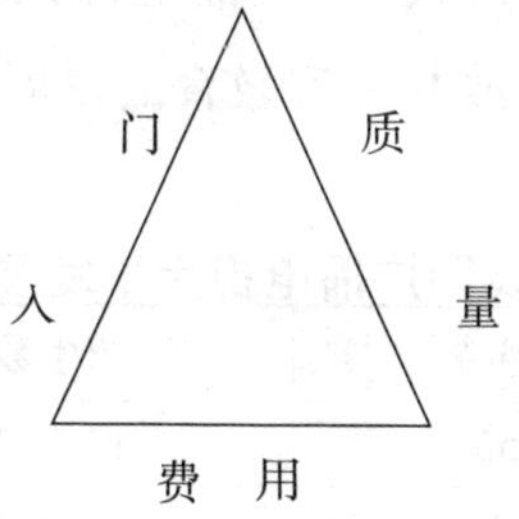

图11－1　丹尼尔铁三角理论

多年来，丹尼尔爵士一直认为铁三角的三个维度之间的关系是积极的，而实际上这三个维度之间也充满了张力，尤其是在全球发展、

① Daniel, J. Kanwar, A. & Uvalic－Trumbic, S. Breaking Higher Education' s Iron Triangle, Change[J]. The Magazine of Higher Learning, 2010, 41（2）: 30－35.

扩大教育机会的情境下，换句话说，当你侧重一个维度时，就会给其他维度施加压力，或者说这个铁三角是一个不等边的三角形，每个边的长度不相等。丹尼尔三角论为管理者们提供了一个框架，即帮助我们考虑开放大学如何配置资源，处理费用、质量与入门三者之间的相互关系。降低入学条件，降低求学费用，其背后的潜台词可能就是降低教学质量。

二、开放和远程教育与宏观经济发展情况

我国宏观经济发展与开放和远程教育的发展存在着一定剪刀差。往往经济发展的时期，恰恰是开放与远程教育衰微的时期；而开放与远程教育发展的时期，又是经济发展缓慢的时期。春秋末年，周室衰微，《左传·昭公十七年》说明了“天子失学，学在四夷”。从“学在官府”开放到“学在四夷”，学校的范围扩大了。经济发展了，实力增强了，强大的是重点高校，而非开放与远程教育。2015 年，我国国内生产总值 67.67 万亿元，经济增长速度为 6.9%；同年，我国成人高等教育本专科共招生 236.75 万人，比上年减少 28.86 万人；在校生 635.94 万人，比上年减少 17.19 万人。[①] 广播电视大学的统计数字一般在成人高校中，基本上反映了开放与远程教育的发展情况。

表 11－1　我国广播电视大学发展情况统计表

年份	毕业生数	招生数	在校生数
2000	98955	159092	347023
2001	109210	164924	400293
2002	139680	143602	385130
2003	152691	—	385130
2004	134488	118233	213921

数据来源：“中国教育统计网”。

① 教育部．2015 年全国教育事业发展统计公报[R]. http://www.moe.edu.cn/srcsite/A03/s180/moe_633/201607/t20160706_270976.html.

从表 11－1 中我们可以看出，我国广播电视大学在毕业生人数、招生人数和在校生人数方面都是一个“山”字形，就是说 2001 年，招生人数在这四年中达到了顶峰为 16.49 万人，在校生人数同样如此，40.03 万人。之后逐步下调，到了 2004 年在校生人数仅为 21.39 万人，基本上是 2001 年的一半多。大家知道，2003 年“非典”时期，我国国民经济遭受了一定的损失，很多高校实行封校。恰恰在这年广播电视大学的毕业人数却达到了这五年顶峰 15.27 万人。

众所周知，2000—2005 年之间，我国经济形势良好，呈快速增长。2001—2005 年我国普通高校的建筑面积呈直线上升，这也体现了我国经济上升发展的情况（见图 11－2）。从一般教育理论上讲，我国经济发展了，远程教育也应当发展，事实上并非如此。这是因为经济的发展，促进了就业形势良好，很多人都去工作了，无暇进行学习，无需提高技能培训。相反，当经济危机爆发的时候，就业形势恶化，一些人失业，从而人们有精力进行开放与远程教育学习，因为这种学习方式比较经济，投资少，不必在校全日制学习，以备日后再次就业。

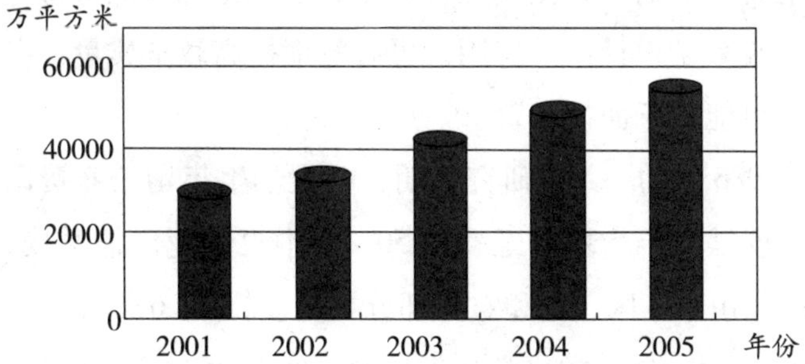

11－2　2001—2005 年普通高校建筑面积增长示意图

三、开放与远程教育的微观经济学概述

厉以宁教授在 1984 年的出版的《教育经济学》中认为：“教育经济学是研究教育在经济增长以及经济和社会发展中的作用，研究智力投

资的经济效果的科学。”之后，我国远程教育经济学研究及其成果颇丰。1989年4月，组成了由中央电大主持湖北、武汉、湖南、北京、天津、甘肃、四川和河南等省市电大参加的电大教育质量和投资效益评估方案，1990年4月到12月完成。评估采用了先进的理论、方法和技术。[①]

具体到某一个项目或者某一门课程不一定都是免费的，开放教育亦可以实行收费，而且西加拿大大学的有关流域管理全网络研究生证书项目收到了良好的经济效益。经过了五年的运营之后，尽管也出现了一些问题，但是总体情况很好。该网络硕士项目总的研究生人数翻了一番；该硕士项目的全部成本用学费冲抵；每年有120名研究生从该项目毕业；学位完成率为64%；45%的学生来自加拿大本土之外。[②] 这个案例给我们提供了一个很好的例证，开放教育依然是可以盈利的，可以有经济收益。当然这种收益目前只是针对开发这种项目的高校，而且开放教育的层次发展到了硕士研究生阶段。

美国西部州长大学是一所私立的、盈利的开放大学，类似的还有凤凰城大学。与其他国家的开放大学一样，他们也提供自己的学位。但是开放就意味着免费，真正通过开放教育获得收益的机构还是少数。

针对混合学习的个人微观经济成本，罗宾逊（Robinson）认为，通过增加技术在教学设计中的应用，可有效地提高教学质量，在多数情况下，其成本可能低于面授教育。

1982—1986年的一系列研究表明，电大学生年均培养费用约为当时中国普通高校学生年均培养经费的50%。中央农业广播学校天津分校，1981—1985年由市、区、县和农林部分共同拨款38.6万元，平均每个学员每年40元。第一届农学班学员平均每人经费250元，不足全日制中专毕业生人均经费10%。[③] 时间段都是20世纪80年代上半叶，一个是电大

① 吴畏．中国教育管理精览[M]．北京：警官教育出版社，1998：639.

② 托尼·贝茨．数字化时代的教学[M]．刘永权，等译．北京：中央广播电视大学出版社，2016.

③ 杨锦波．天津市农村成人教育（1979—1985）[J]．天津成人教育职业技术教育史志资料，1989（8）：53-71.

大专占普通大专培养经费的50%；另一个是电视中专，占普通中专培养经费的10%。也就是电大和电视中专的培养经费平均占普通学校的30%。中央广播电视大学系统和中央农业广播电视学校系统，是从20世纪80年代开始一直到现在我国开放与远程教育的两大系统。因而，办电大适合中国国情，是培养人才的一种多、快、好、省的办法。

与传统教育比较，在人均占有固定资产、人均占有建筑面积等方面，远程教育也具有优势。一方面，主要原因是远程教育的在校生并不是像全日制学生那样，按照一个整数算的。这样的话，生均的“生”并没有实际数字那么大，因而人均固定资产和人均占有建筑面积相对也比较持平。另一方面，开放大学很多教师是外聘的，固定的全职教师不是很多，以2013年国家开放大学为例，教职工只有500多人。这样算，人均占有的固定资产的值就又高出一部分。

我们一般认为，老年人接受新鲜事物比较慢，而远程教育又是主要依靠互联网和移动互联网，因此误认为开放与远程教育与老人关系不大。其实，由于我国平均寿命正在逐年提高，老人教育也是开放与远程教育的主要对象。加之一些老年人经济条件较好，这就成为开放大学闲暇教育的重要内容，成为他们获取经济效益的一个方面。2002年7月18日，天津市第十三届人民代表大会通过《天津市老年人教育条例》，这是我国第一部老年教育专门法规。2017年，某网购平台的一项调查显示，56岁以上的消费者购买图书的比例比“90后”高82%，比“80后”高42%，且高于平均水平的38%。[①] 老年人成为网购书籍的主力军，甚至一些老年人也成了“剁手族”。

第二节　开放与远程教育的经济学发展

全国教育经济学研究会编著的《教育经济学概论》（1983）认为，

① 黄国清．互联网时代离老年人没那么远[N]．燕赵都市报，2017-07-31.

"教育经济学是研究教育与经济相互关系及教育领域内经济现象及其规律的科学。"既然它是研究"教育领域内经济现象及其规律的科学",那么开放与远程教育学这样一门既古老又崭新的学科,其经济现象与其他类型的教育有一定的差异,其发展规律也有所不同。

一、收费教育的经济情况

且不论线下的补习和培训,在线收费教育不仅是开始,而且迄今已经渐成规模。2016 年,媒体曾经报道,在线辅导开始爆红,一些在线辅导教师"一小时收入 18842 元,收入超网红"。不仅如此,另外的媒体还进行了深入的分析。不要看到辅导老师收入很高,还要看到每个学生收费很低,相对于线下辅导少则上百多则几百的价格,线上辅导每节课收费几元,简直就是"白菜价"①。2017 年 8 月,《天津日报》整版发表了一篇文章"在线教育的是与非",对本市的开放教育进行了全面的调查和分析,其中涉及费用问题。"本市几家知名少儿英语培训机构每节课课时费一般在 150 元以上,有的甚至 300 元;而倡导一对一,外教授课的在线少儿英语培训课程,一般每节课在 100 元左右。"② 从这个报道来分析,在校教育的费用是传统面授教育费用的 2/3 弱。从以上这几个案例可以看出,开放与远程教育教师收益很大,而每个学生的投入却很低。既然存在这样的市场行为,就说明学生的投入和收益大致平衡,也就是说教学质量基本能够与线下辅导持平。这是线上辅导的一种新的教育经济现象,需要我们不断总结经验,提升理论的解释能力。

开放教育企业盈利十分可观,甚至大有超过传统教育的趋势。2012 年,淘宝教育类产品销售额为 3.3 亿元人民币,其中 1/3 是教材教辅,

---

① 毛建国. 共享教育会不会打败"烧钱式"教育?[N]. 燕赵都市报,2017-07-26.

② 张雯婧. 在线教育教育的是与非[N]. 天津日报,2017-08-12.

另外2亿元是课程销售。① 无独有偶，沪江教育中的CCtalk全站交易净额年增速突破61倍。② 笔者初步统计了外语教学与研究出版社主办的“高校外语教师发展数字课程”，按照教学方法、科研方法、专题研究、教育技术、测试评估和教育理论六大板块58门课程，只有6门是免费，仅占全部课程的10.3%。北京外国语大学一位教授在线课程“外语教学研究与实践”35学时每人收费1999元，价格最高，最低2学时收费99元。假如有100名教师选择这门课程就是将近20万元人民币。当然这类课程一般并非个人出资，往往是单位资助。可见，开放与远程教育具有非常可观的经济效益。教育服务业的性质更加凸显，在线教育的盈利性日渐明晰。

以英语教育市场为例：在线英语教育品牌学员打开电脑、戴上耳机，即可与远在海外的真人外教一对一实时互动学习，互联网帮助众多英语学习者足不出户实现了平价“留学”的梦想，让教育公平化成为可能。国内找外教又贵又难，一年2万元的学费还要与几个人共同分享口语练习的时间，去教学机构上课的时间成本会降低学习频率；而通过网络则可以享受更高质量、更方便、相对便宜的一对一口语培训服务。

VIPKID专注为4～12岁左右的小朋友提供有效、生动的在线英语学习体验。拥有优质的北美小学教师资源，孩子通过1对1在线视频互动平台，在家就可以同北美老师连线。VIPKID的教材均为基于美国共同核心州立标准（CCSS），而独立研发的适合中国孩子的教材。VIPKID的外教均来自美国和加拿大，熟悉北美文化，拥有国际视野，外教们大多拥有美国优质高校的学历背景，拥有丰富的少儿英语教学经验。

开放教育的师资，以外聘为主，专职为辅。“51talk无忧英语”属

① 吕森林，等. 中国在线教育产业蓝皮书[M]. 北京：北京大学出版社，2015：95.

② 任笑元. 沪江冲击港股在线教育第一股[N]. 中国青年报，2018-08-15.

于纽约上市教育公司，号称拥有500万学员，1.48万名外教。分为三个模块：第一部分哈沃美国小学；第二部分青少年英语课程；第三部分成人英语课程。儿童英语部分与vipkid有重合，51talk聘请菲律宾在线英语教师，大大降低师资成本，可以打课程价格战。根据2016—2017年度，在线教育师资成本，实际上就是课时费和工资成本等，没有这方面成本的居然有38.46%，比例最大，其次是每小时100元以下的，占19.23%，再次是300元以下每小时，占11.54%。[①]

二、免费教育的经济情况

开放教育的很多形式属于免费的范畴，譬如网易公开课、学堂在线、MOOC中国等。美国麻省理工学院的开放课件运动也是免费性质。这种开放教育主要是社会效益，很少或者几乎没有经济效益。2016年，郑勤华等对成人高校MOOC联盟等14个我国慕课平台课程证书情况进行了统计，共有1121种课程，其中有证书需收费的273种，有证书不收费的463种。[②] 免费证书的是收费证书的1倍多。

开放教育与远程教育平台例如：edX、Coursera、Udacity。以edX为例：它是哈佛大学和麻省理工学院共同创立的非营利网络教育平台，旨在向全球提供来自哈佛大学、麻省理工学院、加州大学伯克利分校、普林斯顿大学、香港大学、香港科技大学、清华大学、北京大学、微软、IMF、IEEE、ACCA、Smithsonian等100所顶尖高校及组织提供的1000多门免费MOOC（大规模在线公开课）。英文主站：www.edx.org。2016年12月，麻省理工学院宣布将推出一个通往数据、经济学、发展政策（DEDP）的全新硕士学位。这个硕士项目由MIT的经济系推出，并且只向在线获得MIT DEDP微硕士的学习者开放。DEDP在线微硕士

① 吕森林，邵银娟，等.2016—2017中国互联网教育行业蓝皮书[M]. 北京：北京大学出版社，2017：181.

② 郑勤华，陈丽，林世员．互联网+教育[M]. 北京：电子工业出版社，2016：239.

项目将通过edX平台向全球所有人开放，课程讲师来自被誉为全球发展经济学研究中心的麻省理工学院经济系与全球领先的政策研究机构Abdul Latif Jameel贫困行动实验室（J－PAL）。选择免费修读选项，你可以学习课程的所有内容，以及参加课程考试。但完成课程之后不会获得课程颁发的证书。选择身份认证选项，你需要支付认证费用，在结课之后，如果顺利通过考核，你将获得课程颁发的认证证书。（身份认证的费用每门课程约在30～100美元之间）。

三、供给侧改革理论应用

2016年1月26日，在中央财政领导小组第十二次会议上，习近平总书记提出了供给侧改革的理论。他要求我们："用改革的办法推进结构调整，减少无效和低端供给，扩大有效和中高短供给，增强供给结构的对需求变化的适应性和灵活性，提高全要素生产率。"① 这个理论是指导当前我国开放与远程教育发展的重要指示。就开放与远教育而言，是供给侧，市场和学生是需求侧。从宏观上说，就是要在今后一段时间压缩开放与远程教育的规模，走内涵式发展道路，提高其教育质量。

根据教育部网站公开的信息，2013年到2015年我国成人高校从297所下降到292所，减少了5所。教职工人数从2013年的56471人下降到2015年的51292人，减少了5179人，占2013年的9.1%。这个态势就是去产能，降低开放与远程教育的规模。2016年比之前下降的幅度更大，比上年减少了8所学校，教职工比上年减少8173人。总之，2016年比2013年减少了13所学校，占2013年的4.3%。教职工人数减少了13353人，占2013年当时总人数的23.7%（见表11－2）。按照这种发展趋势，今后成人高校的规模还会下降。

① 中共中央宣传部．习近平总书记系列重要讲话读本［M］．北京：人民出版社，2016：156.

表 11－2　2013—2016 年我国成人高校规模统计表

年份	学校数	教职工人数（人）
2013	297	56471
2014	295	52921
2015	292	51292
2016	284	43118

2016 年我国成人高校学生规模基本情况与学校数量和教职工总数一样，呈下行路线。成人高等教育本专科共招生 211.23 万人，比上年减少 25.52 万人；在校生 584.39 万人，比上年减少 51.55 万人；毕业生 244.47 万人，比上年增加 8.21 万人。但是毕业生人数比 2015 年有所增加（见表 11－3）。

表 11－3　2014—2016 年天津市成人高校(函授、业大、脱产)学生统计表

学校类别	毕业生数			招生数			在校生数		
年代	2014	2015	2016	2014	2015	2016	2014	2015	2016
总数	26612	28376	25854	27637	25433	19852	61548	56343	49316
其中本科	14954	16937	15931	16570	14840	12357	36701	33440	29447
地方院校	22611	24588	23363	25516	24254	19005	52549	50156	44889
其中本科	12113	14486	14176	15066	13976	11706	30636	29118	26294

我们根据天津市教育委员官方网站中“政务信息”中的“教育统计”的数字整理了以上的《2014—2016 年天津市成人高校（函授、业大、脱产）学生统计表》统计的数据时间截至 2017 年 1 月 18 日。从图 11－3 可以看出，天津市成人高校（函授、业大、脱产）在校生数和招生数，从 2014—2016 年是逐步下降的。毕业生数 2015 年略有回升。正常的状态，应当是招生数逐年上升，而毕业生数逐年下降或者基本保持平稳。在校生数的下降，就说明成人高校中经济效益下降。

必须指出，我国成人高校数量、招生人数和在校生人数都在下降，

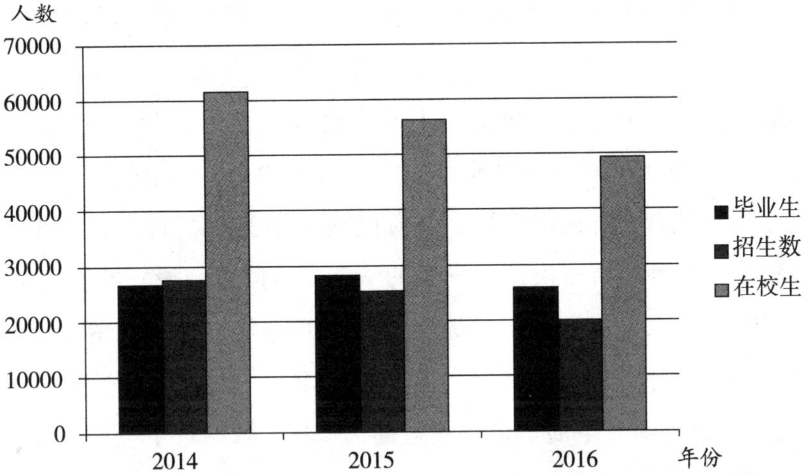

图 11－3　2014—2016 年天津市成人高校（函授、业大、脱产）学生统计表

这里指的是独立设置的成人高校，例如天津市渤海化工职工学院等，但是普通高校成人招生依旧比较稳定，例如北京物资学院在北京也招收成人教育学生。这类普通高校比独立设置的成人高校更具有吸引力。何况一些高校还进行在职硕士课程表的教育，所以，总体上讲，我国成人高等教育规模并没有真正的下滑。

第三节　开放与远程教育的助学制度

奖学金制度最早在国外实行。法国的雷佩尔提（Lepelletier）在 1747 年拟定的教育改革方案中就曾经明确提出，让贫苦的儿童受教育，首先要给他们面包。① 这是有文字可查的最早的助学制度草案。1902 年，英国颁布法律开始设立奖学金。1913 年，美国纽约州率先实行奖学金制度。

一、开放与远程教育的助学情况

由于开放与远程教育属于成人教育，学员具有一定的经济实力，相当一部分属于在职学习，所以奖学金和助学金制度实行得比较晚。上海

① 范先佐．教育经济学[M]．2 版．北京：中国人民大学出版社，2012：258.

电视大学自2008年起自筹1000万元奖助学金，用于激励和资助电大优秀学生。这是我国较早实行奖学金助学金的电视大学。2009年9月，上海电视大学颁布了《上海电视大学开放教育学生奖助学金制度实施办法（试行）》（2009年9月修订），同时，《中央广播电视大学奖学金管理办法（试行）》颁布实行。上海电视大学开始实行本校本土的奖学金制度，自筹经费解决部分学生的学费困难问题。设立特等奖学金、一等奖学金、二等奖学金、三等奖学金和四等奖学金五个等级。特等教学金，最高每年2000元/人，共奖励10名；一等奖学金，每年1000元/人。还有特困学生助学金，覆盖面为2‰，另外对于经济困难学生减免学费，减免该生的学费的20%~70%。在2008年当时上海的消费水平，这个额度的确能够解决一些实际问题。他们不断延续，增加额度。2016年12月，上海开放大学浦东分校获得各类奖学金学生343人，其中，获得国家开放大学奖学金8人、上海开放大学奖学金246人、校级奖学金72人、优秀毕业生17人。这种制度有利于鼓励学生勤奋学习，提高教学质量。在某种程度上，该校的部分学生实行了免费上学。

上海开放大学奖学金制度实行得很好，取得了良好的社会效益和经济效益。不仅学生受益，而且学校也受益，实现了良性循环。上海电视大学2007级秋天工商企业管理专科班学生邵洁燕，是80后环卫工人。2009年获得第二届特等奖学金，降低了她的经济负担。后来她又报了本科，2012年毕业，这等于又增加了一名本科生源。2015年暑假再次报考了第二本科。再增加了一名生源。而且这次与她丈夫双双来报考第二本科。他两个人并获得了2016年度上海开放大学奖学金。他们夫妇2人，共增加了4人次生源。扩大了上海开放大学生源数量和社会影响，同时也减轻了经济负担，还获得了3个本科毕业证。

二、设立奖学金的生源分析

如今即便是东部省份，乃至发达的京上广一线城市，在开放与远程教育中，外地生源的比例很大（见表11-4）。2001年，天津高等自学考试报名中，共报名 36874 人，其中外生人数为 21774 人，占所有报名人数的 59%。

表 11-4　天津市高自考 2001 年 1 月份报名统计表

项目	人数	新生人数	外省人数
总计	36874	12305	21774
男	16614	5633	10157
女	20233	6672	11615

资料来源：天津市教育招生考试院．天津教育招生考试年鉴 2001[M]．天津：天津教育出版社，2002：611.

开放大学的报名情况基本类似，上海开放大学中学员有一部分就是外地的农民工。2001 年，天津高等自学考试报名中，共报名 36874 人，其中有工人、农民和待业的 3918 人，占总数的 10.6%。截至 2015 年年底，国家开放大学学生有 356 万人，农民工为主要人群，其中 70% 来自中西部地区。他们的经济情况，并不乐观。因此，需要进行一定的奖学金给予资助和鼓励。

设立奖学金是提高教学质量的重要举措，也是降低优秀学生学习成本的重要对策。截至 2014 年，国家开放大学设立的奖学金类别有：中央广播电视大学奖学金、“希望的田野”奖学金、残疾人教育阳光奖学金、士官奖学金等。

2017 年 1 月 10 日国务院下发的《国家教育事业发展“十三五”规划》要求：“实施农民工学历与能力提升行动计划，资助 150 万名符合入学条件的农民工接受本、专科学历继续教育。”这项任务主要是针对我国继续教育系统，重点是开放大学系统。我们应当积极争取这笔资金，完成好国家的“十三五”教育规划。

（本章由李燕执笔）

思考题

1. 试述英国开放大学丹尼尔三角形理论。

2. 举例说明远程教育与经济发展之间剪刀差关系。

3. 叙述在新制度经济学理论下远程教育师生的“交易”成本问题。

附　录

一、远程教育教材与专著

[1] 凯伊·鲁姆勃尔．远距离高等教育[M]．丁兴富，等译．北京：中央广播电视大学出版社，1987.

[2] 贝茨，等．远距离教育工艺学引论[M]．中央电大远程教育教研室，编译．北京：中央广播电视大学出版社，1987.

[3] 丁兴富，高克明，等．远距离高等教育学导论[M]．北京：中央广播电视大学出版社，1988.

[4] 丁兴富．世界远距离高等教育概观[M]．北京：中央广播电视大学出版社，1990.

[5] 德斯蒙德·基更．远程教育理论原理[M]．丁新，译．北京：中央广播电视大学出版社，1999.

[6] 谢新观．远距离开放教育辞典[M]．北京：中央广播电视大学出版社，1999.

[7] 顾君忠，等．现代远程教育技术概论[M]．上海：华东师范大学出版社，2000.

[8] 黄清云．国外远程教育的发展与研究[M]．上海：上海教育出版社，上海世纪出版集团，2000.

[9] 李学明，李继，魏芳．远程教育系统及其实现[M]．北京：人民邮电出版社，2000.

[10] 谢新观．远程教育概论[M]．北京：中央广播电视大学出版社，2000.

[11] 聂瑞华. 因特网与远程教育[M]. 北京：高等教育出版社，2001.

[12] 丁兴富. 远程教育学[M]. 北京：北京师范大学出版社，2001.

[13] 丁兴富. 远程教育研究[M]. 北京：首都师范大学出版社，2002.

[14] 郭英楼. 现代远程教育[M]. 北京：中共中央党校出版社，2002.

[15] 陈金龙. 现代远程教育概论[M]. 北京：科学出版社，2003.

[16] 方德葵. 虚拟大学：现代远程教育理论与实践[M]. 北京：中国广播电视大学出版社，2003.

[17] 龚祥国，等. 现代远程教育（数字化学习技能）[M]. 北京：科学出版社，2003.

[18] 杨改学. 现代远程教育[M]. 北京：国防工业出版社，2003.

[19] Belanger F，等. 远程学习的评估与实施——技术、工具、技巧[M]. 丁兴富，译. 北京：中国轻工业出版社，2003.

[20] 陈丽. 远程教育基础[M]. 北京：高等教育出版社，2004.

[21] 杨孝堂. 远程教育学习测评[M]. 北京：中央广播电视大学出版社，2004.

[22] 高小玲，吕鹏宇. 远程教育系统[M]. 北京：中国宇航出版社，2004.

[23] 黄正明. 远程教育教程[M]. 北京：科学出版社，2004.

[24] 穆道生，等. 远程教育系统开发[M]. 北京：中国宇航出版社，2004.

[25] 田屹，周虹. 远程教育的理论与实践[M]. 西安：第四军医大学出版社，2004.

[26] 李骁群. 远程教育的实践与思考[M]. 北京：人民日报出版社，2004.

[27] 熊澄宇. 中国现代远程教育发展战略研究[M]. 北京：高等教育出版社，2004.

[28] 王继新，李书明. 远程教育原理与技术[M]. 武汉：湖北科学技术出版社，2005.

[29] 谢新观．远程教育原理[M]．北京：中央广播电视大学出版社，2005.

[30] 刘仁坤，刘尔明．现代远程教学论稿[M]．哈尔滨：黑龙江人民出版社，2005.

[31] 王珠珠．远程教育项目管理理论与实践[M]．北京：高等教育出版社，2006.

[32] 傅钢善，马红亮. 网络远程教育[M]．北京：科学出版社，2007.

[33] 张伟远，蒋国珍. 远程教育研究方法[M]．北京：高等教育出版社，2007.

[34] 郑丽华．远程教育教学设计元素[M]．北京：知识产权出版社，2007.

[35] 谢新观．远程教育论稿[M]．北京：中央广播电视大学出版社，2007.

[36] 丁新．国际远程教育研究[M]．北京：高等教育出版社，2008.

[37] 黄荣怀，JyriSalomaa. 移动学习：理论·现状·趋势[M]．北京：科学出版社，2008.

[38] 刘昌明．远程教育纵横谈[M]．成都：电子科技大学出版社，2008.

[39] 黄霖．远程教育管理概论[M]．成都：天地出版社，2008.

[40] 王继新，张屹．远程教育原理与技术[M]．北京：北京大学出版社，2008.

[41] 应卫勇，钱自强．现代远程教育学习概论[M]．上海：华东理工大学出版社，2008.

[42] 张海波，梁国胜，张军儒．远程教育导引[M]．兰州：兰州大学出版社，2008.

[43] 皮尔斯·奥托．转型中的远程教育：新的趋势与挑战[M]．丁兴富，译．上海：上海高教电子音像出版社，2008.

[44] 张承明，李辉．远程教育与农村学校校本教学研究多元化模

式构建[M]. 北京：北师范大学出版社，2008.

[45] 迈克尔·穆尔，等. 远程教育：系统观[M]. 王一兵，译. 上海：上海高教电子音像出版社，2008.

[46] Panda S. 远程教育的规划与管理[M]. 杜亚琛，译. 上海：上海高教电子音像出版社，2008.

[47] Daniel J. 巨型大学与知识媒体：高等教育的技术战略[M]. 丁兴富，译. 上海：上海高教电子音像出版社，2008.

[48] Bates T. 技术、电子学习与远程教育[M]. 祝智庭，译. 上海：上海高教电子音像出版社，2008.

[49] 丁兴富. 远程教育学[M]. 2版. 北京：北京师范大学出版社，2009.

[50] 罗毅，骆雪超，等. 现代远程教育学习概论[M]. 2版. 广州：华南理工大学出版社，2009.

[51] 刘黛林，李亚婉. 中英远程教育学习与实践专集[M]. 北京：中央广播电视大学出版社，2009.

[52] 毛汉领. 远程高等教育实践与创新[M]. 北京：中央广播电视大学出版社，2009.

[53] 罗招全，朱维学. 现代远程教育导论[M]. 兰州：兰州大学出版社，2009.

[54] 张少刚. 中国远程教育发展观——23位电大校长的智慧与实践[M]. 北京：中央广播电视大学出版社，2009.

[55] 孙福万. 远程教育百词辨析[M]. 北京：中央广播电视大学出版社，2009.

[56] 李艳. 现代远程教育学[M]. 杭州：浙江大学出版社，2010.

[57] 闫寒冰. 远程教学设计[M]. 上海：华东师范大学出版社，2010.

[58] 张少刚. 远程教育科研服务观：开放大学的探索与实践[M]. 北京：中央广播电视大学出版社，2010.

[59] 张少刚. 中国远程教育发展动力：30年校庆昭示电大新时期责任与使命[M]. 北京：中央广播电视大学出版社，2010.

[60] 张秀梅. 远程教育研究导论[M]. 广州：中山大学出版社，2011.

[61] 张少刚，阎学谦. 中美远程教育文集[M]. 北京：中央广播电视大学出版社，2011.

[62] 陈丽. 远程教育[M]. 北京：高等教育出版社，2011.

[63] 郭绍青. 远程教育卫星资源接收与利用[M]. 北京：高等教育出版社，2011.

[64] 杨改学. 远程教育[M]. 北京：高等教育出版社，2012.

[65] 黄新斌. 远程教育的多向度研究[M]. 长沙：湖南大学出版社，2012.

[66] 王晶. 远程教育理论探究[M]. 呼和浩特：内蒙古少年儿童出版社，2012.

[67] J Michael Spector，等. 教育传播与技术研究手册[M]. 3 版. 任友群，等主译. 上海：华东师范大学出版社，2012.

[68] 李先明. 现代远程教育教学模式研究[M]. 北京：中国水利水电出版社，2012.

[69] 孙艳萍. 远程开放教育学生工作研究[M]. 北京：中央广播电视大学出版社，2013.

[70] 伍尤发. 现代远程教育学习概论[M]. 广州：华南理工大学出版社，2013.

[71] 程智. 远程教育学教程[M]. 广州：暨南大学出版社，2013.

[72] 曹效英. 远程教育导学指南[M]. 北京：北京交通大学出版社，2013.

[73] 龚志武. 远程教育论稿[M]. 广州：中山大学出版社，2013.

[74] 王继新. 远程教育原理与技术[M]. 北京：北京大学出版社，2013.

[75] 黄正明. 远程教育教程（修订版）[M]. 北京：北京交通大学出版社，2013.

[76] 杨志坚. 中国远程高等教育发展研究报告（2012）[M]. 北

京：中央广播电视大学出版社，2013.

[77] 杨志坚．中国远程高等教育发展研究报告（2013）[M]．北京：中央广播电视大学出版社，2014.

[78] 匡贵秋，冯立国，等．远程教育辅导教师教学指南[M]．北京：中央广播电视大学出版社，2014.

[79] 冯晓英．远程教育中的专业课程体系开发[M]．北京：国防工业出版社，2014.

[80] 应卫勇，刘百祥．现代远程教育学习概论[M]．上海：华东理工大学出版社，2014.

[81] 杨志坚．中国远程高等教育发展研究报告（2014）[M]．北京：中央广播电视大学出版社，2015.

[82] 莫勒，休特．无限制的学习：下一代远程教育[M]．王为杰，译．上海：华东师范大学出版社，2015.

[83] 张少刚，王迎．远程教育发展的理论与实践探究[M]．北京：中央广播电视大学出版社，2015.

[84] 余善云．远程教育创新研究[M] 成都：西南交通大学出版社，2015.

[85] 郑勤华．远程教育的经济问题[M]．北京：中央广播电视大学出版社，2015.

[86] 王鑫．现代远程教育系统工程论[M]．北京：线装书局，2015.

[87] 李红霞，等．远程继续教育研究[M]．长春：吉林大学出版社，2015.

[88] J Michael Spector，等．教育传播与技术研究手册[S]．4 版．任友群，等主译．上海：华东师范大学出版社，2015.

[89] 钟志贤．远程学习者的自我管理[M]．北京：中央广播电视大学出版社，2015.

[90] 杨志坚．中国远程高等教育发展研究报告（2015）[M]．北京：中央广播电视大学出版社，2016.

［91］ 金一强，鲁文娟．面向服务的现代远程教育：管理模型及其信息系统模型［M］．2 版．广州：华南理工大学出版社，2016.

［92］ 刘百祥．现代远程教育学习概论［M］．2 版．上海：华东理工大学出版社，2016.

［93］ 特里·安德森．远程学习中的教学交互原理与策略［M］．陈丽，王志军，译．北京：中央广播电视大学出版社，2016.

［94］ Scott McQuiggan，等．移动学习——引爆互联网学习的革命［M］．王权，等译．北京：电子工业出版社，2016.

［95］ 宋有．现代远程教育十论［M］．哈尔滨：东北林业大学出版社，2016.

［96］ 杨立军．现代远程教育研究［M］．西安：西安交通大学出版社，2016.

［97］ 应卫勇．现代远程教育学习概论［M］．上海：华东理工大学出版社，2016.

［98］ 陈丽．远程学习中的教学交互原理与策略［M］．北京：中央广播电视大学出版社，2016.

［99］ 陈圣日．跨越学校围墙的教育［M］．北京：北京师范大学出版社，2016.

［100］ 贺祖斌．2015 中国远程高等教育专题研究报告［M］．南宁：广西人民出版社，2016.

［101］ 邱婧玲．农村中小学现代远程教育质量保证［M］．拉萨：西藏人民出版社，2016.

［102］ 沈欣忆，陈丽，郑勤华．我国高等远程教育质量保证标准研究［M］．北京：北京师范大学出版社，2017.

二、开放教育教材与专著

［1］ 林玉体．开放教育［M］．台北：敦理出版社，1989.

[2] 陈伯璋，庐美贵．开放教育[M]．台北：师大书苑有限公司，1991.

[3] 谢新观．论开放教育[M]．北京：中央广播电视大学出版社，1995.

[4] 谢新观．远距离开放教育辞典[M]．北京：中央广播电视大学出版社，1999.

[5] 王建军，葛为民，褚献华．英、美、加远距离开放教育[M]．杭州：浙江大学出版社，1999.

[6] 肖新生．远程开放教育综论[M]．北京：中央广播电视大学出版社，1999.

[7] 陈东．开放教育[M]．上海：上海教育出版社，2001.

[8] 周简叔．高等远距离与开放教育[M]．北京：中国人民大学出版社，2001.

[9] 张向东．开放式教育的实践探索[M]．杭州：浙江古籍出版社，2002.

[10] 张伟远．英汉开放远程教育词典[M]．北京：中央广播电视大学出版社，2003.

[11] 吴克永．开放教育纵横[M]．武汉：武汉出版社，2004.

[12] 于云秀．开放教育入学指南百问[M]．2版．北京：中央广播电视大学出版社，2005.

[13] 李伟胜．开放教学[M]．福州：福建教育出版社，2005.

[14] 刘国生．广州开放教育实践模型的构建与创新[M]．广州：广东人民出版社，2005.

[15] 杨怀恩，张耀斌，秦振泽，等．开放教育导学[M]．太原：山西人民出版社，2006.

[16] 王晓明．天津现代远程开放教育的理论研究与实践探索[M]．天津：天津人民出版社，2006.

[17] 严冰．开放教育教学模式改革探索与实践[M]．北京：中央广播电视大学出版社，2006.

[18] 孙福万．现代远程开放教育丛书[M]．北京：中央广播电视大学出版社，2007.

[19] 迈克尔·穆尔．开放远程学习：趋势、政策和战略思考[M].王一兵，译．上海．上海高教电子音像出版社，2008.

[20] 赵国森．远程开放教育研究[M]．北京：北京出版社，2008.

[21] 葛道凯．开放教育学习指南[M]．北京：中央广播电视大学出版社，2009.

[22] 曾涛．现代远程开放教育[M]．沈阳：东北大学出版社，2000.

[23] 沈建华，万海燕．开放教育学习指南概要[M]．南昌：江西高校出版社，2011.

[24] 武法提．网络教育应用[M]．北京：高等教育出版社，2011.

[25] 柯蒂斯·J 邦克．世界是开放的——网络技术如何变革教育[M].焦建利，主译．上海：华东师范大学出版社，2011.

[26] 孙长忠．远程开放教育研究[M]．哈尔滨：黑龙江教育出版社，2011.

[27] 王传旭．开放教育学生心理健康概论[M]．合肥：安徽科学技术出版社，2013.

[28] 苏珊·安东尼，卡特里奥娜·萨维奇．开放教育资源：网络空间对话[M]．杨志坚，杨永博，等编译．北京：中央广播电视大学出版社，2013.

[29] 李曼丽，张羽，叶赋桂，等．解码 MOOC：大规模在线开放课程的教育学考察[M]．北京：清华大学出版社，2013.

[30] 徐皓．叩响开放教育的门环——徐皓远程教育研究文选之二[M]．北京：中央广播电视大学出版社，2014.

[31] 李莹，等．远程开放教育辍学研究[M]．上海：复旦大学出版社，2014.

[32] 郭文革．中国网络教育政策变迁——从现代远程教育试点到MOOC[M]．北京：北京大学出版社，2014.

[33] 郭青春．国际远程开放教育质量标准比较研究[M]．北京：中国广播电视大学，2014.

[34] 宫淑红．开放教育资源比较研究[M]．济南：山东人民出版

社，2014.

[35] 吕森林，等．中国在线教育产业蓝皮书（2014—2015）[M]．北京：北京大学出版社，2015.

[36] 牛健，张坤，高晓静，等．巴基斯坦阿拉玛·伊克巴尔开放大学研究（A Study on Allama Iqbal Open University）[M]．北京：中央广播电视大学出版社，2015.

[37] 肖坤．开放教育与高职教育一体化办学理念与实践[M]．北京：人民出版社，2015.

[38] 钱小龙．大学文化视野下美国研究型大学开放教育资源发展研究[M]．南京：南京大学出版社，2015.

[39] 孙福万，杜若，刘永权．英国开放大学研究[M]．北京：中央广播电视大学出版社，2015.

[40] 张德明．开放教育的探索[M]．上海：复旦大学出版社，2015.

[41] 姚来燕，孙鸿飞，黄胜天．韩国国立开放大学研究[M]．北京：中央广播电视大学出版社，2015.

[42] 王丽娜，石磊，于旻生．印度尼西亚开放大学研究[M]．北京：中央广播电视大学出版社，2015.

[43] 焦建利，王萍．慕课：互联网+教育时代的学习革命[M]．北京：机械工业出版社，2015.

[44] 章玳．开放教育课程与教学支持研究．[M]．南京：南京大学出版社，2015.

[45] 李莹．开放教育资源的国际视野——城外观察与本土实践[M].北京：中央广播电视大学出版社，2015.

[46] 穆罕默德·艾利，阿维古斯特斯·提森纳克斯．开放和远程学习展望：通过移动学习增加教育机会[M]．北京：中央广播电视大学出版社，2015.

[47] 沈鞠明．开放教育资源在中国：高等教育改革中的辖治术探

析[M]. 苏州：苏州大学出版社，2015.

[48] 肖坤. 开放教育与高职教育一体化办学理念与实践[M]. 北京：人民出版社，2015.

[49] 孙福万，魏顺平，贾玉超. 开放学习的兴起与演变[M]. 北京：中央广播电视大学出版社，2015.

[50] 迈克尔·霍恩，希瑟·斯特克. 混合式学习——用颠覆式创新推动教育革命[M]. 聂风华，徐铁英，译. 北京：机械工业出版社，2015.

[51] 托尼·贝茨. 数字化时代的教学[M]. 刘永权，等译. 北京：中央广播电视大学出版社，2016.

[52] 范蓉融，赵莹，于庆尧. 荷兰开放大学研究[M]. 北京：中央广播电视大学出版社，2016.

[53] 郑勤华，陈丽，林世员. 互联网+教育[M]. 北京：电子工业出版社，2016.

[54] 张云鹰. 开放式教育[M]. 2版. 北京：教育科学出版社，2016.

[55] 张云鹰. 开放式作文教学[M]. 北京：教育科学出版社，2016.

[56] 张有声. 我国开放教育制度的战略选择研究[M]. 北京：中央广播电视大学出版社，2016.

[57] 李林曙. 国家开放大学教育统计年鉴（2014）[M]. 北京：中央广播电视大学出版社，2016.

[58] 陈志平. 内蒙古终身教育体系中的开放大学[M]. 呼和浩特：内蒙古大学出版社，2016.

[59] 李凌. “互联网+”时代的开放大学建设[M]. 北京：中央广播电视大学出版社，2016.

[60] 宋友德. 《市州开放大学和县区工作站建设研》[M]. 成都：四川大学出版社，2016.

[61] 方海光. 教育大数据：迈向共建、共享、开放、个性的未来教育[M]. 北京：机械工业出版社，2016.

[62] 奥鹏远程教育中心教材编写小组．奥鹏学习手册[M]．北京：化学工业出版社，2016.

[63] 方旭．生态学视角下的 MOOC 发展研究[M]．北京：科学出版社，2016.

[64] 吴结．开放大学办学问题研究[M]．广州：广东高等教育出版社，2017.

[65] 陈丽，谢洵，王晓霞．开放远程教育内部质量保证案例集[M].北京：北京师范大学出版社，2017.

[66] 刘洪涛．开放式学校教育的理论与实践[M]．青岛：中国海洋大学出版社，2017.

[67] 李清泉，黎军，等．从 MOOC 到 UOOC——地方高校在线教育联盟实践与探索[M]．北京：清华大学出版社，2017.

[68] 吕森林，邵银娟，等.2016—2017 中国互联网教育行业蓝皮书[M].北京：北京大学出版社，2017.

后　记

2017年，本书为本人主持天津市普通高校“十三五”综投规划教育技术学专业建设项目的最终课题成果。本书在此项目资助下出版的。

来到天津外国语大学，在各级领导和同事的帮助下，我已经以第一作者身份出版了3本书，姑且算是专著吧。然而出教材这是第一次，还不明就里。我爱好出书。《左传》有“三立”之说，即“太上有立德，其次有立功，其次有立言”。德要永恒地立，功要不断地立，言要间断地立，志要一辈子立。写文章是立言，著书同样是立言。为什么要“间断地”立言呢？因为不间断地立言是有问题的。出本书至少要10万字，一般要20多万字，不是一下子就能写出来的。江南出大米，东北也出大米，江南的稻米一年两季，而东北的稻米只能一年一季。大家都知道东北的大米好吃，而江南的大米不好吃，何也？生长期之故也。生长期的长的大米比短的好吃。学术著作也好，教材也罢，道理是一样的。它们都需要一个较长的生长期。这本书的电子版一直存在我的U盘里，走到哪里就带到哪里，去外面出差有了好的想法时在宾馆赶紧修改补充一下，回到石家庄老家那里，翻阅《燕赵都市报》发现有好的资料时也立即打开笔记本电脑进行完善。进了国家图书馆新馆，迈入天津图书馆文化中心馆，到了大港校区主楼的办公室，坐在马场道校区图书馆五楼电脑旁，转到大港校区图书馆二楼电子阅览室，这些地方我抽空就完善、补充、修改和更新。本应到2017年年底交稿，但由于12月初教育部对我校进行审核评估，故而无暇顾及。2018年年初，对书稿再次进行了修改。这次修改主要是根据查重报告而进行的。2019年5月份出版之前，又进行了修改。这部书稿已经修改了50多遍，单后记就改了十几遍。

第十一章开放与远程教育的经济论由国际传媒学院李燕老师撰写。除了个别节注明撰写人以外，其余章节和附录等由黄立志撰写和整理，最后由黄立志负责统稿。在此书的撰写过程中，感谢安徽师范大学研究生许蒙坤同学提供了一些资料。感谢天津外国语大学教育技术学专业的张弘、常岑、吴梦思、黄珊、吕晶洁等同学帮助查阅了很多资料。黄含笑帮助我修图、查阅资料、校对和整理了部分资料。

2017年7月5—6日，到国家图书馆查阅资料，住在魏公村的一个小旅馆。6日这天下雨，北京的桑拿天气一下子凉快起来，我打着伞走在积满雨水的国家图书馆水泥地面上。带着笔记本电脑在国家图书馆查阅资料很方便，可以免费登录它的电子图书和期刊数据库，速度也很快。这里也是纳凉的好去处，不管外面多么闷热，新馆里面的阅览室总是那么惬意和凉爽。我又是最后一个被劝退的读者，突然响起了那熟悉的闭馆音乐时，才知道天色已经很晚很晚了，才想起来还没有吃晚饭。

天津图书馆不愧为国家一级图书馆，服务质量很高，图书种类齐全，阅读环境舒适。有些书没有必要买，有些书也买不起，有些书买不到，只能借阅。例如《中国在线教育产业蓝皮书(2014—2015版)》就是多次从文化中心分馆借阅的。可能与本人是教育史出身的缘故，非常喜欢到文化中心图书馆五楼的近代史书库阅览，那里的书大多是影印版，只能看不能借。《天津成人教育职业技术教育史志资料》（1989年，第8辑）等几本图书资料就是在那里找到的。这本书只看到了第8辑，其他的没有找到。

从大寺的家骑电动车大约20多分钟，很近。然后把车放到地下停车库充电，自己在上面看书，看完了书，需要详细阅读的，就借回来。与其说是到图书馆看书，不如说到图书馆写书，带着笔记本电脑，看到有好的资料就直接输入相应的篇章内。

在书稿的立项和写作过程中，得到了天津外国语大学许多领导、同事和同学的帮助。特别是得到余江副校长的支持和国际传媒学院原书记韩芳、国际传媒学院马兰州院长等领导的帮助，教育技术专业肖克曦老师提出了很多宝贵意见，在此，一并表示衷心的感谢！

黄立志

2019年5月于天津大寺镇